JN076640

桜
美
林
大
学
叢
書

vol.007

J. F. Oberlin University

老年学を学ぶ
高齢社会の学際的研究

桜美林大学大学院・老年学学位プログラム 監修
杉澤秀博＋長田久雄＋渡辺修一郎＋中谷陽明 編著

老年学を学ぶ

はじめに

　私たちの社会は，いかに長生きするかに大きな価値を置いてきた．この価値観からすれば，男女とも平均寿命が80歳を超える長寿社会は喜ばしい社会であり，歓迎すべきことである．しかし，それを手放しで喜ぶことができないのはなぜだろう．高齢人口の増加が疾病，介護，生計などの生活問題を拡大させ，高齢者やその家族はもちろんのこと，地域社会，国への大きな負担となる懸念がある．ただ，高齢者全員がこのような問題を抱え，生活しているわけではない．一方では生き生きと活動を行い，経済的にも安定し，充実した生活を送っている高齢者もいれば，他方では日々の生活に追われ，ゆとりがなく，病気がちで閉じこもる生活を送っている高齢者もいる．

　この違いは何であろうか．高齢者の定義は暦年齢で65歳以上の人である．したがって，65歳という暦年齢だけでは，高齢者の間に見られる，このような違いを説明することができない．人間も生物であることから，生物的な違いによるものか，それとも考えたり，思考したりする存在であることから心理的な面の違いが影響しているのか，はたまた，人間は様々に人や組織とつながりをもって生活していることから社会的な面が影響しているのか．つまり，高齢者における健康や生活の差異や違いの原因を探るには，生物，心理，社会という高齢者のもつ各側面を包括的に捉えることが必要となる．加えて，高齢者は，出生から高齢期に至るまでに様々な経験をしていることから，高齢期に至るまでのプロセスの影響をみることも必要となる．

　では，日本において，高齢者や老化のことを，生物，心理，社会という各側面から包括的に学び，研究することができる場はあるのであろうか．老年学を学び，研究できる学位プログラムが最初に開設されたのが桜美林大学の修士課程で，その時期は2002年であった．大学院に老年学が設置されたのは，老年学の学際性という性格から，既存の学問領域の基礎を習得した後，それを土台に他の学問領域の理論や分析枠組みを習得することで，学際的な老年学の実践・研究を目指そうということであった．この老年学の学位プログラムの設立に多大な貢献をした

柴田　博名誉教授（現在）をはじめとした教員が中心となり，学際的に老年学を学ぶことができるテキストとして発刊されたのが「老年学要論」（建帛社）であった．

　その後，20年が経ち，日本では高齢人口の増加によって人口高齢化が一段と進むとともに，少子化によって人口減少社会の様相も呈している．社会が老年学に求める期待にも大きな変化がみられる．発足当時は，高齢者への否定的な見方，たとえば多くの高齢者が虚弱で社会に負担をかけている存在であることの転換を図ることに目標がおかれていた．しかし，現在では，大半の健康な高齢者に対しては能力を生かし，積極的に社会貢献を求めるという政策の転換が図られるようになった．本書は，「老年学要論」を引き継ぎながらも，求められる高齢者像が変化する中で，最新の研究成果と新しく検討すべき課題をも盛り込み，新しく出版することとした．

「老年学を学ぶ」編集委員会一同

はじめに　i

序章　老年学とは何か

1節　老化とは何か……………………………………………………………　2

2節　暦年齢による高齢者の定義の限界…………………………………　4

3節　学際性を追求する…………………………………………………………　5

4節　本書の構成と目的を置いた点………………………………………　7

第1章　老年学研究の進め方

1節　実証研究のプロセス……………………………………………………　10

　　1.　プロセスの概要　10

　　2.　各プロセスの詳細　11

2節　文献レビューの方法……………………………………………………　16

　　1.　文献レビューの重要性とステップ　16

　　2.　テーマの手がかりを得る　16

　　3.　文献の検索　17

　　4.　文献の収集　19

　　5.　内容の検討と整理　19

　　6.　文章化する　20

3節　量的研究：社会調査を用いた研究と実験的研究………………　22

　　1.　量的研究とは　22

　　2.　社会調査を用いた量的研究　23

　　3.　実験的研究　34

4節　質的研究……………………………………………………………………　39

　　1.　質的研究法とは　39

　　2.　質的研究の研究テーマ　40

　　3.　質的研究の研究デザインと分析方法のマッチング　44

　　4.　質的研究におけるデータ（調査方法）・分析方法　45

　　5.　質的研究の妥当性　49

　　6.　思考と感覚の記録化　50

第2章　高齢者の医療・健康・予防──保健と医療の側面から考える

1節　老化と寿命…………………………………………………………………… 54

　　1.　生物としての老化　54

　　2.　平均寿命の延びと老化の先送り現象　56

2節　老化に伴う身体の変化……………………………………………………… 61

3節　高齢者の一般診療の概要…………………………………………………… 65

　　1.　診断のプロセス　65

　　2.　治療　70

4節　高齢期に問題となりやすい傷病…………………………………………… 72

　　1.　高齢期の傷病の特徴　72

　　2.　身体的疾患　73

　　3.　精神的疾患　84

5節　高齢者のケアとリハビリテーション……………………………………… 95

　　1.　高齢者の在宅医療　95

　　2.　リハビリテーション　102

　　3.　エンドオブライフケア　108

6節　高齢期のヘルスプロモーションと介護予防……………………………… 113

　　1.　高齢者のヘルスプロモーション　113

　　2.　介護予防　119

第3章　老化・高齢者と心理

1節　老年心理学の基本的視点…………………………………………………… 128

　　1.　老年心理学の領域　128

　　2.　老化と生涯発達　129

3. 心理学的側面からとらえた老年期の生活の質　130

2節　感覚・知覚の加齢変化と日常生活への影響……………………　132

1. 加齢による感覚の変化　132

2. 加齢変化が日常生活へ及ぼす影響と対応　135

3. 感覚の加齢変化と老性自覚　139

3節　記憶の加齢変化と高齢者の特徴………………………………　143

1. 記憶の分類　143

2. 記憶の測定　144

3. 高齢者の記憶に関する研究　145

4節　知能の加齢変化と高齢者の特徴………………………………　148

1. 知能とは何か　148

2. 知能の加齢変化　149

5節　高齢者の感情と孤独……………………………………………　152

1. 高齢者の感情の特徴　152

2. 老年期の孤独　154

6節　人格・適応の加齢変化と高齢者の特徴………………………　159

1. 人格・適応の加齢変化　159

2. 生きがい——心理的 well-being の一概念　162

7節　高齢者のコミュニケーション…………………………………　166

1. コミュニケーション障害とは　166

2. コミュニケーション障害の種類　166

3. 健常高齢者に見られるコミュニケーションの問題　168

8節　高齢者の心理臨床………………………………………………　171

1. 老年期の心理臨床の前提　171

2. 心理臨床における高齢者のとらえ方　171

3. 高齢者への心理的アプローチの対象　172

4. 認知症の人への心理的アプローチ　173

第 4 章　老化・高齢者と社会

1 節　老年社会学の理論··· 180

  1.　社会老年学と老年社会学　180

  2.　理論の重要性と分類　180

  3.　ミクロ理論　181

  4.　マクロ理論　184

2 節　人口の高齢化··· 189

  1.　人口高齢化の影響　189

  2.　人口高齢化の理論　189

  3.　世界の動向　190

  4.　日本の高齢化の特徴　192

3 節　高齢期の社会関係··· 194

  1.　社会関係に関する概念　194

  2.　高齢期の社会関係を理解するための理論　198

  3.　高齢期の家族・友人　200

4 節　高齢期の就業と就業からの引退····························· 209

  1.　はじめに　209

  2.　退職の定義　209

  3.　退職の影響　210

  4.　退職行動　212

  5.　退職後の再就職　214

5 節　高齢期における格差··· 217

  1.　高齢者の間の格差　217

  2.　高齢期の経済格差　217

  3.　高齢期の健康格差　220

6 節　エイジズム··· 226

  1.　日本における研究　226

  2.　概念　227

3. エイジズムの測定　227

4. エイジズムの広がり　228

5. エイジズムの影響　230

6. エイジズムの要因　230

7節　社会参加・社会貢献────────────────────────── 234

1. 社会参加の概念と定義　234

2. 高齢者の社会貢献：プロダクティブ・エイジング　238

3. プロダクティブ・エイジングの操作的定義　239

4. 実証研究のための概念枠組　240

5. 実証研究のための理論的視座　242

6. 今後の課題　243

8節　介護問題──────────────────────────────── 249

1. 家族介護の問題　249

2. 介護が家族に及ぼす影響の測定　250

3. 家族介護者のストレスに関する理論モデル　252

4. 保健・医療・福祉サービスの利用に関する理論モデル　254

5. 今後の課題　256

第5章　高齢者と家族を支える福祉学

1節　老年学分野における福祉の政策・制度────────────── 262

1. 高齢者の福祉政策の歩み　262

2. 高齢者と家族を支える諸制度　266

3. 制度・政策の評価研究　271

2節　老年学分野における福祉の実践・方法──────────── 275

1. 介護福祉　275

2. ソーシャルワーク　276

3. ケアマネジメント　283

4. ユニットケア　285

第6章 老年学とその関連分野

1節 死生学··· 290

   1. 老年学と死生学の関係　290

   2. 老年学と死生学──柴田論文と池澤論文の比較から　293

   3. 老年学と死生学の今後　297

2節 教育老年学··· 300

   1. 教育老年学とは何か　300

   2. 教育老年学の理念　302

   3. 教育老年学の変容　304

   4. 高齢者学習支援論の体系化　305

   5. 生涯発達からエイジングへ　306

   6. 人文系老年学の可能性　306

   7. 教育老年学と高齢者学習支援の実践　307

索引　311

序章

老年学とは何か

1節　老化とは何か

　老化の基準としては○○歳というように生まれてからの暦年齢が用いられる場合が多い．しかし，この老化という現象は，生物的な老化，心理的な老化，社会的な老化に区分でき，それぞれは相互に関連しながらも独立した老化の指標である．

　生物的老化とは，加齢とともに起こる身体的な変化である．従来の生物的老化に関する研究では，加齢に伴ってその変化の可能性は増すものの，それ以外の要因によっても起こる身体的な変化に焦点が当てられてきた．このような身体的な老化を病理の過程とみなし，その治療法の開発に力が注がれてきた．しかし，近年，加齢に伴う生物的な老化もサクセスフルと通常の老化に区分することができ，病理的な変化を起こすリスクファクターをもつ通常の老化をサクセスフルな老化へと変換することが重要であると認識されるようになった（Rowe & Kahn, 1997）．以上のように，生物的な老化に対する認識も変化してきている．

　心理的老化とは，加齢に伴うパーソナリティ，精神的な機能，自己認識などの心理現象の変化である．その変化は，高齢期のみでなく幼少期からの軌跡によって影響されている．さらに，高齢者は身体的な変化だけでなく，退職，死別など生活上の変化を経験する．それに対して様々な心理的な対処方略を駆使し，適応している．以上のように，ライフスパンの視点から心理的な現象の変化を捉えるとともに，適応も含めたダイナミズムに関する理論とそれに基づく知見が集積されてきている．

　社会的な老化とは，加齢に伴う地位や役割，社会関係などの変化のことである．社会的老化の次元は，他の次元と異なり，暦年齢のもつ社会的な意味づけによって大きな影響を受ける．第1に，多くの社会制度や慣習が暦年齢を基礎に成り立っていることから，社会的老化に対する暦年齢の影響は大きい．第2には，高齢者の社会的老化は，心身の老化だけでなく，高齢者に対する人々の意識や文化など高齢者がおかれている社会・文化的な環境の影響も大きい．たとえば，高齢

者全体に対して新しい技術や知識を習得する能力や意欲に乏しいというステレオタイプな認識を企業経営者がもっていた場合，高齢者が就業意欲を持っていたとしても企業経営者は高齢者を雇うことを躊躇するであろう．第3には，役割や社会関係は高齢期の時期に着目するだけでは理解できない．高齢期に至るライフコースの中での地位や役割の変化のプロセスの帰結である．以上のように，高齢者の社会的老化に関しては，社会の規範や価値観ともに，高齢者がたどってきたライフコースにも影響を受けることがわかってきている．

2節　暦年齢による高齢者の定義の限界

　先に示したように，現在においては高齢者の定義として「65歳以上の人」が最も多く用いられているが，これは暦年齢を基準とした定義である．筆者らが調べたところ，この暦年齢による高齢者の定義は，世界保健機関によって提案されたとされているものの，その根拠は，欧米諸国の平均寿命が男性で66歳前後，女性で72歳前後であったことからとされている．最近では，同じ暦年齢を用いているものの，高齢者の定義を見直し，75歳以上を高齢者と定義する提案が日本老年学会と日本老年医学会から出された（日本老年学会・日本老年医学会，2018）．その理由は，65歳から74歳までのいわゆる前期高齢者では，心身の健康状態が保たれており，活発な社会活動が可能な人も多人数を占めていること，さらに人々の間では70歳以上あるいは75歳以上を高齢者と考える意見が多いということであった．

　集団としてみた場合の高齢者の心身の老化は遅延している．しかし，心身ともに健康で80歳以上でも生産的な活動に従事している人もいれば，70歳でも疾患をもち認知機能が衰え，日常生活に支援が必要な人もいる．すなわち，高齢になるほど暦年齢で評価することが難しく，それぞれの面から見た老化の個人差は大きくなる．さらに，生物的老化は，心理的あるいは社会的老化に影響するだけでなく，その逆に心理的老化や社会的老化も生物的な老化に影響を与えるというように3つの老化の側面は相互に影響しあっている．同時に，疾患に罹患し，日常生活に支障がある人でも，社会的な役割を担い，社会関係も豊かで生きがいをもって生活している高齢者もいるなど生物的老化と心理的老化や社会的老化がそれぞれ独立している部分もある．以上のように，高齢者の老化の状況をきちんと理解するには暦年齢では不十分であり，生物・心理・社会の各側面をその相互関連も含め総合的に評価することが必要である．

3節　学際性を追求する

　老化の3側面それぞれを解明する専門的な学問領域が存在する．生物的側面を解明する学問領域には老年医学，老年看護学，老年歯学，リハビリ学などがある．心理的側面を解明する学問領域には老年心理学，社会的側面を解明する学問領域には老年社会学，老年社会福祉学などがある．しかし，それぞれの学問領域が独立して高齢者を対象に研究し，その知見を集積しただけでは老年学にはならない．老年学が目的とする老化を理解するためには，生物的老化，心理的老化，社会的老化の個別領域の知見を踏まえつつ，3つの次元が相互にどのように影響し合っているのか，それぞれの関係性を理解する概念の創造やそれに基づく研究蓄積を図ることが必要となる．それは，研究の場面だけではない．実践の場でも同じである．高齢者の健康の増進・維持・回復を図る場合，個人への医学的な介入だけでなく，心理的な介入，高齢者の社会関係や置かれている環境への介入など，医学領域，心理学領域，社会学領域の理論や枠組みを活用し，包括的に対応することが必要となる．

　以上のような学際的でかつ正常な老化を解明するという老年学はどのように発展してきたのであろうか．Metchnikoff（1903）は，老年学という語を造語した人として知られている．ただし，高齢というのは病気であるという認識をもっていた．そのため，老化と死は介入可能であり，科学はその過程を理解し，適当な時期に介入を行うために貢献すべきであると主張していた（Ferraro, 2007）．老年学の学際性と老化に対する見方という点で重要な役割を果たしたのは，Metchnikoffとほぼ同じ時期に活躍した医学者であるNascherということができる．Nascherは，Metchnikoffと異なり，病気のプロセスを老化から区別することを試みた（Ferraro, 2007）．加えて，小児科学と同じように高齢者の治療に対してもスペシャリストが必要であるこという認識から老年医学（Geriatrics）を提唱するとともに，病気の社会的要因を重視し，高齢者の病気の治療のための学際的なアプローチの必要性を強調した（Martin & Gillen, 2013）．

以上のように，1900年の初頭において老年学の萌芽が見られたが，学術的に画期となったのがCowdry（1939）のpublication of problems of aging : biological and medical aspects marked the emergence of gerontology as a scientific field of gerontology in US. とされている（Achenbaum, 2010）．この出版に際しては，多くの老化に関する理論を融合することで，老化の領域に対する学際的なアプローチの可能性を科学的に示した．この書物の執筆者は，お互いの領域を理解しており，共通の語彙を用いることで，生物学的な過程が社会生活を条件づける方法とともに，社会的文脈が元の生物的過程にも影響する経路を探求するための理論や方法について情報交換したとされる．

4節　本書の構成と重きを置いた点

　本書は，老年学の学際性を理解してもらうため，老化の生物的な側面については老年医学，老化の心理的側面については老年心理学，老化の社会的側面については老年社会学と老年社会福祉学の各領域を柱に構成されている．さらに，老年学における重要なトピックをも位置づけている．加えて，老年学領域の研究者を目指す人だけでなく，実践家についても自分の実践の成果を学術論文として世の中に情報発信できるように研究方法論に関する項目も柱に位置づけている．

　具体的には，本章を除き6章の構成から成り立っている．第2章では，老年学で用いられる研究方法論を学習してもらうため，研究のプロセス，文献レビューの方法，研究方法としての横断的調査と縦断的調査，量的研究，質的研究の基礎を紹介している．

　第3章では，老年医学領域における基礎的な知識とともに，今日における重要な政策課題となっている健康づくり・介護予防の基本を紹介している．すなわち，老化に伴う身体の変化，高齢者の傷病と一般診療の特徴，高齢者のケア・リハビリテーション，ヘルスプロモーションと介護予防に必要な視点・課題を紹介している．

　第4章は，老年心理学領域における基礎的な知識とともに，高齢者の心理的な特徴と心理的介入の基礎を理解することを目指している．具体的には，老年心理学の基本的視点，加齢に伴う感覚・知覚，記憶，知能，人格・適応の変化，高齢者の感情と孤独の特徴を紹介している．加えて，コミュニケーション，心理臨床という課題を取り上げ，それぞれどのような対応が必要かを紹介している．

　第5章は，老年社会学領域における基礎的な知識を習得するとともに，高齢者と社会とのかかわりについての理解を深めることを目指している．具体的には，老年社会学の理論とともに，人口高齢化の概要，老年社会学における重要な研究分野（社会関係，就労，社会参加，介護）の基礎理論と研究の概要を紹介している．さらに，近年，研究蓄積が図られつつある健康と経済の格差，エイジズムに

関する課題をそれぞれ取り上げ，課題の重要性および研究の到達点を紹介している．

　第6章は，老年社会福祉学領域における基礎的な知識の習得を目指している．日本の社会福祉学において最もよく使われる分類軸である「政策・制度論」と「実践・方法論」に分け，老年学分野での福祉学の基礎を紹介している．

　第7章では，老年学における重要なトピックとして，教育老年学と死生学を取り上げている．

引用文献

Achenbaum, W. A. (2010). 2008 Kent Award lecture: an historical interprets the future of gerontology. *The Gerontologist, 50*, 142-148.

Martin, D. J., & Gillen, L. L. (2013). Revisiting gerontology's scrapbook: from Metchnikoff to the spectrum model of aging. *The Gerontology, 54*, 51-58.

日本老年学会・日本老年医学会（2018）．高齢者に関する定義の検討ワーキンググループ報告書．

Rowe, J. W., & Kahn, R. L. (1987). Human ageing: Usual and successful aging. *Science, 237*, 143-149.

Ferraro, K. F. (2007). The evolution of gerontology as a scientific field of inquiry. J. M. Wilmoth, & K. F. Ferraro (Eds.) *Gerontology: perspectives and issues* (3rd ed., pp. 13-34). New York: Springer.

⌒アクティブ・ラーニング⌒

＊生物的老化，心理的老化，社会的老化がどのように関係しているのか，事例を紹介しながら説明しなさい．

＊暦年齢と生物的老化，心理的老化，社会的老化との関係を説明しなさい．

＊老年学の特徴はどのようなところにあるか，説明しなさい．

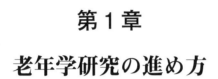

第 1 章

老年学研究の進め方

1節　実証研究のプロセス

1．プロセスの概要

　老年学における実証研究のプロセスは，他の領域における研究の進め方と違いはない．すなわち，実証研究のプロセスは，図1に示したように，①研究の問い・テーマの設定，②研究デザインの決定，③対象者の選定，④データの収集，⑤データの分析，⑥論文の執筆，⑦公表という段階で構成される．これらの段階は量的研究と質的研究でほぼ同じであるが，量的研究では，このプロセスが直線的に進み，質的研究では，③対象者の選定，④データの収集，⑤データの分析，

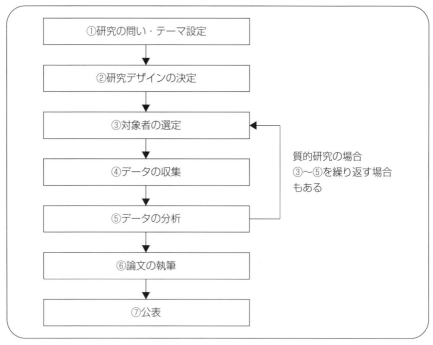

図1　実証研究のプロセス

の段階が循環的に進む場合もある．以下では，量的・質的研究の違いを意識して研究のプロセスを紹介する．

2. 各プロセスの詳細

1）研究上の問い・テーマの設定

　研究に取り組むには，高齢者や老化に関するどのような疑問に回答を得ようとするのか，たとえば介護予防のための有効な手立ては何かなど，まずは問いやテーマを決めなければならない．自分の研究の問いやテーマを決める際には，この研究がいかに新しい結果を得ることができるかに確信をもち，それを他者に説得力をもって説明することができなければならない．そのためには，文献レビューが欠かせない．文献レビューを通じてのみ，過去の研究で明らかにされたこと，いまだ未解明の部分を知ることができ，そのことによって初めて自分の研究の問いやテーマの新規性がどこにあるのかを自覚し，他者に説明することができるようになる．文献レビューが不十分な場合には，すでに分かっていることをなぞることになりかねない．このような研究は，意図的に過去の研究の追試を行う場合を除いては，研究論文として公表することができず，そのために投入された労力や資金が無駄になってしまう．

2）研究デザインの決定

　この段階で，研究上の問い・テーマに適した研究デザインを選択することになる．研究デザインには，大きくわけて社会調査による方法と実験的方法がある．社会調査に基づく実証研究は，さらに量的研究と質的研究に分けられる．

　量的研究では，現象を測定するためのスケールなどが存在しており，それに基づき現象の出現割合を記述したり，現象間の関連を統計的に調べたりする．たとえば，高齢者における情報通信技術の利用割合を記述したり，情報通信技術の利用と社会的ネットワークとの関連の強さを統計的に数値で表現することができる．質的研究では，現象がそもそもどのような要素によって構成されているのか，その現象を研究の対象者がどのように見ているかなど量的に表現できないような現象を探索的に解明することを狙いとする場合が多い．たとえば，高齢者の情報通信技術へのニーズの種類やその習得過程は何かなどの研究の問いに対しては質的

研究が適合的となる.

　実験的方法は，量的研究に位置づけられる．実験的方法では，ある現象を引き起こす心理社会的要因の一つを取り上げ，それのみを変化させ，その現象に影響する他の要因は一定に保つような環境を操作的に作り上げる．老年学分野では，介護予防プログラムの効果評価などに用いられている．文献レビューに基づき，認知機能の低下予防に役立つような生活習慣や社会活動を探索する．その後，有効そうな習慣や活動を促すプログラムを作成し，その学習プログラムが認知機能の低下防止に貢献するかを実験的方法を用いて検証する.

　いずれにしても重要なことは，研究上の問い・テーマに適した研究デザインを選択することであり，社会調査を用いた量的研究とするか，あるいは質的研究とするか，はたまた実験的研究とするかは研究上の問いよりも先に決定されることはない.

3）対象者の選定

　量的研究と質的研究で求められる対象者の選定基準が異なる．量的研究の場合には，現象の出現割合や現象間の関連，さらには実験的研究では介入プログラムの効果についての結果を反映させたい集団（母集団）を特定し，研究対象とする．母集団に含まれる個体数が多い場合には母集団から標本を選び出し，標本調査を行う．質的研究では，明らかにしたい現象が典型的あるいは極端に表れている対象を選ぶ．量的・質的研究を問わず対象者の選定にあたって重要なことは，予備研究や既存研究のレビューをきちんと行うことで，できる限り対象に対する理解を深めておくことである.

4）データ収集

　データ収集の方法は大きく2つに分類できる．一つが「構成的技法」である．この方法では研究する人によってあらかじめ観察や面接などの内容や手順が決められており，それに即してデータの収集を行う．「構成的技法」の代表的なものに質問紙法がある．この技法は前もって定められた質問項目で構成された質問紙を用いて対象からデータを収集できることから量的研究に適合的な方法である．他の一つが「非構成的技法」である．これは対象とかかわる中で把握される対象の事情に応じて観察や質問内容を柔軟に決めていくものである．この技法は，

データ収集の手段によって聞き取りなどの面接法と観察法に区分される．「非構成的技法」は，対象の事情に応じた定性的データが収集されることから質的研究に適した方法である．

　量的研究では，データ収集について「測定」という用語を用いる．これは，観察や質問などの内容が事前に決定されることと関係している．観察や質問項目は仮説を構成する概念を操作的に定義し，測定可能とした道具である．すなわち，観察や調査で用いられる項目は概念を測定するために用意された道具であることから，測定という用語を用いる．それに対して，質的研究では「測定」という用語は用いない．質的研究は，着目した現象がどのような概念で説明されるかが事前にわかっていない．つまり，先に現象に関係するデータの収集があり，そのデータを事後的に解釈した結果として，概念が生成され，その意味内容が理解可能となる．このように質的研究では概念が事前に用意されていないことから，「測定」という用語は用いない．量的研究の「測定」に対応する言葉は「解釈」となる．

5）分析

　量的研究ではデータが数量として表現されることから，統計解析法を用いて分析を行う．質的研究では聞き取りであれば逐語録などを作成し，その逐語録に基づき対象者の発言の意味を解釈し，それを表現できる言葉である概念を生成させていく．その方法には，修正版グラウンデッド・セオリー・アプローチ（木下，2007），KJ法（川喜田，1967），質的記述的方法（グレッグ・麻原・横山，2007）などがある．

　量的研究では「調査対象者の選定」から「分析」までの順序は一方向である．質的研究の場合には，修正版グラウンデッド・セオリー・アプローチにみられるように，「調査対象者の選定」⇒「データ収集」⇒「分析」の結果として，生成された概念やその関連性の妥当性が不十分と判断された場合には，妥当性が確保されるまで「対象者の選定」⇒「データ収集」⇒「分析」を繰り返し行う．

6）論文の執筆

　実証研究の論文は，主に IMRAD の形式で構成されている．IMRAD という名称は，Introduction（緒言），Methods（研究方法），Results（結果），and（そし

て），Discussion（考察）の略に因む．それぞれのパートで書かなければいけない内容が決められている．

　緒言では，当該研究がなぜ重要なのか，その重要性と新規性を説明する．より具体的に盛り込むべき内容を示すと，①老化，高齢者のどのような問題を取り上げるのか，②その問題を取り上げることが実践的になぜ重要か，③その問題に関しては，既存の研究でどこまで解明が進められているか，④既存の研究で足らない点，不十分な点は何か，⑤研究の問いやテーマとしてどのようなものを取り上げるか，⑥研究の問いやテーマのどこが新しいのか，優位であるのか，である．

　方法は，他の研究者が当該研究を追試できるように記述する．具体的な項目は次の通りである．①研究対象の選択とその理由，②データの収集方法（量的研究の場合は調査方法，スケールの作成方法，質的研究の場合には調査方法，インタビューガイドなど），③データの解析方法，④倫理的配慮．

　結果については，問いやテーマに関してどのような結果が得られたかに限定して選択的に記述する．データを解析した結果すべてを記述する必要はない．

　考察は初学者の多くが執筆に苦労するパートである．考察では，次の3点について記述する．①分析結果を踏まえて，問いや仮説に対する回答を記述する．②老年学の場合には当該研究が高齢者や高齢社会に関する問題の解決にどのように貢献するか，実践的・政策的な意義について記述する．加えて，③仮説の改変の必要性，研究方法の問題（対象の選定，スケールの信頼性・妥当性，因果関係の特定など）など今後に残された課題は何かについて言及する．初学者が行う考察で陥りやすい過ちは，①結果で示した記述内容を単に繰り返す，②研究課題に関係ないことに言及する，③結果に示していない知見に基づき議論する，④裏付けに乏しい「主張」に終わっている，などである．これらの過ちに陥らないようにするには，①取り組んでいる研究で新規に何を明らかにしようとしているのかを明確にし，自覚する，②研究の問いやテーマとの関連で，結果のどれに着目し，考察を加えたらよいかを取捨選択する，③研究結果を既存の文献で裏付けながら説明する，などに心がける．

7）公表

　研究は，その結果が他の研究者や実践家に生かされてこそ意味がある．生かさ

れるとは，その後の研究で引用されることである．そのためには，文献レビューの対象となるよう雑誌や図書などに研究結果を公表することが欠かせない．ただし，公表に際しては，その結果が妥当であること，すなわち必要な研究のプロセスを踏んでいるか否かについてきちんと評価を受けることが必要であり，このような評価を受けるためには，専門領域の査読付き雑誌に投稿する必要がある．査読付き雑誌とは，その領域の研究者によってその質をきちんと審査し，ある水準以上の論文のみを掲載する雑誌のことである．

引用文献

グレッグ　美鈴・麻原　きよみ・横山　美江（編著）(2007)．よくわかる質的研究の進め方・まとめ方　看護研究のエキスパートをめざして　医歯薬出版

川喜田　二郎 (1967)．発想法―創造性開発のために　中央公論社

木下　康仁 (2007)．ライブ講義M-GTA 実践的質的研究法 修正版グラウンデッド・セオリー・アプローチのすべて　弘文堂

（　アクティブ・ラーニング　）

＊自分の研究を振り返り，研究のプロセスでどのような問題があったか，考えなさい．

（杉澤　秀博）

2節　文献レビューの方法

1. 文献レビューの重要性とステップ

　文献レビューとは何か．研究の問いやテーマに関して，これまでに書かれた雑誌論文や図書を読み，その内容を理解した上で，批判的な検討を加え，その結果を文章化すること，を指す（平岡，2006）．その形態には大きく2つある．一つが実証研究の一環として行われるものである．これは，研究の計画の段階で実施され，設定したテーマに関する研究の到達点と課題を明らかにし，採用する研究デザインを決定するために行われる．それによってはじめて自分の行う実証研究の意義や研究方法の妥当性について説得力をもって説明することができる．他の一つがある研究テーマについての研究の系譜，到達点，課題を明らかにすること自体を目的としているものであり，レビュー論文と呼ばれるものである．以下では，主として実証研究の一環として行われる文献レビューの方法を紹介する．

　文献レビューは大きく5つのステップから成り立つ．①テーマの手がかりを得る，②関連する文献を探す，③文献を入手する，④文献の内容を理解し，整理する，⑤整理した内容を執筆する，の5つである．以下，ステップごとに重要なポイントを説明する．

2. テーマの手がかりを得る

　誰でも最初は，自分の研究関心や興味を漠然とはもっているものの，それに関する知識がほとんどないために，具体的にどのような研究テーマや問いを設定したらよいか，はっきりしない．研究テーマを明確にし，具体化させるためには，まずは，興味のある課題や問題に関する情報を基礎的なものを含めできるだけ幅広く収集する．

　その手段としては，まずは，興味のある課題や問題に関する雑誌論文や図書を読みすすめる．図書からは最新の情報を得ることが難しいものの，課題に関する

体系的な知識を学ぶことができる．雑誌論文からは，課題や問題に関する最新情報を知ることができるだけでなく，レビュー論文の場合には図書と同じように課題や問題に関する体系的な知識を得ることができる．以上の図書や雑誌論文を探すには，3で説明するようなオンラインでの文献検索という方法がある．加えて，図書館に行き，関連分野の書架棚を見て回る，関連する領域の雑誌のバックナンバーを最新のものから見ていく方法も併せて行ってほしい．和文の学術雑誌の中で老年学関係のものとしては，「日本老年医学会雑誌」「老年社会科学」「老年精神医学」「応用老年学」「老年看護学」「老年学雑誌」などがある．

　その他の方法には，パーソナルコミュニケーションと関連する学会・研究会への参加がある．パーソナルコミュニケーションは，自分の関心のある分野を専門に取り組んでいる研究者と行なうことにより，課題の意義や課題に関する研究の到達点に関する最新の情報，研究方法について適切なアドバイスを得る機会を提供する．学会・研究会への参加は，課題に関する最新の情報の入手とともに自分の課題に近い研究者とパーソナルコミュニケーションをとるよい機会となる．

3．文献の検索

　研究課題に関連する雑誌論文や図書の発見は，オンライン・データベースを活用し検索を行うことで，効率よく網羅的に行うことができる．文献レビューの対象としては，商業誌，一般書なども含まれるが，研究の手続きの妥当性が保障された研究論文が掲載されている査読付きの学術雑誌が中心となる．そのため，以下で紹介する雑誌論文に関するデータベースは，学術雑誌に収載された論文を主に対象としたものに限定している．

　図書の検索のためのオンライン・データベースとしては，大学図書館の所蔵の図書については CiNii Books（URL: https://ci.nii.ac.jp/books/），国会図書館，全国の公共・大学・専門図書館の蔵書については国立国会図書館サーチ（URL: https://iss.ndl.go.jp）が利用できる．日本語の雑誌論文の場合は，老年学分野でよく用いられるオンライン・データベースには医学中央雑誌，CiNii，Google scholar がある．医学中央雑誌（URL: http://jamas.or.jp）は，日本国内発行の医学，歯学，薬学，看護学，獣医学などの関連分野の原著論文や会議録を収載対象

としている．閲覧は有料である．CiNii（URL: //ci.nii.ac.jp）は，国立情報学研究所が運用しており，日本国内の学協会学術雑誌・大学紀要などの論文を収載対象としている．Google scholar（URL: http://scholar/google.co.jp）は，ウエブ検索サイトであるGoogleが提供する検索サービスの一つであり，学術論文や学術図書などの学術文献を収載の対象としている．CiNiiとGoogle Scholarは無料で利用できる．

　欧文の雑誌論文については，PubMed，PsycINFO，AgeLine，CINAHLなどオンラインのデータベースで検索ができる．PubMed（URL: https://pubmed.ncbi.nlm.nih.gov）は，生命科学や生物医学に関する雑誌論文を収載の対象としており，無料で利用できる．アメリカ国立衛生研究所のアメリカ国立医学図書館によって運用されている．PsycINFOは，American Psychological Association（APA）によって運用されており，行動科学および精神衛生の分野における学術論文が収載対象である．AgeLineは50歳以上の人と高齢化問題について焦点を当てており，老年社会学を始め，健康科学，心理学，社会学，福祉学，経済学および公共政策学など高齢化に関連した論文が収載対象である．CINAHLは医療・看護の分野の論文が収載対象である．以上の3つのデータベースはEBSCOhostを通じてアクセスができる．ただし，所属機関が契約を結んでいない場合には利用できない．

　検索の際の注意点は以下の通りである．①検索のためのキーワードの設定に関する注意点である．検索の結果，ほとんど文献がヒットしない場合には，キーワードが限定しすぎている可能性がある．他方，あまりにも多い文献がヒットした場合にはキーワードが曖昧である場合も少なくない．自分の研究課題についての知識を豊富に持つよう情報収集に努め，課題に関して様々な角度からキーワードを設定できるようにする．②オンラインのデータベースを活用する際には，収載の対象としている雑誌の種類が異なることから，いくつかのデータベースを検索してみる．③検索のデータベースには，シーソーラス機能という同義語や類似語も併せて検索してくれる機能を備えているものもある．この機能を活用するとともに，シーソーラス機能ではどのような同義語や類似語をカバーしているかを確認しておく．④検索の結果については，ヒットした論文のタイトル，アブスト

ラクトなどを読み，収集する必要があるか否かを判断する．収集すると決めた文献については，文献管理ソフトなどを利用し，その情報を一括して管理した方が効率がよい．文献管理ソフトにはいくつかのものがでているので，それぞれ特徴を理解し，自分の目的にあったソフトを利用する．

4. 文献の収集

　文献の収集は，まずは，雑誌論文の場合には雑誌の所在，図書であるならば図書の所在を知ることから始める．雑誌論文については，検索したデータベースやそのリンクから，PDF に変換された全文を無料でダウンロードし，入手できるものも少なくない．しかし，図書の場合には PDF に変換されたものを無料で入手することはほとんどできない．大学，研究機関や公立の図書館などの蔵書や講読雑誌は，先に示したように，CiNii Books や国立国会図書館サーチで確認することができる．大学や研究機関に属している人は，所属機関に目当ての図書や雑誌が所蔵されていない場合，①訪問利用，②資料の借用，③コピー入手という方法で入手する．①訪問利用は所属機関が発行する紹介状を持参して訪問し，図書を閲覧したり，雑誌論文をコピーする．②資料の借用は，所蔵する図書館から所属機関に資料を取り寄せて閲覧することである．③コピーの入手は所蔵している機関からコピーを取り寄せることである．資料の借用とコピー入手は有料であることが多い．以上の具体的な方法は，所属機関の関係部署に問いあわせることで知ることができる．大学の図書館の中には，一般市民に開放しているところもあるので，インターネットなどで調べてみるとよい．

5. 内容の検討と整理

　文献，特に実証研究の文献で理解すべきポイントは多い．具体的には，①設定した研究課題に関する理論や概念，②仮説，③概念の操作的定義と測定方法，④対象の選定，⑤標本抽出の方法，⑥データの分析方法，⑦結果と考察，それぞれの内容を正確に理解する．レビューで必要な「批判的に読む」ことは，最初からできるものではない．最初のうちは，その内容を理解することで精いっぱいである．しかし文献を読みすすめるうちに，なぜ新規性のある研究として学術誌に掲

載されたのか，その理由が理論にあるのか，分析モデルにあるのか，方法にあるのかなどがわかってくる．文献を発行年の古い順に時系列的に読み進めることで，研究課題の設定や方法のどの点に改変が行われ，研究が進展してきたのかが理解しやすくなる．多くの文献を読み，理解することを通じて，研究を批判的にみる目が養われていく．

　自分の研究課題に関連する研究論文が見つかると，その課題に関する研究レビューを効率よく行うことができる．研究論文で引用されている文献は，その課題に関する研究の到達点と課題を明らかにするために用いられているため，関連する研究を行おうとすれば，レビューすることが不可欠な文献である場合が多い．このような文献の探し方を「芋づる式」という．

　読んだ文献はその後の作業過程できちんと使えるように，その内容を簡潔に記録していくことが大切である．そのためのレビューシートを作成する．そのシートの項目は，論文のタイトル・雑誌名・著者・目的・方法・結果・結論などで構成される．個々の文献を比較・対照するため，統一した項目で内容が一覧できるよう要約表を作成することも必要である．

6. 文章化する

　研究計画の段階で，文献レビューを文章化しておく．計画の段階で自分の計画が先行研究との対比でどのような特徴を持つかを自覚するとともに，それを他者にきちんと評価してもらうためにも，文章化の作業は必要である．研究費の獲得のために行う研究助成の申請では，文献のレビューを踏まえた研究の新規性・優位性が説得力をもって示されて初めて採択される研究となる．ただし，研究レビューは計画の段階で終了するわけではない．データを収集し，分析結果が出た後にも行う必要がある．すなわち，論文を執筆する際に計画の段階でレビューした文献をもう一度レビューし，研究の到達点と課題の記述に誤りがないか吟味するとともに，再度機械検索などを行い，レビューの対象とした文献に漏れがないかを確認する

　初学者の文献レビューで多いのは，○○による研究では，○○という方法で調査を行い，○○という結果が明らかにされている，次いで，○○も○○という方

法で調査を行い，○○という結果を示した，など，個別の実証研究が羅列されているだけというものである．文献レビューは，個別の文献の羅列で終わってはならない．着目した課題について，どのように研究が展開されてきたのか，研究相互の関係を意識し，系統的に整理されている必要がある．

引用文献

平岡　公一（2006）．先人に学ぶ：研究レビューの進め方とレビュー論文の書き方．岩田　正美・小林　良二・中谷　陽明・稲葉　昭英（編）社会福祉研究法：現実世界に迫る 14 レッスン（pp. 31-56）　有斐閣

（ アクティブ・ラーニング ）

＊自分の研究課題について，オンラインで文献検索を試み，検索の過程で困難であった点を述べなさい．

（杉澤　秀博）

3節　量的研究：社会調査を用いた研究と実験的研究

1. 量的研究とは

　量的研究には社会調査を用いた量的研究と実験的研究がある．社会調査を用いた研究では，収集された量的データを用いて現象の出現割合を記述したり，現象間の関連を示した仮説の妥当性を検証する．たとえば，仮説の検証の例では，独居高齢者におけるうつの割合が同居者がいる高齢者と比較して高いのはなぜかという問いに対して，独居高齢者では身体健康が悪い，社会関係が乏しい，経済的に厳しいなどうつのリスク要因の割合が高いからではないかという仮説を立てる．この仮説を社会調査で量的なデータを収集し，検証することを試みる（Sugisawa & Sugihara, 2020）．

　実験的研究は，ある現象を引き起こす心理社会的要因の一つを取り上げ，それのみを変化させ，その現象に影響する他の要因は一定に保つような環境を操作的に作り上げることで，取り上げた要因と現象との間の因果関係を確立する方法である．老年学分野の例には，要因として介護予防プログラムを取り上げ，その効果を検証する研究などがある．

　以下では，社会調査を用いた量的研究については，そのプロセスに従って，仮説の構築，因果関係の確立方法，調査の種類，概念の測定，標本抽出，データ収集，最後に量的調査の結果をみる際の重要なポイントとして加齢・時期・コホート効果について説明する．

　実験的研究については，因果関係の考え方，研究の妥当性，研究の種類について説明する．両方に共通するデータの解析方法は，統計解析法に関する図書，SPSS など統計ソフトの利用マニュアルなどが多数出版されていることから，それらを参考に学習してほしい．

2. 社会調査を用いた量的研究

1）仮説の構築

　仮説は概念と概念の関係で示される．たとえば独居高齢者が抱える問題に関連する概念としては，うつ，身体健康，社会関係，経済階層などがある．このような概念を用いて立てられる仮説は，既存研究に基づき，独居高齢者でうつの割合が高いのは，身体健康，社会関係そして経済階層が低いことが影響しているというように，概念間の関連で示される（Sugisawa & Sugihara, 2020）．仮説には，実証研究の結果を要約して導かれる経験仮説と，理論から導かれる理論仮説がある．

　実証研究では，これらの概念を具体的に測定し，その関係の強さを統計的な方法を用いて検証する．その際に重要となるのが，概念をどのように測定するかである．後述の「測定する」で詳細を示すが，概念を測定するには，概念を測定可能な事象に置き換える作業が必要となる．その作業を概念の操作的な定義という．操作的な定義をして初めて，測定可能な尺度を作成することができる．尺度によって作成される変数間の関係で仮説を示した場合，それを作業仮説という．

2）因果関係の確立

　因果関係を確立するためには，次の3条件を満たすことが必要である．①原因が時間的に結果よりも先に起こる，②原因と結果との間には相関関係が存在する，③原因と結果の関係は，第3の要因の存在によって起こっているものではない（Lazarsfeld, 1959）．これらの条件をどの程度満たしているかが内的妥当性である（Rubin & Babbie, 2013）．後述するように，実験的研究では，影響を見てみたい要因に操作が加えられた実験群と，その以外の要因の分布が実験群と同じ統制群を人為的に用意し，操作が加えられた要因のみの影響を検出できるような工夫がなされる．そのことで内的妥当性が高い因果関係の確立方法とされている．

　しかし，実験的研究を用いて，老年社会学のテーマである「社会参加が生活満足度を高める」という因果関係を確認しようとすると倫理的に大きなリスクを伴う．実験的研究を行うには，次のようなステップが必要である．まず，社会参加していない高齢者を何らかの方法で募集し，その人たちを実験群と統制群に振り

分ける．その際，両群の特性を等しくするために群分けは無作為に行う．次いで，実験群の不参加という要因に操作を加える前に，両群の生活満足度を測定する．その後，実験群のみ不参加という要因に何らかの操作を加え，不参加から参加に変化させる．その後また，両群の生活満足度を調査し，実験群の方で統制群と比較し生活満足度に有意な改善がみられたか否かを統計的に評価する．実験群で有意な改善が見られた場合に，社会参加することが生活満足度の改善と因果関係にあると結論付ける．このような実験的研究では，実験群に社会参加したくない，統制群で社会参加したいという人がいた場合，この人たちの意向を無視し，要因の操作を強制的に行うことになり，倫理的な問題が生じることになる．

　では，社会調査を用いた量的研究の場合，社会参加と生活満足度の改善との因果関係の確立に貢献することはできないのだろうか．地域高齢者を対象とした調査データを利用し，社会参加している人で生活満足度が高いという結果が得られた場合，この関連は因果関係といえるであろうか．社会参加をしている人で生活満足度が高いとしても，社会参加が原因で生活満足度が高くなっていると結論することはできない．健康度が低い，あるいは社会階層が低い高齢者では，社会参加が乏しく，生活満足度も低いと考えられることから，両者の関係が第3の要因によって説明可能となり，先に示した因果関係の確立の条件である③をクリアできない．さらに，社会参加と生活満足度の測定時期が同じであることから，①の条件もクリアできない．以上の2つの条件を満たすためには，①の条件については，社会参加という原因の測定時期を生活満足度の測定時期よりも先行させる方法である縦断的調査を採用する，②の条件については，原因と結果それぞれの変数に対して有意な影響をもつ健康度，社会階層などの要因（交絡要因）を測定し，その影響を統計的な方法を用いて調整する．以上のように，社会調査においても，交絡要因を網羅的に取り上げ，その影響を調整する，縦断的調査を実施する，など研究方法を工夫することで内的妥当性を高め，因果関係の確立に貢献することができる．

3）横断的調査と縦断的調査

　調査を行う時点に注目した場合，対象に対して時間の経過を意識せずに1時点で調査を行い，データを収集する横断的調査と，同じ個人を繰り返し追跡して調

査する縦断的調査がある．

(1) 横断的調査

　老年学における実証研究では，横断的調査が汎用されている．しかし，横断的調査では次のような限界がある．第1には，因果関係を確立するには横断的調査では不十分である．因果関係を確立するには，先に示したように原因が結果よりも時間的に先行することが必要であり，横断的調査ではこの条件を満たすことができない．

　第2に加齢効果とコホート効果を区別することができない（詳細は本節2の2の（3）方法の選択基準，を参照）．たとえば，認知能力の加齢変化を観察するため，60歳以上の住民を対象とした調査を実施したとする．このデータを用いて，年齢階級別に認知度の違いを分析した結果，年齢が高くなるにしたがって認知に障害のある人の割合が増加していたことが明らかにされたとしても，この結果から加齢によって認知障害が増えると結論することはできない．なぜならば，この調査では同じ個人を追跡しているのではなく，調査時点における年齢階級の違いによる認知障害の割合を比較していることから，出生年によるコホート効果の影響が除外されていない．すなわち，時代をさかのぼるほど人々の就学年数が短くなり，就学年数が短いことが認知障害のリスクを高くすることと関連していたとすれば，年齢が高い人で認知障害が多いのは，加齢の影響よりも出生年が早いため就学年数が短かったからというコホート効果の可能性が考えられる．

(2) 縦断的調査

　縦断的調査とは同じ個人を繰り返し追跡する調査のことである．同じ対象を追跡調査することで，コホート効果を解消することが可能となる．加えて，因果関係の条件である原因が結果に先行するという条件もクリアすることができる．しかしながら，縦断的調査においても時代効果の影響を除外することができない．追跡期間中に大きなイベントが生じ，そのことが健康度に影響していた場合，その影響を除外することができない．時代効果を除外するには，縦断的調査の対象者が追跡に伴って加齢するので，その下の年齢層に新しく調査対象を補い，その人たちをも追跡の対象にしていくことが必要となる．

４）概念を測定する

(1) スケールの妥当性

　妥当性とはスケールが測定しようとしている概念を正確に測定できているか否かということである．妥当性を評価する基準には，①基準関連妥当性，②構成概念妥当性，③内容的妥当性がある．

①基準関連妥当性

　妥当性がすでに確認されているスケール（外的基準）との関連をみることで，妥当性を評価することを基準関連妥当性という．基準関連妥当性には，同一時点で他の基準との関連をみる併存的妥当性と，一定の時間をおいて他の基準との関連をみる予測的妥当性に区分される．筆者は共同で，長期入院者をできるだけ早期に把握し，退院指導を行うためのアセスメント表を作成したことがある．この研究では，再入院，認知症の有無などの項目で構成されるアセスメント表が妥当か否かを在院期間を外的基準とする予測的妥当性の面から検証した．

②構成概念妥当性

　構成概念妥当性とは，当該尺度が理論的あるいは経験的に設定された構成概念を確実に測っているかどうかに基づき検証することである．そのために因子分析という統計手法を用いる．筆者らはエイジズムの測定スケールの妥当性を構成概念妥当性の面から検証したことがある（原田・杉澤・杉原・山田・柴田，2004）．その際，下位概念として「誹謗」「回避」「差別」の３種類を設定した．

③内容的妥当性

　内容的妥当性は，研究者の主観的な評価に依存する妥当性の評価法である．内容的妥当性には２種類あり，ひとつは「表面的妥当性」で，研究者が意図した内容を的確に表現している項目でスケールが構成されているか否かについて，理論的・経験的見地から主観的ではあるものの，その領域の専門家に妥当性の判定を委ねるものである．他のひとつは「項目抽出妥当性」で，スケールが測定を目指している概念の意味内容を網羅するように，次のようなステップで項目を抽出する（中道，1997）．ⅰ）測定したい概念の内容全体を詳細に記述し，その類型化を通じて概念の次元を抽出する．ⅱ）抽出された次元を枠組みとして，アイテムプールからスケールを構成する項目を選択する．ⅲ）選択された項目によってス

ケールを作成する.

(2) 信頼性

　信頼性とは，同じ対象について繰り返し測定しても同じ測定値が一貫して得られることである. 福祉ニーズを測定するスケールの場合，信頼性の高いスケールとは，同じ対象であるならば，健康が悪化するなど特別な事情がない限り，いつ，どこで，だれが測定しても同じニーズ量が表示されることになる. 測定するたびに異なるニーズ量が表示されるスケールであれば，回答結果に一貫性がなく，スケールの信頼性が低いということになる.

①再検査法，平行検査法，折半法

　再検査法，平行検査法，折半法の 3 種類は，共通する視点から信頼性を確認する方法として，1 つにまとめることができる. 再検査法は，信頼性を確認したいスケールを用いて，同一の対象者に対して，ある間隔をおいて 2 回測定し，2 時点間の回答結果の関連性，例えば量的な変数の場合には相関係数などの統計量を算出して，回答結果の時間的な安定性を評価する. 2 時点間の関連が強ければ，一貫してほぼ同じ結果が得られることから信頼性が高いと評価する. 再検査法では，同じスケールを用いて同一の対象者に 2 回測定を行うため，2 回目の反応が 1 回目の調査の学習効果によって影響を受ける場合もある. このような恐れが強い場合には，平行検査法や折半法を用いる. 平行検査法は 2 回目の測定では 1 回目と同じような内容をもつものの同一でない質問項目を用いる. 同じような内容を持つスケールのセットを用意できない場合には折半法という選択肢もある. これはスケールを構成する項目群を 2 分して，同一の対象者が同様の内容を持つ 2 つに区分された質問群に一貫して同様の回答をするか否かで信頼性を評価する.

②内的整合性

　スケールを構成する一つひとつの項目の等質性を調べ，信頼性を評価するという内的整合性による信頼性の評価法もある. 例えば，ヘルパーに対する評価を，ⅰ）話しやすいですか，ⅱ）気軽に頼みやすいですか，ⅲ）きちんと仕事をしてくれますか，という 3 項目で測定する場合，ⅰ）とⅱ）は社会性を評価する項目であるのに対し，ⅲ）は仕事の内容を評価する項目となっている. そのため，3 項目の合計が同じ得点でもⅰ）とⅱ）が高い場合と，ⅲ）の得点が高い場合とで

同じ評価とみなしてよいか否かといった疑問が生じる．3項目を加算して合計得点として扱って問題がないか否かを評価するために，内的整合性による信頼性評価の指標であるクロンバックの α 係数（Cronbach's coefficient alpha）が用いられる．この係数は，各項目が同様の内容を測定している場合には1に近い値となる．このように，すべての項目の得点を加算して用いるような加算スケールの信頼性評価に使用する．

5）標本抽出

(1) 標本抽出の原則

　母集団から一部を取り出し調査対象とする標本調査においては，抽出された標本は母集団の特性や傾向を正確に表現したものでなければならない．そのためには，標本の選び方が決定的に重要となる．選ぶ方法は，母集団に含まれるすべての要素について，標本として選ばれる確率を等しくする方法が採用される．調査する側が恣意的に標本を選ぶことは排除されなければならない．この方法が無作為抽出法であり，無作為抽出法で選ばれた標本を「無作為標本」あるいは「確率標本」という．無作為抽出法には，①単純無作為抽出法，②系統抽出法，③層化抽出法，④多段無作為抽出法がある．

(2) 標本抽出の種類

①単純無作為抽出法

　手順は以下の通りである．ⅰ）母集団を定めたうえで，母集団に含まれる要素がもれなくリストされている名簿を調達する．ⅱ）母集団の要素ごとに1番から順番に通し番号をつける．ⅲ）選び出す側の主観を排除するため，1標本ごとにカードや乱数表，サイコロなどを用いて番号を選び，標本数になるまで繰り返す．以上のように無作為とは，一定の確率法則に従うということであり，でたらめに標本を抽出することを意味しているわけではない．しかし，この方法だと大きな制約がある．ⅰ）標本数を多くした場合，標本数だけ繰り返し抽出作業を行う必要があり，大変な手間がかかる．ⅱ）母集団が地理的に広範囲に分布している場合，調査対象者も地理的に広範囲に広がってしまう．ⅲ）母集団の完全な名簿を用意する必要がある．

②系統抽出法

　等間隔抽出法とも呼ばれる．1番から順番に番号を振った母集団の名簿を調達しなければならない点は単純無作為抽出法と同じであるが，標本抽出のところで省力化がはかられている．具体的には，最初の1標本のみ乱数表やサイコロなどを用いて無作為に選ぶものの，その後の抽出は機械的に等間隔で行うため，単純無作為抽出法が抱える抽出の煩雑さを解消できる．この方法では抽出作業の煩雑さは解消されるが，母集団の名簿調達にともなう問題や母集団が地理的に広く分布していた場合の調査効率の悪さなどの問題は引き続き残されたままである．

③層化無作為抽出法

　単純無作為抽出法においては，標本として選ばれるか否かは確率によるため，母集団における構成比率が低い属性を持つ要素については標本として選ばれないことが起こる．これを避ける方法として，層化無作為抽出法がある．この方法では，調査目的から見て必要な層をあらかじめ調べておき，層別に母集団を部分母集団に分割する．層化に使用する基準は事前に情報を入手する必要があるので，一般的に入手しやすい情報，例えば，居住地域や年齢，性などの社会人口学的な属性が採用される．部分母集団ごとに名簿から一定の割合で無作為に標本を抽出する．各層に標本数をどのように配分するか，その方法には比例割当と最適割当がある（林，2014）．

④多段階無作為抽出法

　20歳以上の全国民というように大規模かつ広範囲にわたる母集団から標本抽出する場合，単純無作為法を用いることは，名簿の調達，標本の抽出，データの収集などで大きな困難を伴うことは既述の通りである．多段階無作為抽出法は，このような困難を解消し，大規模かつ広範囲にわたる母集団から標本抽出する有効な手立てである．

　多段階無作為抽出のうちもっとも段階が少ない2段階無作為抽出法を例にその方法を具体的に説明する．i）まず，1次抽出単位を抽出する．抽出に際しては，母集団を1次の抽出単位（市区町村など）に区分したうえで，そこから単純無作為や系統抽出法で1次抽出単位を抽出する．ii）次いで，抽出された1次抽出単位から単純無作為や系統抽出法で要素を抽出する．この抽出法は，1次抽出単位

に限定した要素の台帳だけあればよいので，要素の名簿の収集が容易になり，また，調査地域が1次抽出で選ばれた抽出単位に限定されるため，個別面接法であるならば調査員も効率よく動くことができる．

6）データ収集

(1) 方法による特徴

　統計的な処理が可能な量的データを収集するためには，研究者があらかじめ観察や質問などの内容や手順を決めて行う「構成的技法」を用いる．そのための代表的なものに質問紙法がある．質問文を誰が記入するかによって，「他記式」（あるいは他計式，間接記入式）と「自記式」（あるいは自計式，直接記入式）に大別される．「他記式」には「個別面接調査法」「電話調査法」，「自計式」には「留置調査法」「郵送調査法」「集合調査法」「託送調査法」「インターネット調査法」がある．

　各方法にはそれぞれ特徴がある．小野は12の比較基準を設け，各方法の長所・短所を比較・整理している（小野，1995）．その基準は，大きく分けて，1）回答内容の信頼性（「調査員の影響」「回答者の疑問に対する説明」「本人回答の確認」「調査員以外の個人の影響」「プライバシー保護」），2）質問内容の制約（「複雑な内容の質問」「質問の量」「回答内容の確認」），3）質問紙の回収率（「調査現地の協力態勢」「質問紙の回収率」），4）コスト（「調査の費用」「調査に要する日数」）の4種類である．表1は，基準ごとに各調査法の長所・短所を一覧表にまとめたものである．

(2) 種類

①個別面接調査法

　この調査法は，調査員が対象者の自宅や職場を訪問し，個別に面接しながら，質問に対する回答を聴取する方法である．質問紙への記入は調査員が行う．長所は，回答内容の信頼性が全体として高い，質問内容の制約が少ない，回収率が高い，短所には，学歴や収入，宗教など他人に知られたくない質問などは回答内容の信頼性が損なわれる場合もある，コストが高い，などがある．

②留置調査法

　この方法は，個別面接調査法と異なり，回答者が自ら記入する自記式である．

表 1　質問紙法の方法による比較

比較基準		面接	留置	郵送	電話	集合	託送	ネット・インター
回答内容の	信頼性							
	調査員による影響が少ない	×	△	○	×	△	○	○
	回答者の疑問に対する説明ができる	○	△	×	○	○	×	×
	回答者が本人か確認できる	○	△	×	×	○	×	×
	調査員以外の人の回答への影響が少ない	○	×	×	△	×	×	×
	プライバシーが保護される	×	△	○	×	○	△	○
質問内容	の制約							
	複雑な質問ができる	○	×	×	×	△	×	×
	質問量が多くてもよい	○	△	△	×	△	△	×
	回答内容の確認ができる	○	△	×	×	×	×	○
回収率	現地の協力体制が不要	△	△	○	△	×	○	○
	調査票の回収率が高い	○	○	×	△	○	×	—
コスト	調査費用が安い	×	×	○	△	○	○	○
	調査に要する日数が少ない	○	×	×	○	○	×	○

注）○は優位，△はどちらともいえない，×は劣位を表している．—については，母集団が
　　はっきりしないため，回収率は判断できないという意味で使用した．

出典：小野（1995），新（2005）を参考に著者が作成．

「留置」とは，回収するまでの一定期間質問紙を対象者のところに留め置くとこ
ろに由来する．留置の方法には，調査員が対象者を訪問し配布する方法（訪問配
布留置法）と調査依頼文とともに対象者に郵送する方法（郵送配布留置法）があ
る．回収は，一定期間後に調査員が対象者を直接訪問して行う．長所は，回答の
信頼性がある程度高い，質問内容に制約が少ない，回収率が高い，短所は，質問
紙に誰が回答したのか，回答者を特定することが困難であるなど，回答の信頼性
が損なわれる場合がある，コストが比較的高い，などである．

③郵送調査法

　調査依頼文を添付して質問紙を対象者に送付した後，一定の期日までに対象者
に回答を記入してもらい，回答した調査票を回答者の手で返送してもらう方法で
ある．したがって質問紙は自記式となる．長所は，コストが安い，調査員の特性
によって回答内容が影響を受けることがない，自記式であるため比較的正直な，

また率直な回答を得ることができるなど回答の信頼性を高くする要素を持っている．短所は，誰が回答したのか，回答者の特定が困難であり，回答の信頼性が損なわれる場合もある．複雑な質問や質問項目が多い質問紙を用いた場合，記載ミスや記入漏れを起こしやすい，など質問内容に制約が大きい，回収率が低い，などである．

④電話調査法

　この方法では他記式質問紙を用いる．調査員が対象者宅に電話をかけ，電話を通じて質問し，回答を得る．この調査法は対象の選択方法によって3種類に分けられる．3種類とは，ⅰ）電話帳以外の抽出台帳から抽出された個人の電話番号を調べ電話調査する方法，ⅱ）電話帳を抽出台帳とし，そこから世帯抽出を行い対象とする方法，ⅲ）ランダムデジットダイヤリング（Random digit dialing: RDD）法というランダムにつくり出した電話番号の世帯を対象とする方法，である．長所は，コストが安い，RDD法の導入によって比較的容易に代表性ある標本を確保できる，短所は，回収率が低い，調査員のパーソナリティや調査技術によって回収率や回答内容が影響を受けやすく，回答の信頼性が損なわれる可能性がある，複雑な質問や選択肢が長い質問は困難であるなど質問内容の制約，などである．

⑤集合調査法

　この方法は，対象者を一定の場所に集めたり，あるいは対象者が一定の場所に集まる機会を利用して，一斉に質問紙を配布し，その場で回答させ回収する方法である．青年に焦点を当てた研究などでは，簡便な調査方法として選ばれる可能性が高い調査法である．具体的には，ある大学の学生を対象に，授業の開始あるいは終了時に質問紙を一斉に配布し，その場で回答してもらい回収する．長所は，ある特性を持った標本に関してはデータを収集しやすい，回答者が質問に回答している途中で不明な点あるいは疑問に思った点があった場合，調査員に直接尋ねることができるなど回答の信頼性が全体として高い，コストが安い，回収率が高いなどがある．短所は，標本の代表性が乏しい，他人に回答をみられる可能性があるなど回答の信頼性が低い面もある，などである．

⑥託送調査法

　対象者が属する集団や組織を通じて自記式の質問紙を配布し，回収する方法である．長所は，回収率が高い，コストが安い，短所は，複雑な質問や質問項目が多い質問紙を用いた場合，記載ミスや記入漏れを起こしやすいなど回答の信頼性が低い面もある，などである．

⑦インターネット調査法

　新しい調査法である．まずは，インターネット調査会社のモニターと呼ばれる事前に登録した人の中から調査対象の条件に合致した人を抽出する．次いで，その対象者に対してインターネットを通じて自記式質問紙を提示し，直接回答を入力してもらう．長所は，記入漏れや記入ミスについては，機械的に確認するシステムを導入することで予防することができるなど質問内容・回答内容の制約が少ない，コストが安い，短所は，標本の代表性が確認できない，誰が本当に回答しているか確認しにくく，回答の信頼性が低い，などである．

(3) 方法の選択基準

　方法を選択する際には，調査の目的，費用，求められるデータの精度，スケジュール，対象者数など複数の条件を総合的に考慮する必要がある．例えば，複雑な質問で，データの質も確保したい場合には，第1の選択肢は「個別面接調査法」，第2には「留置調査法」，最後に「郵送調査法」という順位になるのではないか．コスト面で制約はあるものの，あくまでも第1の選択肢である「個別面接調査法」で行おうとすれば，対象者数を減らす，対象地区を限定する，質問数を減らすなど調査を効率よく実施できるような工夫をする．

　複数の方法を併用することもある．例えば，プライバシーに関連した質問の精度を高めるために，「個別面接調査法」と「留置調査法」の併用が考えられる．まず「個別面接調査法」でプライバシーにあまり関係のない質問を行い，この調査の終了後に「留置調査法」によって，プライバシーに関連する項目が盛り込まれた質問紙への回答とその返送を対象者に依頼する．また，夫婦を対象とした調査の場合も，「個別面接調査法」と「留置調査法」の併用が考えられる．「個別面接調査」を夫婦2人に対して同時に実施するのは，一方の配偶者の意見が相手の回答に影響を与えかねない，夫婦のスケジュール調整が困難といった問題も生じ

やすい．そのため，いずれか一方を「個別面接調査法」で実施することとし，残りひとりに対しては個別面接が終了した段階で「留置調査法」によって質問紙への回答とその返送を依頼する．

7）加齢，時代，コホートの各効果の区別

　社会調査を用いた量的研究を実施する際に，あるいは結果を解釈する際に注意する必要があるのが，加齢，時代，コホートの各効果を区別することである．この区別は老年学分野では特に重要である．加齢効果は，暦年齢が増す結果として起こる変化である．この基本的な仮説は，老化による生物的・心理的な変化が時代や場所，出来事とは独立して生じていることである．時代効果は，ある出来事が社会全体に与える影響である．最後にコホート効果がある．コホートとは，同じ時期に共通の体験をした人々の集合であり，代表的なコホートは生年コホートである．このコホートの特性が結果に影響することをコホート効果という．この3つの効果を区別することの重要性は，以下の例で理解できるであろう．この例は体密度（Body Mass Index：BMI）の加齢・時代・コホート効果の分析結果である（Funatogawa, Funatogawa, Nakao, Karita, & Yano, 2009）．1996〜2005年までの横断的調査（A）では，男性で40歳以上では年齢階級別にみるとBMIは減少傾向にあるものの，生年コホートによる分析（B）では，加齢による増加傾向が認められている．加えて，最近の生年コホートほど同じ年齢ではBMIが増加している．この例は横断的調査で40歳以上では加齢によるBMIの減少があると結論を導き出すことが危険であり，横断的調査の結果にはコホート効果が影響していると考えられるのである．コホート別にみると年齢が若いコホートでBMIが高くなっており，この人たちが横断的調査では低い年齢層を構成することになる．そのため横断的調査による年齢階級別の分析では，年齢階級が上の層ではBMIが低いという結果が得られることになる．

3．実験的研究

1）実験的研究の意義とプロセス

　実験的研究は，内的妥当性を確保する主要な方法であり．社会調査データを利用し，統計的な手法で内的妥当性を確保する方法よりも古くから行われている．

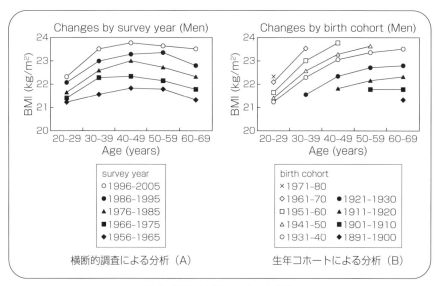

図1　BMI の加齢・コホート効果

出典：Funatogawa et al. (2009)

　実験的研究のプロセスは次の通りである．①ある現象がなぜ生じているか，その因果関係や介入がどのような現象の変化を起こすかについての仮説を立てる．②被験者を選定する．③実験環境を選択する．④ある要因を変化させる前の現象の状態を測定する．⑤ある要因を変化させる．⑥変化させたのちの現象の状態を測定し，その変化が統計的にみて有意か否かを評価する．

2）実験的研究のデザイン

　実験的研究のデザインでよく用いられるのが，要因を変化させる実験群のみで行う単一グループ・プリテスト・ポストテスト法と，それに加えて要因を変化させないグループである統制群を加えて行うプリテスト・ポストテスト統制群法の2種類である．単一グループ・プリテスト・ポストテスト法は，現象の変化が要因の変化のみによって起こり，実験群の内的・外的環境によって起こらないという仮定がある．このような仮定が成立しない，あるいは成立するか否かがわからない場合には，プリテスト・ポストテスト統制群法を用いる．この方法は，実験群における要因の変化の前後で起こる現象の変化を観察するだけでなく，実験群

と同じような内的・外的環境の下にある統制群における変化も併せて観察する．そのことで，実験群の内的・外的環境によって現象に変化が起こっていたとしても，その変化から統制群における変化を差し引くことで要因の変化の効果のみを抽出できる．

　老年学分野では，介護予防プログラムという要因が身体機能の維持・改善に効果があるか否かを検証する場合，単一グループ・プリテスト・ポストテスト法では不十分である．実験群において介護予防プログラムの前後で身体機能を比較しても有意な改善がみられないかもしれない．その理由は，高齢者の場合加齢による身体機能の悪化が顕著であるため，プログラムの効果の影響が加齢による機能の悪化によって相殺され，過少評価となる可能性がある．加齢変化に伴う身体機能の悪化の影響を除外するには，プログラムに参加していない統制群を用意し，実験群のプログラムの実施前と実施後の時期にそれぞれ身体機能を測定する．その変化の値を実験群の変化の値から差し引くことで真のプログラムという要因の効果が評価できるのである．

3）統制群の選択方法

　統制群の選択に際しては，操作される要因以外に現象に変化をもたらす要因すべての分布が実験群と同一であることが必要である．その方法には，無作為割り付け法とマッチング法がある．無作為割り付け法は，実験の対象者を選び出したうえで無作為抽出法を用いて実験群と統制群に割り振る．そのことで，実験群と統制群の特性の分布が確率論から見て同一となることが保障される．マッチング法は，操作される以外の要因すべてが実験群と統制群で同じになるように，両者をマッチングさせて選択するものである．この方法は，マッチングする要因が多くなればなるほど実験群と統制群を選ぶことが困難，マッチングした要因以外の要因が現象の変化に影響している可能性が否定できないという問題を含んでいる．

4）実験的研究の欠点

　実験的研究の欠点は，第1に，外的妥当性が低いことである．介護予防のプログラムの効果を測定する研究では，その被験者は自発的にプログラムに参加しようという人を募集する場合が多い．この人たちは，自分の健康維持や増進に関心があり，介護予防のプログラムを別途用意しなくても自ら積極的に介護予防に取

り組む人達であると思われる．介護予防のプログラムへの参加が本当に望まれる
のは，健康維持にあまり関心がなく，意欲もない人たちである．したがって，自
発的に参加した人たちを実験群とした結果は，健康維持にあまり関心がなく，意
欲もない人たちに一般化できるかは疑問である．第2には，研究者が期待する結
果が実験群に伝えられた場合，そのことが影響してその期待に添う結果が出され
かねないという問題である．先の例では，不参加から参加へという操作が生活満
足度を高めることを検証するためであることが実験群に知られた場合，その期待
に応えようと実験群では社会参加への動機づけが高まり，参加のプロセスの過程
で生活満足度も高まるという可能性がある．このような結果では社会参加するこ
とで生活満足度が高まったということはできない．第3には，老年社会学分野で
は着目した要因を操作的に変化させることが困難な場合が多いという問題である．
このことは先に触れたとおりである．

引用文献

中道　實（1997）．社会調査方法論（p.111）恒星社厚生閣．

Funatogawa, I., Funatogawa, T., Nakao, M., Karita, K., & Yano, E. (2009). Changes in body mass index by birth cohort in Japanese adults: results from the National Nutrition Survey of Japan 1955-2005. *International Journal of Epidemiology. 38*, 82-92.

原田　謙・杉澤　秀博・杉原　陽子・山田　嘉子・柴田　博（2004）日本語版 Fraboni エイジズム尺度（FSA）短縮版の作成；都市部の若年男性におけるエイジズムの測定　老年社会科学, *26*, 308-319.

林　文（2014）．サンプリング　層化抽出（層別抽出）．社会調査協会（編）社会調査事典（pp.154-155）丸善出版

Lazarsfeld, P. (1959). Problems in methodology. In Merton, R. M., Broom, L., & Cottrell, L. S. (eds.). *Sociology Today* (pp. 47–67). New York: Basic Books.

小野　能文（1995）．社会調査の方法．井上　文夫・井上　和子・小野　能文・西垣　悦代（編）よりよい社会調査をめざして（pp. 41-62）創元社

Rubin, A., & Babbie, E. R. (2013). *Research methods for social work* (8th ed., pp. 272-273). Belmont: Brooks/Cole.

新　睦人（2005）．社会調査の基礎理論—仮説づくりの詳細なガイドライン　川島書店

Sugisawa, H., & Sugihara Y. (2020). Mediators and moderators of the influences of living alone on psychological distress among Japanese older adults. *Journal of Family and Community Health, 43*, 313-322.

参考文献

大谷　信介・木下　栄二・後藤　範章・小松　洋編（2013）. 新・社会調査へのアプローチ─理論と方法　ミネルヴァ書房

社会調査協会（2014）. 社会調査事典 丸善出版

⟨　アクティブ・ラーニング　⟩

＊老年学の研究で用いられているスケールを一つ取り上げ，その妥当性・信頼性がどのように検証されているか，その検証方法に問題がないか述べなさい．

＊東京都の介護老人福祉施設の正規介護職員から等確率で500人選ぶ方法を考えなさい．

（杉澤　秀博）

4節　質的研究

1. 質的研究法とは

1）質的研究法の定義

　質的研究（法）とは何かを定義づけることは，量的研究を定義づけるより難しいといわれており，解説書によって理解がことなっている部分もある．ここでは，いくつかの質的研究法の解説書から共通に説明されていて重要なところをまとめて質的研究（法）とは何かを説明する．

　質的研究は，「諸々の学問，分野，主題をまたいで横断的に行われる」（Denzin & Lincoln (Eds.), 2000 岡野・古賀編訳 2006, p. 2）ものであるというところは老年学との共通性がある．老年学では，"老年"を中心的主題として，さまざまな学問，分野，視野からさまざまな題材に関して，さまざまな目的を設定して研究を行っていく．

　質的研究では，"対象とする集団，事象"を中心的主題として，「その生活における日常的ないしは問題的な場面や，意味を示す多様な経験的資料を意図的に収集され，活用される」（Denzin & Lincoln (Eds.), 2000, p. 3）ことを通して，諸個人の「体験がどのように生きられ，気づきのなかで構成されるのか，描写し，それを明らかにする」（Polkinghorne, 2005, p. 138）ことを目的として，様々な理論に基づいた方法論を用いる研究領域である．質的研究には，多様な経験的資料，視点，手法を用いる多元的指向性（Flick, 1995 小田・山本・春日・宮地訳 2002, p. 229）がある．そのため，質的研究者は，広範囲にわたって多様な方法を相互に関連させて使いながら，かれらが研究対象とする世界をよりいっそう理解できるような手法を追求している（Denzin & Lincoln (Eds.), 2000, p. 21）．したがって，質的研究の研究法には多様な解釈パラダイム／パースペクティブや研究戦略や分析方法（研究技法）が存在するのである．

　質的研究を，"インタビュー調査やフィールドワークをしてまとめればよい"

と，安易に考えている研究初心者が多い．佐藤（2008）は，「過去10数年来の質的研究ブームにともなって，質的方法による研究報告書が多く刊行されるようになった」が，「深刻な問題を抱えているものも少なくない」（佐藤，2008, p. 3）と指摘し，その要因を7項目の"薄い記述"（雑な記述）に分類している（佐藤，2008, pp. 5-11）．質的研究は，ただ単に，資料（データ）から「自己の知見を難なく書き上げるということだけでは終わらない．質的な解釈を構築する」（Denzin & Lincoln (Eds.), 2000, p. 26）ことが要求されるのである．

　質的研究とは，質的研究の多元性を理解し，研究の目的に適合した方法を選択して分析して結果を出していく研究方法である．

2）質的研究の前提理論

　研究者は自分の研究を行うことで"何を明らかにしたいのか"を明確に自覚しなければならない．なぜなら，研究者が明らかにしたいリアリティ（研究テーマ）には，研究者としての個々のパラダイム／パースペクティブがあるはずであり，それが，研究・分析（解釈）の基本となるからである．研究者はそのパラダイム／パースペクティブ（前提理論）によって，どのようにリアリティ（社会）をとらえ，どのように働きかけるかが方向づけられる．

　質的研究では，その基本を認識（内省）して，その解釈パラダイム／パースペクティブにマッチした，または，そのような解釈パラダイム／パースペクティブを理論的前提とした研究戦略や分析方法（研究技法）を選択しなければ，質の高い研究結果が得られないのである．多様なパラダイムとそれぞれがもつ研究の評価基準や解釈・理論的説明のための典型的形式など諸前提を提示した（Denzin & Lincoln (Eds.), 2000, p. 24）（表1）を挙げておく．このほかにもそれぞれの領域の理論があるので，押さえておくことを勧める．

2. 質的研究の研究テーマ

1）何を明らかにしたいのか

　研究初心者にとっては，"何を明らかにしたいのか"ということをはっきり言うことはかなり難しい．実際に大学や大学院の授業やゼミで，何を研究したいかを聞くと長々と説明して絞り切れない学生が多いのが実状である．端的に1文か

表1 解釈パラダイム[1]

パラダイム／理論	基準	理論形式	語りのタイプ
実証主義／ポスト実証主義	内的・外的妥当性	理論的―演繹的，基礎づけられた（grounded）	科学レポート
構成主義	信用性，信憑性，転用可能性，確証性	実質的―形式的	解釈的事例研究，エスノグラフィー的フィクション
フェミニズム	アフロセントリック，生きられた経験，対話，ケア，説明責任，人種，階級，ジェンダー，再帰性，実践，感情，具体性による基礎づけ	批判的，立場性	エッセイ，ストーリー，実験的著述
民族研究	アフロセントリック，生きられた経験，対話，ケア，説明責任，人種，階級，ジェンダー	立場性，批判的，歴史的	エッセイ，寓話，劇
マルクス主義	解放理論，反証可能性，人種，階級，ジェンダー	批判的，歴史的，経済的	歴史的，経済的，社会文化
カルチュラル・スタディーズ	文化的慣行，実践，社会的テクスト，主観性	社会批判	批判としての文化理論
クイア理論	再帰性，脱構築	社会批判，歴史分析	批判としての社会理論，自伝

出典：Denzin & Lincoln (eds,)（2000, p. 24）

2文で何を明らかにしたいかを明確に説明できなければ，研究分析を始められないといっても過言ではないと考えている．自分の研究を分析する方法に，量的研究法が適しているのか，質的研究法が適しているのかといった根本的なところでさえも，"何を明らかにしたいのか"を，明確に自覚していなければ決定できない時もある．"何を明らかにしたいのか"は，研究過程のステップにおいて，常に，自分自身に問いかけていく必要があり，誰に対しても説明できるようにしておく必要がある．

　どのように**"何を明らかにしたいのか"**を自覚していくかを老年社会科学に掲

1　表に記載の単語や説明の詳細は，Denzin & Lincoln (Eds.) (2000) を参照されたい．

載された論文（小倉，2002）を例に挙げて説明してみよう．著者は特別養護老人ホームの臨床心理士である．新入居者がホームの生活に馴染んでいくまでの初期適応への心理的ケアをしている経験から，表題でもある「特別養護老人ホーム新入居者の生活適応」に関心を持った．大多数の新入居者は日々の援助される生活のなかで1，2年の間に落ち着いてくるので，「職員は落ち着いていく過程は問題にしないし」，その経験を「振り返ることもしない（小倉，2002, p. 62）.」先行研究では入居者の「落ち着いてくる」という状況を述べた文献は見られたという．しかし，著者は，「なぜそうなのか」について言及されていないことを疑問に思った．さらに，著者は入居者の体験からその過程を明らかにすることは援助的にも意義があると考えた．著者が明らかにしたいことは，生活適応であるが，生活適応にいたるまでのプロセスに関心があり，最終的には，「特別養護老人ホーム新入居者が，新たな環境のなかで安定していく初期適応プロセスを明らかにする（小倉，2002, p. 61）」ことである．それによって，「援助視点を得ること」であるとしている．研究者の経験，先行研究から大きな研究テーマを設定し，そこからさらに，「何を明らかにしたいのか」を明確にするために絞り込みを行っていく．この研究論文では，最終的に分析するときには，"「つながり」の形成プロセス"を明らかにすることを分析テーマとしている．"分析テーマに絞り込むこと"とは，後で説明する実践的グラウンデッド・セオリー・アプローチ（M-GTA）というプロセスを分析するのに優れている分析方法で希求されている手法である．

　このように"何を明らかにしたいのか"ということは，研究の最初から論文として仕上げるまで，つねに自覚的に明確化していく必要がある．

2）質的研究が得意な研究目的

　質的研究では，どのような課題を研究することが適しているのかを量的研究と比較しながら説明する（表2）．量的研究では，数値データで，あるいはさまざまなデータを数値化して，その「変数間の因果関係の測定と分析」（Denzin & Lincoln (Eds.), 2000, p. 9）を目的としている．一方，質的研究では，「リアリティの社会的構築性や，研究者と対象者の密接な関係や，探求を方向付ける状況制約的条件」（Denzin & Lincoln (Eds.), 2000, p. 9）を明らかにすることを目的と

表2　質的研究と量的研究

	質的研究	量的研究
対象	プロセス・意味	量・強度・頻度
描写・記述	詳細にわたる記述，細やかな差異を重視	細やかな差異や分厚い記述よりも変数とその関係を抜き出すことを重視
現実	社会における様々な体験がどのように作られているのか（プロセス）明らかにする	変数の正確な測定とそれらのあいだの因果関係を確立する
研究者と対象者との関係	研究者と対象が親密な関係を作り，維持する（協力者・情報提供者）	研究者と対象の関わりはできるだけ減らすことにより客観性を確保する（被験者）
価値観	研究のすべての男系に研究者の価値観が染み渡る	研究者は自身の価値観が研究対象やリサーチクエスチョンにできるだけ影響を与えないように統制する
知見の役割	特定の個人，一定の時間・空間に限られた	一般化できる法則
視点	個人の視点を重視	全体的傾向・平均値
研究の質	信憑性・解釈の妥当性	妥当性・信頼性

出典：岩壁（2010, p. 19）

している．表2にあるように質的研究と量的研究では，対象や視点など様々な点で異なっている．

　量的研究が得意なのは，政策立案や世論啓発へのインパクトが大きい大勢のおおまかな傾向をつかむことや，現象の分布や頻度や要因間の相関をつかんで，数量的に一般化を目指すことである．一方，質的研究では，人々が主観的にとらえた経験や意味に肉薄し，個別状況での効果的な政策実施・臨床実践に役立つ結論を見出したり，現象のプロセスや背景・文脈（コンテクスト）から要因間の因果関係（継時的展開：シークエンス）をつかんだり，構造的な一般化を見出し，さらに類似状況も説明しうる理論や仮説生成をすることを目指すことである．

　具体的に説明すると，質的研究は，以下のような研究をすることに優れている．

①人が自分の体験からどのように意味を作り出すのかを理解し，複雑なプロセスや幾層にも重なった体験の意味を明らかにする．

②質問紙や観察ではわかり切れない意味世界に接近する．

③先行研究が少ない領域の現象の特徴を浮き彫りにし“理論構築”する．

④ある現象を掘り下げて詳細にわたる分析をする．（岩壁，2010, pp. 18-20）

　いずれにしても，質的研究は，研究の知見を手にして使う人たちが，個人の体験の質に注目し，文章で伝えられる（岩壁，2010, pp. 18-20）ところに醍醐味があると考える．

3. 質的研究の研究デザインと分析方法のマッチング

　上述したような多様な研究目的を分析する質的研究は研究目的によって分析方法が異なってくる．質的研究の分析方法には多様な方法がある．研究デザインをするときには，明確な研究テーマにあった分析方法を，多様な分析方法から選択することは，研究デザインの重要なステップである．サトウ・春日・神崎編の『質的研究法マッピング』(2019) は，研究法の選択を助けてくれる1冊である．目的にあう質的研究法はどれなのか，彼ら独自の「四現象マトリクスを用いて整理（マッピング）」されていて初心者にもわかりやすい．しかも簡単な方法論の説明と関連文献も紹介されている（サトウ他編，2019, p. 8）．

　サトウ他編 (2019) によれば，質的研究のさまざまな手法を整理する枠組みとして，横軸を「構造」を扱うのが得意なのか「過程」を扱うのが得意なのかという次元に，縦軸には「実際に存在することを理解するのか（実存性）」と「現象の背後にある本質的なことを理解するのか（理念性）」を重視するのかという次元として4つの次元に分けた．その縦と横の2軸に区切られた4つの面を，「モデル構成（過程×実存性）」「記述のコード化（構造×実存性）」「理論構築（構造×理念性）」「記述の意味づけ（過程×理念性）」と名付けた．その4次元の面のなかに，さまざまな研究法をマッピングしている．

　「モデル構成」に含まれる方法論には，老年学でもよくつかわれる回想法，ライフストーリーなどがマッピクングされている．「記述コード化」にはKJ法や会話分析などが分類されている．「理論構築」ディメンションはグラウンデッド・セオリー・アプローチ（GTA），実践的GTA（M-GTA），エスノグラフィーなどが挙げられている．そして，「記述の意味づけ」ディメンションは，ナラティブ分析，エスノメソドロジー，ディスコース分析，ライフヒストリー，解釈的現象学などがマッピクングされている．この本で，自分自身の研究に使用

したい方法論を見つけたら，その方法論については，それぞれ解説書や個別の詳しい文献が出版されているので，必ず，ひとつのアプローチにつき数書で学習することを勧める．また，同時に，その研究法を使って投稿されている論文を読み，自分の研究の分析にしっくりいくかどうかを確認しよう．そして，機会があれば，その研究法に関する研究会に参加するなどして，使い方を熟知することが大切である．各研究法の研究会はインターネットで検索すれば見つかる．臆せず，参加可能かを事務局，または連絡先に尋ねるとよい．例えば，M-GTA では，M-GTA 研究会[2]があり，領域にこだわらず参加することが可能である．自己の研究を発表する機会もあり，スーパーバイズも受けられる可能性もある．

　研究法はひとつの方法に固執して利用するものではない．また，得られたデータによっては，研究テーマや研究法を変更することもある．研究法を先に決めて，研究テーマを考えるのでもない．研究法はあくまでも研究テーマをよりよく明らかにできるように使用するアプローチであるので，まずは，テーマありき，そして，データありきで分析を進めていく．

　木下（2003, p. 59）は，「質的研究法の入門書などから，いきなり実践に進むのは無理がある．むしろそこから個別の研究法をいくつか学習し，自分にとってもっともリアリティ感をもあって行える方法を選択していく学習プロセスがある」と述べている．研究テーマが明らかになっていて，質的研究法のマッピングから選択しようとしたとき，どのディメンションなのか迷ったときには，ひとつのディメンションからではなく，気になる方法論も学習することは，最終的に選択した方法論の理解を深めることにもつながる．

4. 質的研究におけるデータ（調査方法）・分析方法

　質的研究においてデータになりうる質的データには，聞き取り調査の記録（インタビュー記録），参与観察の記録（フィールドノート），ドキュメント文書（日記，手紙，書物，古文書，公文書，新聞・雑誌，評論等），さまざまな芸術作品，音声・映像メディアなどがある．その他，メールやブログなどや，統計的研究に

2　M-GTA 研究会ホームページ　https://m-gta.jp/

おける自由回答・観察記録をデータとして利用する研究もある．

　インタビュー記録（スクリプト）とフィールドノートは，研究者の調査によって得られた音声や観察記録のデータを文字にしてデータ化したテキストデータである．文字データ化するときに重要なことは，フィールドノートでは，見たことを見た通り，意見や解釈とは区別して事実レベルを記述することである．研究テーマに即して，観察する場所や時間の設定なども綿密に計画する必要がある．インタビュー調査では，何を明らかにしたいのかを明確にするために必要な項目を整理し，インタビューガイドを作成する．インタビューガイドでは，大問をインタビュイーに調査の前に知らせておく．大問に関連する小問も想定しておくと，インタビュイーの本音を聞き出すために役立つ．インタビューの際に予定していた質問項目に固執しすぎてしまうと，インタビュイーの"関心事"，"言いたいこと"を逃してしまうこともあるので注意しなければならない．インタビュイーの回答に対して，そう答えるのは「なぜ」か，「どのように」してそうなったのかを，回答されるごとに繰り返し質問し続けることで，かなり核心をつく回答を得られる．

　いずれにしても，調査はデータ収集だけを一途に行うのではない．常に，データ収集と分析は「相互依存関係」（箕浦，2010）にある．分析はデータ収集，スクリプト作成時とともに"始まって"，もちろん，収集後，作成後にも"始まる"のである．そして，調査するときに大切なことは，自分自身の研究テーマに大いなる関心を常に持ち続けることがよりよいデータ収集の可能性を高めることになるということを忘れないことである．

　上記に挙げた質的データを分析する方法は研究テーマ（分析テーマ）や，その理論的背景などによって多様であることは前述したとおりである．データ収集や分析は，ひとつの方法を使用するだけとは限らない．また，研究テーマがひとつの理論によっているというわけではない．様々な方法や理論的立場を並行して用いることによって，様々な視点や仮説を考慮に入れたデータへのアプローチ，つまりデータの解釈を検討することも可能である．この方法をトライアンギュレーションという．

　データを収集したり，解釈する際には作業仮説をたてる．質的研究では作業仮

設をたてないと思われているが，データを収集する際のガイド（質問集や調査ポイント）を作成するときに必要である．この仮説にそれぞれの事例やデータがあてはまるかを検討し，この仮説に否定的な事例があれば，作業仮説を修正する作業を行う．これを分析的帰納という．この2つの作業も分析過程で必要となる．

　質的研究の分析とは，基本的には，データを研究テーマに即して解釈することである．解釈とは，他人にとって価値のあることが生のデータそのものに存在しているので，「データに物語性を担わせ」るようなイメージでデータを読み解いていく．

　文字データ（テキストデータ）の分析作業として，まず行うことは"コーディング"である．コーディングとは，「文字テキストに対して一種の小見出しをつけてゆく作業である（佐藤，2008, p. 33)」．コーディングはテキストデータをある"一定の法則"でまとめ，具体的な形に仕上げ（形式化し），整えることである．"一定の法則"とは，研究テーマ，研究テーマの理論的背景，方法論によって決まってくる法則のことである．

　たとえば，プロセスと理論構築を目的とする研究テーマを分析するときに使われる分析方法論には，GTAやGTAの分析過程を明確にしたM-GTAがある．これらの方法論では分析は理論的コーディングを行う．理論的コーディングとは，「現象・事例・概念（コード）同士の継続的比較」（Flick, 1995）を行いながら実践理論構築に向けてコーディングしていくものである．M-GTAでは，コーディングの主体を"分析焦点者"に統一し，分析ワークシートというツールを用いることで，コーディングの過程を明確化した．また，M-GTAは分析テーマに照らして理論的に抽象化された概念（コード）の生成（コーティング）を行っていくことを重視している．最終的にコーディングした概念やさらに抽象化したカテゴリーのネットワークとその間の関連を表した理論（概念モデル：実践的理論）を構築するまで，表3のような一定の法則に従ってコーティング（分析）していく方法論が，M-GTAである（木下，2003, 2010；山崎，2012）．

　GTAやM-GTAでの理論的コーディングの他にも多様なコーディング方法がある．テーマ的コード化，内容分析，包括分析，シークエンス分析（Flick, 1995）などを例示している解説書や，定量的コーディング，定性的コーディング

表3　M-GTAの分析の法則

> Approach
> ✓ grounded-on-data の原則
> ✓ 継続的比較分析
> ✓ 実践的理論・プロセス性のある理論の生成
> ✓ 社会的相互作用に関する人間行動の説明と予測
> ✓ 理論の応用が検証の立場（理論の現場への還元）
> ✓ 【研究する人間】の方法論化
> ✓ 分析プロセスの明示
> ✓ データの意味の深い解釈
> ✓ M-GTAは，これらすべてにこだわったパッケージとしての研究アプローチ（方法論）

出典：山崎（2017）

（佐藤，2013）を取り上げ，それぞれの法則やその相違を説明している解説書もある．これらは，データを縮約する方法である．データを縮約してデータの文脈の意味するところを的確に表すコード名をつける方法である．

　コーディングはフィールドワークやインタビュー記録から「全体を見渡せるような，一種の大まかな「見取り図」を作成していく」（佐藤，2013, p. 91）作業でもある．このコーディング作業にはデータ自身から浮かび上がってくるコードを使う帰納的アプローチと，既存の理論的枠組みにそって作られたコードを使う演繹的アプローチがある．内容分析は演繹的アプローチを用いて行われる．GTAやM-GTAでは初期の分析では帰納的アプローチを用い，分析が収束に近づくにつれて帰納的アプローチで生成した概念（コード）への演繹的アプローチを用いる．

　調査で得たデータは，研究テーマの断片が散らばっているので，整理しなければ研究テーマで明らかにしたいことがはっきりしないのが普通である．それを，テーマに即して一定の法則で並び替え，コーディングをすることで整え，一つのまとまった絵にしていくようにストーリーを仕上げ，明らかにしたいことを可視化していく．あたかもヒントのないジグソーパズルを仕上げていくかのような作業に似ている．分析の最終段階では，コードの再構成を行い，個別事例のコンテクストを超えた構造（理念型）を作り上げる．論文では，その構造を結果として

考察し，領域に即した結論をだしていく．これが質的研究の分析方法である．

5. 質的研究の妥当性

　上記で述べた可視化された結果は，誰かのためになり，誰かに利用され，研究領域の一助となるものでなければならない．つまり，研究結果は論文にして，世の中に発表する．そのためには，質的研究結果が妥当なもので，信頼できるものである必要がある．このことはすべての研究においても言えることである．統計的手法で分析された論文においても，データのとり方，統計的分析法，その分析法によって導きだされたアウトカムの信頼性を検定する方法があり，統計的結果の確率の高さを証明する．

　質的研究の妥当性で重要な点は，結果にもっともらしさ，真実味があること，そして説得力があることである．誰もが，「そういうことがあるのか」「そういうことだったのか」と思えることである．この説得力を強固にするために，まず，データの信憑性，確実性，データの信頼性を明確にする．データの出どころ，データの収集方法，データの概要は論文に明示する．次に，データの解釈＝分析方法も論文に明示し，その判断に誤りがないかを明確にする．つまり，論文では研究対象の表現したテクスト（データ）と研究者の解釈が識別できるようにデータの成立過程を明確にすることは必須である．

　また，推測負担の少ない記述にすることは重要である．たとえば，対象者の語りを要約してしまわずに具体的な詳細を，煩雑になったり，解釈がおろそかにならない程度に「ありのまま」に提示する．対象者のありのままの語りを適度に活用すると，読者の推測負担を軽減できる．なぜ，そういう解釈になるのか，なぜ，そういう結果が導きされたのかを，データを使用することでリアルに説明できる．論文のリアリティがより明確になる．

　領域や学会誌によっては，分析して得られた結果が，同じような条件の現実に対して有意義であるかを検証することを要求されることもある．また，前述のトライアンギュレーションと分析的帰納によって，結果の信憑性が担保できる．さまざまな方法で得られたデータで分析していることや，作業仮説でも，結果と同様のことが予想されたということで，結果にもっともらしさ，真実味があるとい

うことが証明されていると言える.

6. 思考と感覚の記録化

　質的研究における分析とは解釈である. 解釈とは選択的判断である. 何を根拠に, どういう見方から判断を下したかについては, 研究ノート, メモなどの活用による「思考と感覚」の記録化が必要である. 思考や感覚は, 忘れがちなので, 意識的にわからせるためである. 研究期間中は, メモ魔になることや, 常に自分の思考を外在化させることを習慣化すると良い. 思いついたことは, 後で思い出そうとしても, 忘れてしまうことが多い. 研究中, 分析中にはさらに論文執筆中にも, メモを常時携帯することを薦める. 思いついたら, すぐにメモをとることを忘れずに実行すべきである.

　質的研究における分析／解釈とは, 字面や行間の奥にあるであろう意味の世界を見出していく作業である. 研究者の問題意識や視点が幅・深み・鋭さを増してゆかないと良い分析＝解釈はできない. 結果は, 様々な検討を経て, 徐々に見えてくるものである.

　最後に質的研究法に関心を持ったときには必ず, 以下のことを思い出してほしい.

① 問題意識を常に持ち続けること

② 想像力, 抽象的な思考力を鍛えること（余裕があるときに, 厚東洋輔『社会認識と想像力』を読むと鍛えるヒントを見出せる）

③ 分析を楽しむこと

④ 自分のデータを愛すること

研究者本人が楽しくない分析の結果は, 決して良いものにはならないだろう.

引用文献

Denzin, N. K., & Lincoln, Y. S. (Eds.) (2000). *Handbook of qualitative research* 2nd ed. Thousand Oaks: Sage publications.（デンジン, N. K.・リンカン, Y. S.（編）岡野　一郎・古賀　正義（編訳）(2006). 質的研究ハンドブック 1 巻：質的研究のパラダイムと展望　北大路書房；デンジン, N. K.・リンカン, Y. S.（編）藤原　顕（編訳）(2006). 質的研究ハンド

ブック2巻：質的研究の設計と戦略 北大路書房；デンジン，N. K.・リンカン，Y. S.（編）
大谷　尚・伊藤　勇（編訳）（2006）．質的研究ハンドブック3巻：質的研究資料の収集と
解釈 北大路書房）

Flick, U. (1995). *Qualitative forschung*. Rowohlt Taschenbusch Verlag GmbH：Reinbeck bei
Hamburg（フリック，U. 小田　博志・山本　則子・春日　常・宮地　尚子（訳）（2002）．
質的研究入門—〈人間の科学〉のための方法論　春秋社）

岩壁　茂（2010）．はじめて学ぶ臨床心理学の質的研究—方法とプロセス　岩崎学術出版社

木下　康仁（1999）．グラウンデッド・セオリー・アプローチ—質的実証研究の再生　弘文堂

木下　康仁（2003）．グラウンデッド・セオリー・アプローチの実践—質的研究への誘い　弘文
堂

木下　康仁（2010）．ライブ講義M-GTA 実践的質的研究法—修正版グラウンデッド・セオ
リー・アプローチのすべて　弘文堂

厚東　洋輔（1994）．社会認識と想像力　ハーベスト社

箕浦　康子（2010）．フィールドワークの技法と実際—マイクロ・エスノグラフィー入門　ミネ
ルヴァ

小倉　啓子（2002）．特養新規入居者の生活適応の研究—「つながり」の形成プロセス　老年社
会科学，*24* (1), 61-70.

Polkinghorne, D. E (2005). Language and meaning: Data collection in qualitative research.
Journal of counseling psychology, 52, 137-145.

佐藤　郁哉（1997）．フィールドワーク　新曜社

佐藤　郁哉（2013）．質的データ分析法—原理・方法・実践　新曜社

サトウ　タツヤ・春日　秀朗・神崎　真美（編）（2019）．質的研究法マッピング　新曜社

山崎　浩司（2012）．質的研究の基本1—基本編　日本認知症ケア学会誌，*10* (4), 490-496.

山崎　浩司（2017）．M-GTA研究会・第9回公開研究会資料

参考文献

岩田　正美・小林　良二・中谷　陽明・稲葉　昭英（編）．（2006）社会福祉研究法　有斐閣

盛山　和夫（2004）．社会調査法入門　有斐閣

＊質的研究を始めるにあたって大切なことは何かを説明しなさい.

＊質的研究の得意なテーマにはどのような特徴があるかを説明しなさい.

＊以下のテーマは，量的，質的のどちらの研究方法が妥当かを考えなさい.

① 家族介護者の認知症に関する知識と介護意識の関係

② 家族介護者の気晴らしに関する行動

③ 在宅での看取りの実践の変容

④ 高齢化率の高い地域住民の認知症に対する予防意識

＊インタビュー調査で特に注意すべきことを挙げなさい.

＊質的研究結果の妥当性とは何かを端的に説明しなさい.

＊質的研究の分析で大切なことは何かを説明しなさい.

（林　葉子）

第2章

高齢者の医療・健康・予防

保健と医療の側面から考える

1節　老化と寿命

1．生物としての老化

　老化を厳密に定義することは容易ではないが，大別すると広義の定義と狭義の定義がある．広義の定義（あるいは概念）として「受精から死に至るまでの時間軸に沿った個体の変化の全てを老化とする」というもので，このような生物の時間的経過に伴う変化を「加齢現象（aging）」と呼ぶ．一方，狭義の老化の定義として，加齢現象の中で特に固体の成熟期以降の衰退期での個体の変化を老化とする考え方であり，「老化現象（senescence）」という用語を当てはめている．一般には，加齢とともに生ずる諸機能の低下や衰退という退行性の変化あるいは生体の恒常性（ホメオスタシス）の崩壊とそれに伴って死亡確率の増大化する過程，すなわち狭義の老化を用いることが多い（鈴木隆雄，2019）．

　なぜ「老化」という現象が出現するのかという疑問についてはこれまでにさまざまな学説・仮説が提出されているが，大別すると①プログラム説と②エラー蓄積説にまとめられる．

1）プログラム説

　老化は遺伝子レベルでプログラムとして内蔵され制御されているという考え方．その理由としては，①動物は種により固有の最大寿命が決まっていること．②細胞レベルにおいても細胞分裂の限界（「ヘイフリックの限界」）が存在すること．③遺伝的早期老化症候群（早老症）という，遺伝子の障害による老化の促進と短命をもたらす疾患が存在すること．④哺乳類の持っている「サーチュイン（SIR2）」遺伝子のように，老化遺伝子が知られていること．⑤テロメアの存在．テロメアとは染色体（DNA）末端に存在し，細胞分裂によりDNAの複製が行われる度に短縮し，一定の長さ以下になると細胞分裂の能力は消失し，細胞寿命を既定するものと考えられている．⑦アポトーシス現象の存在．アポトーシスとは個体の成長や代謝の過程で不要となった細胞が，遺伝子に組み込まれた情報に

より自発的に死亡する現象であり，「プログラム化された細胞死」，「自発的細胞死」などとも言われる．

2）エラー蓄積説

　個体内の細胞レベルあるいは臓器レベルにおいてさまざまな障害や老化物質の蓄積が，DNA を傷害することによって老化が進行するという考え方．エラー蓄積説を支持する仮説（現象）として，①消耗（磨耗）説；放射線や化学物質により DNA 損傷が発生し，その蓄積が老化と寿命を決定する．②活性酸素説（酸化ストレス説，フリーラジカル説）；酸素は細胞にさまざまな傷害をもたらす．細胞のミトコンドリアが作るフリーラジカル（遊離した酸素基）が DNA を傷害し老化をもたらす．③分子間架橋説（架橋結合説，たんぱく質架橋説）；加齢に伴いコラーゲンやエラスチンなどの構造たんぱく質が作る分子間架橋が変化し DNA 変化や組織の変性が発生し細胞機能が衰え，老化が促進される．④ DNA 修復機能低下説；DNA の複製や損傷の修復時に塩基配列の誤写が生じ，異常たんぱく質の発生と蓄積そして細胞機能障害が発生する．エラー破滅説とも呼ばれる．⑤老廃物質蓄積説；加齢に伴う変異（異常）たんぱく質（リポフスチン，アミロイド等）が出現・蓄積し，老化（特に病的老化）が促進される，などが知られている．

　以上のように老化に関する特異的な現象や仮説が多数存在するが，どれか一つの説で老化のすべてを説明することはできない．おそらくこれらの多数の説（要因）が複雑に絡み合って老化という複雑なプロセスと個体変容が生じてくるのであろうと考えられている．

　老化現象の開始ははっきりした時期的特徴を示さず，個体差も大きく明確ではない．しかし老化の特徴については，Strehler（1962）の提唱した次の 4 つの特徴が知られている．

(1) **普遍性**；全ての生命体に認められる現象である．同一の「種」に属する個体にはほぼ同様の変化を示す．

(2) **固有性**；個体固有の変化である．出生・成長，死などと同じく個々の個体に発生する．

(3) **進行性**；突発的な現象ではなく，徐々に出現し漸次進行する．自然界におい

ては後戻りすることは無い.

(4) **有害性**：個体の諸機能は低下する. 老化現象の中で最も特徴的な現象である. 心身の機能は直線的に低下し, 死の確率は対数的に増加する.

　老化は個体の加齢現象であるが, 加齢に伴って疾病の発生率も増加する. すなわち老化は疾病に修飾される可能性が高い. したがって老化には（疾病に修飾されない）「生理的老化」と疾病を中心とするさまざまな要因によって生理的老化以上に過剰な老化を示す「病的老化」が存在する.「生理的老化」は全ての個人に普遍的にそしてほぼ同程度に認められる.

　一般的にイメージされる個体の老化は, 全ての心身の機能が加齢とともに右肩下がりに低下するイメージであろう. しかし, このような一般的老化のイメージは注意しておく必要がある. それは, 個々に示されたデータは必ずしも（同一個人を長年にわたって追跡して得られる）縦断的研究データではなく, 多くの場合（ある時点での各年齢ごとのデータを比較した）横断的研究データによるものだからである. 横断的研究による老化のモデルは真の老化を見ているのではなく, コホート差の含まれたいわば誇張された老化を見ていることに注意しなければならない（鈴木隆雄, 2019）.

2. 平均寿命の延びと老化の先送り現象

　1960 年以降, 日本人の平均寿命は著しく伸び, 老化の先送りあるいは高齢期における「若返り」現象が生じている. まず, 死亡率の推移から見てみると, 1925 年あるいは 1955 年頃は乳幼児期に死亡数が突出して多く, 10 歳代でやや安定となるが, 20 歳代からは死亡数が増加の一途をたどっている. それに対し 2015 年の現在では, 50 歳ころまでは全く死亡数の増加は認められず, 死亡数の増加する時期が著しく高齢期へとシフトしていることがわかる. 今日では, 死亡数のピークは 80 歳以上にシフトしている. 勿論その理由は単に成人期での結核などの感染症による死亡が減少し, 高齢期での余命が延びただけではなく, 乳幼児期での死亡率が大きく改善されたためである. 今後日本の平均寿命は今後もしばらくは伸び続けると推定され,（人間の生物種としての限界寿命は 115 歳前後と考えられるが）わが国では近未来的には, 90 歳ぐらいのところで死亡ピーク

が急速に立ち上がるようなカーブが描かれる可能性も少なくはない.

　死亡とは逆に, 生存数からみたカーブが図1である (厚生労働省, 2015). 図は女性の生存数の推移であるが, 男性もほぼ同じである. 保健・医療・福祉の未熟な1947年では生存率は出生後からほぼ直線状に低下していることがわかる. しかし, 2000年代以降 (現在) のカーブをみると, 65〜74歳の前期高齢者であっても生存率は高いところに維持され, 75歳以降の後期高齢者のあたりから急に生存数は低下し, 最後の限界寿命になると全員が死亡していることがわかる. すなわち今日の日本人の生存率は高齢期まで高く保たれ, 後期高齢期になって急速に生存率が低下し, 曲線の形状は直線状から矩形化 (Rectangularization) したカーブを描くことになる. このような生存曲線の矩形化は世界中の長寿国に共通の現象であり, 75歳を超えてから急速に生存率が減少することが特徴といえる. このような矩形化した生存曲線は今後団塊の世代の人々が死亡のピークを迎える2030年頃には, 右肩の張り出し部分がさらに右側に移動することが予想される.

　平均寿命の延びと高齢者の健康水準の向上を裏付ける生物学的な現象はいくつ

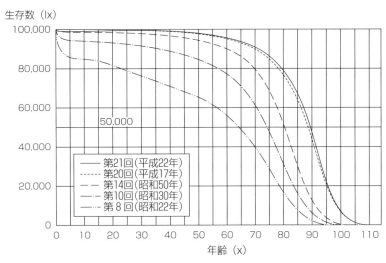

図1　生存率曲線の年次推移

出典：厚生労働省 (2015)

か知られているが，ここでは日本人高齢者のここ 20 年以上にわたって起きている身体機能あるいは健康水準の変動についての最新の研究を紹介する（Suzuki, 2018）（Suzuki et al., 2021）.

わが国には地域在宅高齢者を対象として長期にわたる老化の縦断的研究が実施されている．最初の研究は東京都老人総合研究所（現：東京都健康長寿医療センター研究所）が 1990 年から開始した老化に関する総合的な学際的研究 TMIG-LISA と呼ばれる研究で，その後 1997 年から国立長寿医療研究センターが NILS-LSA と呼ばれる研究を継続しており，いずれも地域代表性のある高齢者を対象として追跡率の高い縦断的研究を実施してきている．2000 年以降は運動器や認知機能など特定の領域を中心とした縦断的研究も加わり，現在では 10 以上の老化に関する縦断的研究が実施されている．それらの縦断的研究のデータを統合した研究も国立長寿医療研究センターによって開始され（"Integrated Longitudinal Studies on Aging in Japan: ILSA-J 研究），日本人の老化の様相や健康水準の変化などが明らかにされてきた．図 2 は 1992 年から 2027 年に至る 25 年間の高齢者の歩行速度（通常歩行速度：m/sec）と握力（kg）の推移を表したものである．いずれも高齢者の日常生活に欠かすことのできない基本的な身体能力を表しているが，いずれの測定値も，ほぼすべて男女ともそして各年齢階層とも観察年が新しくなるとともに，すなわち新しい高齢者になるにつれて，歩行速度は速くなり，握力は強くなっていることがわかる．いずれの身体能力を見ても，1992 年の 65 ～69 歳での測定値は，2017 年の 80～89 歳あるいはそれ以上に相当していることがわかり，およそ 15 歳以上の「若返り」が生じたといっても過言ではない．

この 25 年の間に日本人の平均寿命は約 5 歳延長し（男：76.1 から 82.2 歳，女：81.0 から 87.1 歳），高齢者人口比率は約 13％から 26％と 2 倍に増加してきているが，同時に新しい高齢者は身体機能の点からも著しい改善が認められたことが明らかとなっている．このことは，平均寿命が延伸し，高齢者人口が増加することは，過去の身体機能よりもはるかに強化された高齢者が増加する事であり，いわば若々しい高齢者が増加することを意味している．

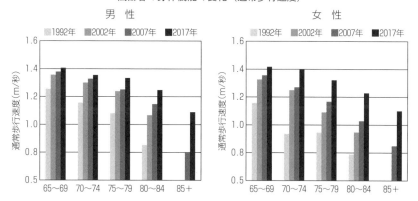

高齢者の身体機能の変化（通常歩行速度）

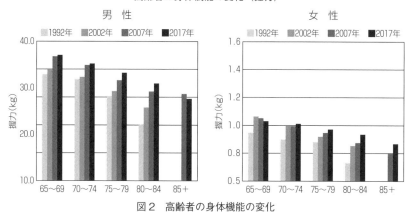

高齢者の身体機能の変化（握力）

図2　高齢者の身体機能の変化

出典：著者作成

引用文献

厚生労働省（2015）．第22回完全生命表．

Suzuki, T. (2018). Health status of older adults living in the community in Japan: Recent changes and significance in the super-aged society. *Geriatrics and Gerontology International, 18*, 667-677.

鈴木　隆雄（2019）．超高齢社会のリアル－健康長寿の本質を探る－（p.279）大修館書店

Suzuki, T. Nishita, Y., Joeng, S., Shimada, H., Otsuka, R., Kondo, K., Makizato, H. (2021). Are

Japanese older adults rejuvenating? Change in health-related measures among older community dwellers in the last decade. *Rejuvenation Research. 24*, 37-48.

⊂ アクティブ・ラーニング ⊃

＊平均寿命には何故性差が生じるのか説明しなさい.

＊Strehler（1962）が提唱した老化の特徴の内,「進行性」について正しいかどうか検討してみなさい.

＊日本人高齢者における身体機能や生活動作能力の改善（若返り現象）の原因について多角的な視点から考察しなさい.

（鈴木　隆雄）

2節　老化に伴う身体の変化

　重大な病気や事故がなく，いわゆる寿命を全うした場合の老化が生理的老化（正常老化）と考えられる．この生理的老化に伴い人間の身体におこる変化は，構造的には萎縮，機能的には低下が原則となるが，個々の変化には様々なものがある．

　①外観の変化：個人差はあるが，身長の低下，姿勢の前屈，頭髪など体毛の減少，白髪の増加，皮膚の乾燥，しわ・たるみ，色素沈着（しみ），老人環（角膜周辺部の輪状白濁）などがみられるようになる．

　②体力・運動機能：筋力，バランス機能，持久力，柔軟性，など各種運動機能は青少年期にピークがあり，その後は加齢により低下傾向を示す．ただし，機能により変化の経過は異なり，個人差も大きい．スポーツ庁平成30年度の新体力テストの結果では，体力・運動能力の総合評価の指標となるテスト合計点は，男性では17歳，女性では14歳でピークとなり，その後の成人期（20〜64歳）そして高齢期（65〜79歳）には直線的に低下する．項目別では，多くは10代にピークがあるが，握力は青年期も向上して30歳代にピークを示すことが報告されている．なお，高齢期に注目すると，バランス能力と歩行能力は直線的な低下，筋力と柔軟性は比較的緩やかな低下を示す傾向にある．

　③感覚器系：老化による視覚の変化としては，視力の低下，調節力の低下，光覚の低下がある．水晶体の厚さを変えてピントを合わせる能力である調節力が低下すると近いところが見えにくくなり，いわゆる老眼（老視）となる．光を認識する光覚の低下により暗順応が悪くなり，暗い所に移動したときになかなか眼が慣れずに見えみくい状態となり転倒などのリスクが増す．聴覚については，聴力の低下（老人性難聴），語音語弁別能力の低下などが起きる．老人性難聴は内耳より中枢性の問題による感音性難聴で，高音域から聞こえにくくなる．弁別能力が低下すると，音（言葉）を明瞭に聞き分けることが難しくなる．味覚，嗅覚，皮膚感覚など他の感覚も低下する傾向にある（生野，2011）．

④循環器系：血管の弾力性低下，心筋の収縮力低下，心臓の肥大などが見られる．運動時の最大心拍数や最大心拍出量は減少するが，安静時の心拍出量には大きな変化はない．そのため，高齢になっても普段の生活では，強い動悸がして苦しいなどということは原則的には見られない．血圧は，収縮期血圧は加齢により上昇を続けるが，拡張期血圧はある程度の年齢でピークとなる（瀬尾，2017）．

⑤呼吸器系：加齢による肺の弾性の低下，呼吸筋力の低下，さらに肺胞の縮小による呼吸面積の減少などがあり，肺活量（最大限に吸い込んでからはき出せる空気の量）は減少する．ただし，安静時の血液中の酸素分圧には加齢により大きな変化がないとされる．したがって，日常の生活では呼吸には問題はないが，少し激しい動きをするとすぐに息が苦しいということが起こりうる．また，気道内の異物などを外に出そうとして咳をする咳嗽反射の低下があり，嚥下能力の低下とともに誤嚥性肺炎の危険性が増すと考えられる（瀬尾，2017）．

⑥消化器系：唾液分泌量の低下，舌圧の低下，歯の減少などにより咀嚼機能が低下する．なお，食物などにより刺激されたときに分泌される刺激唾液量に限定すると，加齢による変化は小さいとされる．加齢による嚥下反射の低下，喉頭挙上能力の低下，舌圧の低下は，誤嚥の危険性を増す．また，食道，腸管の運動（蠕動運動）が低下し，内容物を運搬する力が落ちる．これは，嚥下能力の低下，便秘傾向につながる．胃液，胃酸分泌の減少により消化機能が低下し，胃もたれが起きやすくなる．吸収はカルシウムなど一部について低下する．

⑦腎・泌尿器系：腎血管の動脈硬化により糸球体濾過量や腎血流量は減少し，腎機能は低下する．健康的で安定な生活をしているときは特に問題はないが，予備能力の低下があるため，高塩分食などの負荷がかかると水・電解質バランスが崩れ，浮腫や血圧上昇が起きやすい．若いときに比べ，1日の尿量は減るが，総尿回数は増え，1回あたりの尿量が減少する．また，夜間尿量が増える傾向にある．膀胱の萎縮・硬化，膀胱括約筋の弛緩，男性では前立腺肥大がおこり，頻尿，失禁，排尿困難など排泄に関するトラブルが増える．

⑧内分泌系・生殖系：性ホルモンは著明に低下する．女性は閉経がある．男女ともに性機能が低下する．恒常性や生命の維持に関係の強い甲状腺ホルモン，副腎皮質ホルモンは加齢による変化は小さい．

⑨血液・免疫系：血中ヘモグロビンが減少傾向を示す．免疫機能は低下するが，自然免疫より獲得免疫に低下傾向が強く，さらに，獲得免疫でも細胞性免疫が特に低下傾向を示す．

⑩筋骨格系：骨密度（骨を作るカルシウムなどミネラルの量であり骨の強さを示す）は加齢により低下する．低下は特に女性で大きく，20代から始まり，閉経後に急激に進行する．高齢になり骨密度が大きく低下すると，骨粗鬆症の状態となり，骨はもろく折れやすくなる．関節は加齢により硬くなり動きが悪くなる．これは関節内の軟骨の変形・変性，関節周囲の靱帯など結合組織の硬化による．変形性関節症が身体各部位の関節に起こりやすくなる．筋肉の量も加齢により減少し，筋力の低下につながる．筋肉量の減少はサルコペニアといわれ，高齢者のADL（Activities of daily living）やQOL（Quality of Life）に関わる問題として注目されている（荒木，2017）．なお，筋肉には速筋（収縮速度が早く，大きな力を瞬間的に出せる）と遅筋（収縮速度が遅く，一定の力を持久的に出す）があり，速筋は加齢により大きく減少するが，遅筋は変化しにくいとされる．

⑪脳神経系：脳は加齢により萎縮し，重量，体積ともに減少する．高齢になると，画像検査でも脳の萎縮が明確に見られることが多い．脳の萎縮は大脳に最も強く，小脳，脳幹の順でみられやすい．大脳では，前頭葉，側頭葉に萎縮が強い傾向にある（竹川・平田・新島，2008）．顕微鏡的には，脳の神経細胞の萎縮と消失が見られる．

末梢神経では，神経細胞および情報伝達を担う軸索数の減少があり，神経伝導速度の低下がみられる（今井，2015）．

以上の変化には個人差があり，人により出現する年齢や過程にはある程度の差異がある．また，各機能の部分でも述べたが，生理的老化に伴う変化は，日常の生活には大きな支障はない場合が多い．ただし，予備能力の低下があるため，少し激しい作業や運動，精神的ストレス，環境の変化など何らかの負荷がかかった場合には問題が起こる危険性が高い点に注意が必要である．

引用文献
荒木　厚（2017）．高齢者の特徴とその診察時の注意．大庭　建三（編）すぐに使える高齢者総

　　合診療ノート第2版（pp. 2-9）日本医事新報社

生野　繁子（2011）．加齢に伴う身体的変化．生野　繁子（編）看護・介護のための基本から学
　　ぶ高齢者ケア第3版（pp. 37-46）金芳堂

今井　富裕（2015）．高齢者における末梢神経障害．日本老年医学会雑誌, *52*, 191-199.

瀬尾　芳輝（2017）．加齢による身体機能の変化．*Dokkyo Journal of Medical Science, 44*(3),
　　257-263.

竹川　英宏・平田　幸一・新島　悠子・岩波　正興・高島　良太郎・相場　彩子・定　翼
　　（2008）．神経内科でみる加齢による変化．*Dokkyo Journal of Medical Science, 35*(3), 203-
　　208.

───（ アクティブ・ラーニング ）

＊自分自身，あるいは，近親者などに，どのような「老化に伴う身体の変化」が
　出現しているか考えてみなさい．

＊正常な老化と異常な老化（病的老化）を区別する方法を考えてみなさい．

＊老化が生じやすい系と生じにくい系を分けてみなさい．それぞれの特徴はある
　か考えてみなさい．

（新野　直明）

3節　高齢者の一般診療の概要

　心身の不調が生じた時や健康診断などで異常を指摘された際に行われる一般的な高齢者の一般診療の流れと，重要事項を概説する.

1．診断のプロセス

1）患者の基本情報

　患者の年齢や性別，出生から現在までの居住地の変遷などの基本情報（demographics）を把握する.

2）患者の観察

　体格，服装，姿勢，歩行の状態，不随意運動の有無，表情，自発的挨拶の有無や会話の様子を観察する.

3）医療面接

　従来用いられてきたパターナリズム的な「問診」や「病歴聴取」に代わり，診断や治療のための情報収集，信頼関係（ラポール）の形成，病状の説明や患者の理解，患者教育と治療への動機づけなどの役割を含む「医療面接（medical interview）」という用語を用いるのが一般的となってきている.

　一般的な医療面接の流れを以下に示す.

①導入（挨拶や来院手段の聴取などによる意欲や手段的日常生活動作（instrumental activities of daily living；IADL）の評価）

②主訴の把握（初発時期と経過，部位，性状，程度，発症時の状況，影響因子，随伴症状など）

③感情面への対応（相槌，反映，正当化，支援の表明，協力関係の表明，敬意を示すなどにより，共感の印を表す）

④不足部分を直接的質問法で補う

⑤患者の解釈モデルを知る

⑥既往歴，家族歴，患者背景（食生活，運動，嗜好，睡眠，生活環境，過去の職

業，現在の職業など）を聞く

⑦まとめと診察への導入

⑧診断と治療への動機づけ

　良好なコミュニケーションを築くため，共感したという態度を示すこと，専門
用語や略語は使わないこと，対面ではなく相手と90度の位置関係をとること，
などに配慮する．

　生活機能の低下が疑われる者に対しては，高齢者総合機能評価スクリーニング
（comprehensive geriatric assessment 7（CGA7），表1）などを活用し，生活機
能の詳細な評価につなげる．

4）身体診察（physical examination）

　視診，触診，打診，聴診などの情報により身体状況を評価する．

(1) バイタルサイン（生命徴候）

　バイタルサインは，生命の状態の緊急度判定，病状の重症度把握，重症化の予
測・予防のうえで最初に把握すべき所見である．

　①意識：音と痛み刺激で程度（清明，傾眠，昏迷，昏睡）を分類する．医療現
場では，Ⅲ-3-9度方式（Japan Coma Scale；JCS）などが評価に用いられる．難
聴や失語症，構音障害，認知症があると意識障害が重く評価されやすいので注意
する．

　②循環：主に脈拍と血圧で評価する．脈拍は手首の橈骨動脈上に示指・中指・
薬指を当てて測定する．正常は50〜100／分であるが，平常時の脈拍との比較も
重要である．橈骨動脈で脈を触れない場合は最大血圧が60mmHg以下の可能性
があり頸動脈で触知する．

　③呼吸：呼吸回数（通常12〜20／分），呼吸様式を把握する．個人差があるた
め平常時の呼吸数を把握しておく必要がある．肺炎やショック状態になると呼吸
数が増加することが多い．口唇や四肢末梢が青紫色になるチアノーゼがみられる
場合，低酸素血症や末梢循環不全が考えられる．

　④体温：高齢者の体温は，個人差が大きく（35.5〜37℃），筋肉量減少や消炎
鎮痛薬服用などで低くなること，外気温の影響を受けやすいこと，行動による変
動が大きいことなどに留意する必要がある．

表1　CGA7 高齢者機能評価と結果の解釈，次へのステップ例

番号	CGA7 の質問	評価内容	正答と解釈	次へのステップ
①	〈外来患者〉診察時に被験者の挨拶を待つ	意欲	正：自分から進んで挨拶する 否：意欲の低下	Vitality index
	〈入院患者・施設入所者〉自ら定時に起床するか，もしくはリハビリへの積極性で判断		正：自ら定時に起床する，またはリハビリその他の活動に積極的に参加する 否：意欲の低下	
②	「これから言う言葉を繰り返して下さい（桜，猫，電車）」，「あとでまた聞きますから覚えておいて下さい」	認知機能	正：可能（できなければ④は省略） 否：復唱ができない⇒難聴，失語などがなければ中等度の認知度が疑われる	MMSE・HDS-R
③	〈外来患者〉「ここまでどうやって来ましたか？」	手段的ADL	正：自分でバス，電車，自家用車を使って移動できる 否：付き添いが必要⇒虚弱か中等度の認知症が疑われる	手段的ADL
	〈入院患者・施設入所者〉「普段バスや電車，自家用車を使ってデパートやスーパーマーケットに出かけますか？」			
④	「先程覚えていただいた言葉を言って下さい」	認知機能	正：ヒントなしで全部正解．認知度の可能性は低い 否：遅延再生（近時記憶）の障害⇒軽度の認知症が疑われる	MMSE・HDS-R
⑤	「お風呂は自分ひとりではいって，洗うのに手助けは要りませんか？」	基本的ADL	正：⑥は，失禁なし，もしくは集尿器で自立．入浴と排泄が自立していれば他の基本的ADLも自立していることが多い 否：入浴，排泄の両者が×⇒要介護状態の可能性が高い	Barthel index
⑥	「失礼ですが，トイレで失敗してしまうことはありませんか？」			
⑦	「自分が無力だと思いますか？」	情緒・気分	正：無力と思わない 否：無力だと思う⇒うつの傾向がある	GDS-15

注：MMSE（mini mental state examination）

　　HDS-R（改訂長谷川式簡易知能評価スケール）

　　GDS-15（geriatric depression scale 15）

出典：日本老年医学会編（2005）一部改変

⑤尿量：入院患者などで重要となる腎機能の指標で，正常な尿量は0.5～1.0ml ／kg／時以上である．

(2) 身体所見の把握

①視診：眼球・眼瞼結膜，瞳孔，耳，口腔，扁桃，甲状腺，発赤や発疹，腹部の膨隆や陥没，腸管の蠕動，爪や指の異常などを観察する．

②聴診：聴診器にて，呼吸音，心音，腸管蠕動音，血管雑音などを聴取する．

③打診：体表を叩いた際の音響から，臓器の位置と大きさ，体液の存在などを知る．

④触診：臓器や腫瘤の大きさ，圧痛などを調べる．前胸部皮膚を摘んでできる皺が，残るかどうかは脱水症診断の一助となる（ハンカチーフ徴候）．

⑤臨床検査の選択と結果の解釈：医療面接や身体診察から最も可能性が高いと考えられた疾患をターゲットとして確定診断，除外診断を行うために必要な検査を行う．

(3) 主な臨床検査項目

①血液一般検査：赤血球，ヘマトクリット値，血色素量（ヘモグロビン；Hb），白血球数，白血球分画，血小板数，凝固能など．

②血液性化学検査：肝機能（AST，ALT，γ-GTPなど），腎機能（BUN，クレアチニン，eGFRなど），代謝機能（血糖，Hb_{A1c}，尿酸など），脂質（中性脂肪，LDLコレステロール，HDLコレステロールなど），血清たんぱく（アルブミン，グロブリン分画など）など．

③免疫血清学的検査：血液型，CRP，HSs抗原，HCV抗体など．

④尿検査：尿たんぱく，尿糖，尿潜血，尿沈渣など．

⑤便検査：便潜血，寄生虫卵検査など．

⑥生理機能検査：血圧，心電図，心音図，脳波，呼吸機能，視力，聴力など．

⑦画像検査：眼底，胸部X線，上部消化管X線，超音波検査，内視鏡検査，コンピュータ断層診断（CT），磁気共鳴画像診断（MRI），核医学画像診断，病理画像診断など．

(4) 臨床検査結果の解釈

臨床検査結果を評価する際には，個人内変動要因，個人間変動要因を考慮する

必要がある．個人内変動をもたらす要因としては，生体リズム（表2），運動，食事，飲酒，喫煙などの生活習慣，薬物，体位（立位では血液が濃縮するため検査値の多くは上昇する）などの影響を考慮する．個人間変動の要因では，遺伝的要因（血清脂質など），性差（血清アルブミンや血清脂質は女性の方が高値を示す），年齢，環境要因，疾病の有病状況などを考慮する．

「診断基準」が設けられている疾病については診断基準に基づいて診断が行われる．高齢者の場合は，高血圧，細菌性肺炎，糖尿病など複数の疾病が同時に診断されることも多い．

診断から治療計画の過程は，理解しやすいよう一般的に以下のSOAP（ソープ）に分類して記載される．

①医療面接による患者の訴え（Subjective：S）

②身体所見や検査結果（Objective：0）

表2　各種生体リズム

1. Ultradian rhythm（ウルトラディアンリズム）：周期が20時間より短いリズム
   1）心拍リズム（約1秒）
   2）呼吸リズム（約3秒）：副交感神経活動を反映する．
   3）Mayer wave（マイヤー波）（約10秒）：交感神経活動に伴う．
   4）Circaduohoran Rhythm（サーカデュオホランリズム）（約90分）：REM（Rapid Eye Movement）睡眠，注意力，空腹感など
   5）Circasemidian（Circatidal）Rhythm（概潮汐リズム）（約12時間）：排卵後の卵細胞の寿命など．
2. Circadian Rhythm（概日リズム）：約1日周期のリズム
   気管支径：3時から4時頃最も狭小．
   体温，血圧，脈拍：16時から18時頃最高．
   痛みの感覚（ヒスタミン感受性）：20時頃最強．
3. Infradian rhythm（インフラディアンリズム）：周期が28時間より長いリズム
   1）Circaduodian rhythm（サーカデュオディアンリズム）（約2日）：細胞の分裂の周期など．
   2）Circaseptan rhythm（サーカセプタンリズム）（約7日）：疲労感，血圧，気分の変動など．
   3）Circatrigintan rhythm（サーカトリギンタンリズム）（約28日）：免疫機能など．
   4）Circannual rhythm（年周リズム）（約1年）：気分変動，食欲，血圧など

注：（　）内に日本語の記載がないものは，日本語訳がないものである．

出典：著者作成

表3　インフォームド・コンセントの役割

1. 医療における患者の自己決定を実現し，その利益を保護する．
2. 病気の性質を認知することにより，疾病への罹患を受容する．
3. 治療の意味と効果を認知することにより，治療過程に主体的に参加できる．
4. 治療中断や不適切な治療の悪影響を自覚することにより予後が向上する．
5. 医師をはじめとする医療従事者との良好な信頼関係を形成・促進する．
6. 自発的で積極的な治療への姿勢・自己管理能力を形成する．
7. 医療事故の防止にもつながる．

出典：著者作成

③評価や診断（Assessment：A）

④治療計画（Plan：P）

2. 治療

　治療は，患者に，病状，予後の予測，診断方法，治療方針，成功率，不確実性，診療行為に伴う副作用や合併症などを説明し，患者がそれらを十分理解したうえで，自らの価値観や希望に沿った決定を下す過程であるインフォームド・コンセント（表3）を経たうえで行われる．

　治療には，原因療法と対症療法があり，いずれも「科学的根拠に基づく医学（evidence based medicine：EBM)）に基づいて，患者の希望や目標を考慮しながら，有害作用と便益を比較検討したうえで行われる．

　治療の有害作用としては，合併症，不快感，不便さ，費用，追加の検査または治療の必要性などがあり，便益としては，症状の緩和，疾病の治癒，機能の改善，余命の延長，疾患進行の遅延，合併症の予防などを考慮する．

　一般的に，治療法や治療目標が複数ある中から1つを選ぶ場合，期待される余命が治療法の選択に影響を及ぼすことがある．生活の質を維持向上させる治療，症状を緩和するためのケアが常に進められるべきである．

　主な治療の種類としては，生活改善（食事療法や運動療法，禁煙や節酒など），薬物療法，手術，理学・物理療法，作業療法，言語聴覚療法，放射線療法，音楽療法，遺伝子治療，動物介在療法など様々な方法が開発されている．

参考文献

Duthie, E. H. Jr., Katz, P.R., & Malone, M. L (Eds.) (2007). *Practice of Geriatrics 4th* ed. NY: Saunders

日本老年医学会編（2019）．改訂版　健康長寿診療ハンドブック https://www.jpn-geriat-soc.or.jp/publications/other/handbook_re_edition.html

鳥羽　研二（著者代表）（2020）．系統看護学講座　専門分野Ⅱ　老年看護　病態・疾患論　金芳堂

⬭ アクティブ・ラーニング ⬭

＊高齢者のバイタルサインを評価する際の留意事項をあげなさい．

＊自分の研究のアウトカム指標に存在する周期変動にはどのようなものがあるか考えてみなさい．

（渡辺　修一郎）

4節 高齢期に問題となりやすい傷病

1. 高齢期の傷病の特徴

高齢期には，死因となることが多い生活習慣病と，生活機能を低下させることの多い老年症候群が生じやすい．高齢期の傷病には留意すべき共通した特徴がある（表1）．

表1　高齢期に生じやすい症候，疾病の特徴とケアの留意点

- 個人差が大きい
  - →機能・病態の評価を個別に正確に行い，対応する必要がある．
- 複数の疾病や障害を有することが多い（75歳以上で平均2.6個）
  - →常に全身的な観察と管理が必要．
- 潜在的に老化による病変があり回復力や予備能が低下している
  - →急変・重篤化しやすいため，新たに傷病を生じた際にはとくに慎重に経過をみる．
- 症状や所見，経過が典型的でない．また，薬や他の疾患により症状が複雑となる．
  - →食欲不振，無動，意識低下，認知機能低下，失禁などが新たに生じた場合は原因の精査が重要．
- 薬の効果に変動がある．
  - →一般的には作用や副作用が強く表れやすいが，逆に反応性が低下し効きにくいこともある．投薬が新たに始まった際，薬の種類が変わった際には，効果の評価，副作用のチェックを十分に行う必要がある．
- 高度な医療を要する救急疾患（脳・心発作，転倒骨折，感染症など）が生じやすい．
  - →救命救急処置法を身につけておくこと，救急時の対応を訓練しておく必要がある．
- 後遺症を残しやすく，予後が，治療，ケアやリハビリテーションの状況や生活環境などにより大きく影響される．
  - →適切な医療・福祉サービスを継続していく必要がある．
- 合併症を引き起こしやすい．
  - →例えば，脳梗塞発症後，麻痺からの転倒骨折や，嚥下障害からの誤嚥性肺炎など合併症をきたしやすくなるため，常に全身的な健康チェックが必要．
- うつや認知症様症状，幻覚などの精神症状がみられやすい．
  - →精神症状が出現した際には，背景に身体的疾病がないかどうかも精査する．
- 最終的には死を迎える
  - →万民に死生学，ターミナルケア能力の向上が必要．

出典：野尻雅美監修（2016）

2. 身体的疾患

1）生活習慣病（lifestyle-related diseases）

　生活習慣が発症や進行に強く関わる疾病群を生活習慣病という．主な生活習慣病としては，肺扁平上皮癌，慢性気管支炎，肺気腫，非家族性大腸癌，高血圧症，非先天性循環器疾患，2型糖尿病，肥満，非家族性脂質異常症，高尿酸血症，アルコール性肝障害，歯周病などがあげられる．生活習慣病の多くは危険因子や予防法がほぼ確立されているが，自覚症状が少なく，早期発見，早期治療が遅れると生命を脅かすことも少なくなく，悪性新生物，心疾患，脳血管疾患だけで死因の半数を占めている．

　問題となりやすい主な生活習慣としては，運動不足，過食，喫煙，ストレス，栄養の偏り，飲酒，睡眠不足，塩分過剰，過労，食物繊維不足，カルシウム不足，脱水などがあげられる．

(1) 中年期と異なる配慮が必要となる生活習慣病

①肥満症（obesity）

　日本肥満学会ではBody Mass Index（BMI）が18.5以上25未満を普通としている．一方，日本人の食事摂取基準（2020年版）では，総死亡率や生活習慣病との関連，低栄養の予防などを考慮し，50〜64歳では20.0〜24.9，65歳以上では21.5〜24.9を「目標とするBMIの範囲」としている．減量する際にはサルコペニアや骨粗鬆症をきたさないよう食事療法と運動療法を併用する．

②脂質異常症（dyslipidemia）

　脂質異常症は，前期高齢者では心血管疾患の危険因子であり，治療薬の効果が認められている．一方，後期高齢者の脂質異常症に対する薬物療法の一次予防効果は明確でなく，薬物代謝機能が低下していることも多いため，強力な薬物療法は望ましくない．また，厳重な食事制限は低栄養をきたす可能性が高く，余命や生活の質向上の観点からも望ましくない．

③高血圧症（hypertension）

　高齢者の高血圧症では，血圧の変動が大きく，起立時や食後，排尿後の血圧低下がみられやすい．また，収縮期高血圧と脈圧増大，白衣高血圧の増加，早朝高

血圧の増加，夜間血圧が低下しない non-dipper 型の増加がみられる．

収縮期血圧を 150mmHg まで下げることにより総死亡や脳血管疾患，心不全などによる死亡率を低減させることから，生活習慣の是正による家庭血圧の改善がみられない場合は併存疾患を考慮して降圧剤治療を考慮する．誤嚥性肺炎の既往者にはアンジオテンシン変換酵素（ACE）阻害薬，骨粗鬆症合併患者ではサイアザイド系利尿薬がよく用いられる．

④糖尿病（diabetes mellitus）

高齢糖尿病患者では，口渇や多飲，多尿などの自覚症状は少ない．空腹時血糖に比べ食後 2 時間値が上昇することが多い．動脈硬化症や腎症，網膜症などの合併症をきたしやすい一方，厳格な治療による低血糖も生じやすいため，患者の生活機能や認知機能なども考慮して目標を設定する必要がある．一般的な高齢糖尿病患者の血糖コントロール目標は，HbA1c 値 7% 未満であるが，多くの併存疾患や機能障害がある場合の目標は 8% 未満とする．厳格な食事制限は意欲や筋肉量の減少につながるため，標準体重 1kg 当たり 30kcal 程度のエネルギー設定とし，楽しく味わえる食事になるよう配慮しなければならない．

２）老年症候群（Geriatric syndrome）

老化を背景とし高齢期に生じることの多い病態を老年症候群という．老年症候群は直ちに生命を脅かすことは少ないが，生活機能を低下させる．

(1) フレイル（Frailty）

老化に伴う身体機能の低下の多くは，適切な介入により機能が回復したり，低下を遅延できる．この介入可能な Frailty（虚弱）な病態の和訳として日本老年医学会が 2014 年に提唱した概念がフレイルである．フレイルの中核的病態として，低栄養とロコモティブシンドロームがあげられる．

(2) 低栄養（Under-nutrition）

高齢者の低栄養の多くは，身体をつくり生存に欠かせないタンパク質と必要なエネルギーの双方が不足した，タンパク質・エネルギー低栄養状態（protein-energy malnutrition：PEM）である．月 1kg 以上の体重減少が続く場合や血清アルブミンが低下する場合は低栄養を疑い，原因を精査する必要がある．う歯の治療や義歯の利用，運動，栄養学習，食材選択および調理法の工夫，環境改善，

食料アクセス問題対策，摂取食品数の増加などが予防に重要である．

　食品摂取の多様性が高いことは生活機能低下の防止に関連しており，肉，魚，卵，牛乳，大豆製品，緑黄色野菜，いも類，海藻類，果物類，油脂類の 10 の食品群について，それぞれ「ほとんど毎日」食べている場合に 1 点とし合計した「食品摂取の多様性得点」（熊谷他，2003）が指標となる．

(3) 咀嚼・嚥下障害（mastication disorders, dysphagia）

　歯の喪失，筋力の低下，脳血管障害などから生じる咀嚼・嚥下障害は，低栄養や誤嚥による肺炎の原因にもなる．毎食後の歯みがきや義歯の洗浄の励行，口腔ケアの継続，よく噛むことによる咀嚼筋力や唾液分泌能の維持などが重要である．「パ・タ・カ・ラ」をできるだけ大きく口を動かし発音する簡単なエクササイズであるパタカラ体操などの口や舌の筋肉を鍛える体操をはじめとした口腔機能向上プログラムが各地で取組まれている．

(4) 脱水（dehydration）

　高齢者が脱水になりやすい原因として，総水分量の減少，腎濃縮能低下，下剤や利尿薬の服用，食事量の減少，発熱，尿失禁をおそれた飲水制限，口渇中枢の機能不全などがあげられる．食欲がない，元気がない，認知症の症状の悪化などで気づかれることが多い．身体所見では，粘膜の乾燥，眼球の陥没，ハンカチーフ徴候（つまんで離した手の甲の皮膚がすぐに戻らない）などがある．心不全や腎機能障害など水分摂取に制限が必要な疾患がなければ，食事や活動の合間，外出前後，入浴前後に十分に水分を補給する．空調による室温管理も欠かせない．夏や発熱時など発汗が多い際には，1 ℓ の水に砂糖 40g（大さじ 4 杯），塩 3g（小さじ 1/2）にレモン汁を加えた経口補水液を利用する．

(5) ロコモティブ シンドローム（locomotive syndrome）

　日本整形外科学会が 2007 年に提唱した概念で，運動器の障害により要介護になるリスクの高い状態である．変形性関節症，椎体骨折，変形性脊椎症，脊柱管狭窄症，関節リウマチなどの運動器疾患，老化による運動機能の低下やサルコペニアなどが原因となる．

(6) サルコペニア（sarcopenia）

　Rosenberg（1989）が，ギリシア語で「肉」を表す sarx と「喪失」を表す

penia から造語したサルコペニアは，筋肉量の減少に加え，筋力の低下や身体能力の低下がみられる病態をいう．サルコペニアに対する介入では，低栄養の予防，筋肉に負荷をかけるレジスタンス運動が効果的である．

(7) 廃用症候群（disuse syndrome）

活動の減少や過度の安静などから生じる身体的・精神的諸症状の総称を廃用症候群という．起立性低血圧や，心肺機能低下，誤嚥性肺炎，便秘，サルコペニア，骨粗鬆症，尿路結石，静脈血栓症，知的活動の低下や転倒など高齢期に多い病態の背景となる．廃用症候群はさらなる安静・不活発状態を引き起こす悪循環を生じる．

(8) 医原病（iatrogenic disorder）

医療行為により生じる障害や病的状態である医原病は，医療過誤や薬剤有害反応により生じることが多い．予防のためには，説明と同意の徹底，適切な医療機関・主治医の選択，不要な治療の防止，3つのS（Small；少量から開始，Simple；単純な服用方法，Short；無効果の際には中止），ポリファーマシー（害のある多剤服用）の防止，継続的な治療効果評価などが欠かせない．

(9) 骨粗鬆症（osteoporosis）

骨の構成成分が減少する病態で，骨密度がYAM（若年成人平均値）の70％以下，あるいは，骨密度がYAMの70％〜80％（骨量減少）で脆弱性骨折の既往を伴うものなどが該当する．エストロゲンが減少する閉経期以後の女性に多く，やせの人，運動不足の人に生じやすい．予防としては，骨量が最大となる30歳代までに，やせを是正し，運動を積極的に行うなどして骨量を増やしておくことが最も重要である．高齢期の対策は治療および転倒．骨折予防が中心となる．

(10) 転倒・骨折（fall, fracture）

転倒は脳血管障害や四肢の骨折，転倒恐怖による活動制限をきたすことが少なくなく，転倒・骨折は要介護状態を引き起こす原因の約13％を占めている．大腿骨近位部骨折は年間約15万人に生じていると推計され，うち約9割が転倒による（骨粗鬆症の予防と治療ガイドライン作成委員会編，2015）．転倒の予防には，内的要因に対しては，筋力トレーニングやバランス運動などの複合的な運動，杖や歩行器などの利用，睡眠薬や降圧剤などの服薬管理，外的要因に対しては，

照明や手すりの設置，整理整頓，床面の改修などの環境整備などが重要である．脊椎骨折の6割以上は急性症状がなく，胸部X線検診で偶然見つかることもある．骨粗鬆症患者が腰を深く曲げると脊椎圧迫骨折をきたすことがあるため，体操の際留意する必要がある．

（11）褥瘡（bedsore, pressure sore, pressure ulcer）

　圧迫により骨と皮膚と間の組織の血流が滞り阻血性病変をきたした病態で，床ずれともいわれる．押さえても消えない紅斑として発症し，真皮が壊死すると水疱や鮮紅色のびらんが生じる．褥瘡が皮下脂肪に及ぶと紅斑に紫斑が混じる．仙骨，肩甲骨，外果，大転子，腸骨稜などの骨が突出した部位に好発するが，身体の下にイヤホンやボタンなどが入り込んだり，衣類のしわなどによる圧迫でも生じる．拘縮により指で手掌に褥瘡をつくることもある．褥瘡の予防のためには，体位変換や体圧分散用具などにより同一部位の圧迫を極力少なくすること，スキンケアや栄養管理の徹底，リハビリテーションや患者・家族教育が重要である．着替えや清拭，おむつ交換などの際に全身を注意深く観察し，早期発見に努める．

（12）尿失禁（urinary incontinence）

　骨盤底筋群の機能低下による腹圧性尿失禁や運動機能の障害や認知症などによる機能性尿失禁が多い．骨盤底筋体操による骨盤底筋群の筋力強や時間排尿が予防・治療に有効である．

（13）前立腺肥大症（benign prostate hyperplasia: BPH）

　男性ホルモンの影響で前立腺内腺が増殖する病態で，80歳以上の男性の9割にみられる．排尿時間の延長，尿勢低下などの排尿症状，頻尿，尿意切迫感や残尿感などの症状が多い．25ml/kgの尿量を目安とした水分摂取，便秘予防（十分な食事摂取，腹部マッサージ，水分摂取等），骨盤底筋体操などで管理する．服薬治療では，$\alpha1$交感神経遮断剤が第一選択薬となる．抗男性ホルモン剤（プロペシアなど）はPSA（prostate specific antigen）を下げ前立腺がんを見逃す原因となるのであまり勧められない．尿閉や生活に支障がある場合は，経尿道的前立腺切除術などが行われる．

（14）前立腺癌（prostate cancer）

　主に前立腺外腺より発生する．増加傾向にあり，50歳以降罹患率が上昇し，

高年齢ほど罹患率が急増する．増殖は緩徐であることが多いが，進行すると骨や
リンパ腺へ転移することが多い．早期発見，転移の有無の判定には PSA 検査が
有効であり，4ng/ml 以上は精査が必要である．治療では，余命が 10 年以上期待
できる転移がない限局癌患者に対しては，根治的前立腺全摘除術または放射線療
法と抗男性ホルモン療法の併用療法が行われる．局所進行癌に対しては内分泌療
法併用の放射線療法，転移性癌や余命が 10 年期待できない例に対しては抗男性
ホルモン療法が行われる．

（15）老人性掻痒症（pruritus senilis）

老化や入浴のしすぎなどにより皮脂が減り皮膚角質の水分保持能力が低下する
乾皮症（ドライスキン）により生じる．皮脂の少ない下腿に好発し，乾燥しやす
い冬季に増悪する．睡眠障害の原因になったり，掻爬による二次病変をきたすこ
とがある．ドライスキンに対しては，保湿剤外用，紫外線療法，抗不安薬内服な
どが行われる．掻爬により湿疹病変がある場合，抗菌剤入りステロイド薬外用薬
が用いられる．抗ヒスタミン薬や抗アレルギー薬は皮膚瘙痒症への効果は少ない．

（16）甲状腺機能低下症（hypothyroidism）

慢性甲状腺炎（橋本病）や甲状腺の手術，アイソトープ治療などが原因となる．
症状では，易疲労感，眼瞼浮腫，寒がり，体重増加，動作緩慢，嗜眠，記憶力低
下，便秘，嗄声等のいずれかがみられることが多い．重症の場合，低体温症にと
もなう不整脈や心筋梗塞をきたすことがある．甲状腺の腫大は少なく，症状も高
齢期によくみられる症状であり，ゆっくり生じるため，本人も周囲も気づかない
ことが多いため，血中の遊離 T4 低値および TSH 高値が診断に役立つ．甲状腺
ホルモン剤で治療する．

（17）睡眠障害（sleep disorder）

生活リズムの乱れや老化に伴い，深い睡眠である徐波睡眠が少なくなり，入眠
障害，中途覚醒や早朝覚醒が多くなる．日光浴などによる光の刺激に加え，運動，
食事・着替え・化粧などの日常生活動作，他人との会話や交流，薬剤，快適な就
眠環境などにより生活リズムを整えることが大切である．

（18）介護保険制度における特定疾病

介護保険による給付は，65 歳以上の場合は要介護または要支援と判断された

場合であるが，40歳以上65歳未満の医療保険加入者（第2号被保険者）で，特定疾病（表2）により介護が必要となった場合には介護保険給付の対象となる．

3）感染症

　高齢期には，細胞性免疫機能の低下による生体防御能の低下や各種疾患の合併，皮膚や粘膜などの自然免疫の低下などにより感染症にかかりやすくなる．「老人の最後の灯火を消す病気」として恐れられるインフルエンザや新型コロナウイルス感染症（COVID-19）などの感染症や肺炎はしばしば生命を脅かす．また，老化やストレス，疾病罹患，低栄養などによる免疫機能の低下により，帯状疱疹や結核など病原体が再活性化したり，弱毒病原体により日和見感染と呼ばれる感染症がしばしば成立する．感染症は，感染源，感染経路，宿主の感受性の3大要因が揃うことにより成立するため，それぞれの要因に対する予防対策が必要である．

（1）インフルエンザ

　A，B，Cの型があり，A型が最も重症である．表面の糖たんぱくの赤血球凝

表2　介護保険における特定疾病

1. がん末期（医師が一般に認められている医学的知見に基づき回復の見込みがない状態に至ったと判断したものに限る.）
2. 関節リウマチ
3. 筋萎縮性側索硬化症
4. 後縦靱帯骨化症
5. 骨折を伴う骨粗鬆症
6. 初老期における認知症
7. 進行性核上性麻痺，大脳皮質基底核変性症及びパーキンソン病（パーキンソン病関連疾患）
8. 脊髄小脳変性症
9. 脊柱管狭窄症
10. 早老症
11. 多系統萎縮症
12. 糖尿病性神経障害，糖尿病性腎症及び糖尿病性網膜症
13. 脳血管疾患
14. 閉塞性動脈硬化症
15. 慢性閉塞性肺疾患
16. 両側の膝関節又は股関節に著しい変形を伴う変形性関節症

出典：介護保険法施行令第二条（1998，2018一部改正）．

集素（HA）とノイラミニダーゼ（NA）が変異すると世界的大流行（パンデミック）をきたす．1918〜1919 年のスペイン風邪の感染者は 6 億人，死者 5 千万人以上とされる．今日人類を脅かしているインフルエンザは，① H5N1 型トリインフルエンザ：1997 年以降散発，累積致死率 6 割，②ブタ由来の H1N1 型インフルエンザ：2009 年以降世界的に流行，③ H7N9 型トリインフルエンザ：2013 年 3 月末に中国で人への初感染が確認され，累積致死率約 4 割，④ H1N1 型（A ソ連型，ブタ型），H3N2 型（A 香港型）などである．潜伏期は 1〜2 日と短く，咳やくしゃみなどからの飛沫核感染を起こす．症状としては，悪寒，発熱，頭痛，倦怠感，筋肉痛が急に生じ，後に咽頭痛，鼻汁，咳，痰などの上気道炎症状が生じることが多いが，予防接種済の場合，上気道炎症状から始まることもある．うがい液や鼻汁等による迅速診断が可能である．一般的な予防としては，室温 20℃以上，湿度 40％以上の居室環境，手洗いの励行，マスク着用，感染者の隔離などを心掛ける．高齢者は，ワクチン接種による重症化予防も重要である．発症した場合は，発熱により不感蒸泄が増えるため，十分な水分補給が欠かせない．また，早期の，吸入薬（リレンザ，イナビル），内服薬（タミフル，ゾフルーザ），点滴静注（ラピアクタ）などの投与が有効である．解熱剤は全身症状に応じてアセトアミノフェンを用いる．アスピリンやジクロフェナクナトリウム，メフェナム酸はウイルス増殖作用があるため使ってはいけない．

(2) 新型コロナウイルス感染症

　上気道炎の原因となるコロナウイルスはしばしば突然変異を起こし，これまで，2002 年に重症急性呼吸器症候群（SARS），2012 年に中東呼吸器症候群（MERS）を発生させた．2019 年には SARS コロナウイルス-2（SARS-CoV-2）による 2019 新型コロナウイルス感染症（COVID-19）が発生し，世界的流行（パンデミック）を引き起こしている．患者や無症候性病原体保有者から主に飛沫感染や接触感染により感染し，2〜14 日の潜伏期間後，においや味の変化，疲労，発熱，咳，痰，咽頭痛，頭痛，下痢などの症状が約 1 週間続く．高熱，肺炎，血栓・塞栓などをきたし急速に重症となることがある．とくに，50 歳以上の中高年者や合併疾患（がん，高血圧，心疾患，糖尿病，動脈硬化性疾患）保有者では重症化しやすい．2020 年末時点で特効薬はまだなく，早期からの中和抗体薬や抗凝固

剤などの投与，中等度以上の症例に全身性炎症反応予防を目的としてデキサメタゾンなどが用いられている．重症例には，人工呼吸器，体外式膜型人工肺（ECMO）が用いられている．ワクチンによる予防が重要である．

(3) 肺炎

肺炎による死亡は年間10万人前後を推移しているが，その95％以上が65歳以上の高齢者である．入院治療を要する肺炎の多くが誤嚥性肺炎である．発熱や咳・痰，呼吸困難などの症状が典型的でなく，意識障害や意欲の低下などの原因精査で発見される場合もある．

①誤嚥性肺炎

口腔内容物や逆流した胃の内容物が気道に侵入して発症する肺炎であり，食事中にむせ込み生じる顕性誤嚥と，就寝中に嚥下・咳反射が低下することに伴う不顕性誤嚥とがある．認知症や脳血管障害，逆流性食道炎や歯周病，鎮静・睡眠薬服用などが誘因となる．誤嚥性肺炎は予防が重要であり，食事の際には誤嚥しにくい食物を考慮し，食後2時間は座位を保つ．脳血管疾患予防の取組みに加え，食後の歯磨き・うがいなどの口腔ケアが重要である．嚥下機能評価としては，30mLの水分を嚥下させる改訂水飲みテストや30秒間の空嚥下可能回数を数える反復唾液嚥下テスト（repetitive saliva swallowing test；RSST．2回以下が異常）がよく用いられる．

②市中肺炎

基礎疾患のない，あるいは軽微な基礎疾患を有する人が，日常の生活を営んでいる環境で発症する感染性肺炎である．重症度および予測される起炎菌に応じて初期治療に用いる抗菌薬を選択し（エンピリック治療），原因菌が判明した時点で標的治療薬に変更するが，肺炎球菌などの薬剤耐性化が深刻な問題となっており，抗菌薬の適正使用が求められている．予防では，市中感染症流行期の不要不急の外出の制限，低栄養の予防，マスクや適切な水分補給による気道粘膜の保護，インフルエンザワクチンや肺炎球菌ワクチン接種などを行う．

(4) ウイルス性慢性肝炎

幼少期のワクチン接種や輸血などにより，B型肝炎ウイルス（HBV）やC型肝炎ウイルス（HCV）が持続感染している場合がある．HBVキャリア，HCV

キャリアとも，治療効果の高い抗ウイルス治療が開発され，また，治療適応患者も拡大している．HBV キャリアの慢性肝炎患者では AST，ALT が 30IU/L を 1 回でも超えていれば治療を考慮し，肝硬変患者でも HBV-DNA が陽性であれば治療適応である．HCV キャリアはすべてが抗ウイルス薬の治療適応である．ウイルス排除後も肝発癌リスクは残存するため，年 1〜2 回の血液および画像検査による肝癌のスクリーニングが必要である．

(5) 結核

結核菌による慢性の感染症で約 70％は肺結核である．世界人口の約 3 分の 1 が結核菌に感染しているとされ，わが国では 1950 年まで死因の 1 位を占めており，未だ罹患率は他の先進国より高い．主に飛沫核感染，飛沫感染で広がる．高齢者においては再燃による施設内集団感染例がしばしばみられる．咳や痰の持続，原因不明の微熱，体重減少などは結核の可能性を考慮する必要がある．2 類感染症に指定されており，診断した医師は直ちに最寄りの保健所に結核発生届を提出しなければならない．喀痰抗酸菌塗抹（ガフキー）陽性例は特に感染性が高く，結核病棟（病床）での入院治療が原則である．

(6) 施設内感染

高齢者，有病者や生活機能が低下した人々が集団生活を営んでいる入院施設や高齢者施設などに感染症が持ち込まれると，感染症が集団発生することがある．施設内感染の予防には，平常時からの予防対策と，感染症が発生した時の発生時の拡大防止対策が基本となる．平常時からの予防対策では，米国疾病管理予防センター（CDC）が推奨している病院感染対策の基本的な方法であるスタンダード・プリコーションが重要である．スタンダード・プリコーションとは，感染症の有無に関わらず，すべての人の血液，汗を除く全ての体液，分泌物，排泄物（尿・痰・便・膿），傷のある皮膚，粘膜を感染の可能性があるものとして，これらとの直接接触，及び付着した物との接触が予想される時に防護用具を用い，自分自身を防御し同時に拡散を防止することを基本とするものである．発生時の拡大防止対策では，感染症発生を早期に発見し，早期に対策をとることで，感染拡大の規模を最小限にすることが重要となる．施設内感染が問題となることの多い感染症とその対策を表 3 に示した．

表 3　施設内感染が問題となることの多い感染症と対策

新型コロナウイルス感染症	主な感染経路：飛沫感染，接触感染．
対策の基本	アルコールや石鹸水による手指消毒の励行，マスク，手袋，ガウン，ゴーグル等の防護具の着用．定期的な換気．共用物品の定期的消毒．
新規発生の予防	ワクチン接種，持込防止：面会制限，職員出勤時の体温測定等の健康チェック． 早期発見：入居者，職員の体温変動のチェックなど．
発症時の対策	疑い例に対する迅速な検査．居住環境の消毒，個室管理，生活空間の区分け．勤務体制の変更，人員確保．積極的疫学調査と情報共有．保健所や他機関，他施設との連携など．
インフルエンザ	主な感染経路：飛沫核感染，飛沫感染．
対策の基本	手指消毒の励行，インフルエンザ予防接種
新規発生の予防	職員や新規入所者の健康チェック 面会者への注意喚起，咳エチケットの啓発
発症時の対策	発症者は原則，個室管理．同じインフルエンザであれば複数の感染者を同一部屋にすることも可．ケア時はサージカルマスクを着用．抗インフルエンザ薬の予防投与も考慮する．
結核	主な感染経路：飛沫核感染，飛沫感染．
早期発見	咳や痰，微熱などの症状の持続に対し胸部 X 線検査で確認．疑わしいときは喀痰抗酸菌検査を実施．
新規発生の予防	BCG 接種
発症時の対策	診断が確定し，排菌があれば速やかに結核病床を有する医療機関に搬送する．それまでは（できれば陰圧）個室で管理．ケアの際は N95 マスクを着用する．
疥癬	主な感染経路：皮膚の接触，病原体が付着したリネン類の接触．
対策の基本	手洗いの励行．リネン類の消毒．
早期発見	体表面を観察し，痒みのある皮疹，疥癬トンネルを発見する．
発症時の対策	ケア時の手袋着用，手洗い励行．タオルなどを共用しない．
ノロウイルス	主な感染経路：接触感染．嘔吐時には飛沫感染もある．
対策の基本	アルコール消毒無効．次亜塩素酸にて消毒．入所者も，液体石鹸と流水による手洗いを励行．
発症時の対策	吐物を迅速に適切に処理する．患者はトイレ付個室で管理する．洗面所などを次亜塩素酸ナトリウム液で消毒．
多剤耐性菌（MRSA など）	主な感染経路：接触感染．
対策の基本	スタンダード・プリコーションの徹底．手指消毒，手洗い励行．アルコール消毒有効．
保菌者への対策	同じ手袋で複数の患者のケアをしない．保菌者ケア後の手指等の消毒の徹底．健常者が感染することはまずないので，保菌者へのサービスが拒否されないよう注意．

出典：著者作成

引用文献

野尻　雅美監修 (2016). 最新保健学 公衆衛生・疫学, p.182. 真興交易（株）医書出版部

参考文献

伊藤　貞嘉・佐々木　敏監修 (2020). 日本人の食事摂取基準─厚生労働省「日本人の食事摂取
　　基準」策定検討会報告書〈2020 年版〉. 第一出版

骨粗鬆症の予防と治療ガイドライン作成委員会編 (2015). 骨粗鬆症の予防と治療ガイドライン
　　2015 年版. ライフサイエンス出版

熊谷　修・渡辺　修一郎・柴田　博・天野　秀紀・藤原　佳典・新開　省二…芳賀　博 (2003).
　　地域在宅高齢者における食品摂取の多様性と高次生活機能低下の関連. 日本公衆衛生雑誌
　　50, 1117-1124

日本老年医学会編 (2019). 改訂版 健康長寿診療ハンドブック　実地医家のための老年医学の
　　エッセンス. メジカルビュー社

大内　尉義編 (2014). 老年学 第 4 版（標準理学療法学・作業療法学 専門基礎分野）. 医学書
　　院

　　┌─────────────────────┐
　　│ アクティブ・ラーニング │
　　└─────────────────────┘

＊健康指標ごとに肥満度との関係を整理しなさい.

＊高齢期に生じやすい身体的健康問題を考慮した高齢者の健康診断項目を考えて
　みなさい.

（渡辺　修一郎）

3. 精神的疾患

　高齢者の精神疾患には, 以下のような特徴が考えられる（新野, 2007）. ①症
状が不明確：訴えが曖昧で, 何をどのように困っているかわかりにくい. ②症状
が多彩：多彩な訴えがあり, どれが重要か見極めにくい. ③身体的要因が関与：
身体症状により修飾される. ④脳器質性精神疾患が多い：脳に病変のある器質性
脳障害による精神疾患（認知症が代表的）が多い. ④喪失体験との関係が強い：
老年期には, 身体機能, 社会的役割, 人間関係などで多くの喪失を経験し, これ

が精神疾患の発症や悪化と関係する.

　本項では，これらの特徴を有する精神疾患の中で高齢者に多いとされる，認知症，うつ状態，せん妄，統合失調症類縁疾患について簡単に説明する.

1）認知症（Dementia）

(1) 概念

　認知症とは，一般的には，いったん正常に発達した知的機能が持続的に低下し，日常生活に支障を来す状態をいう．ただし，最近は認知症の概念も変化しつつあり，立場や専門領域などにより考え方の異なる場合も見られる．診断の進歩，多様化もあり，日常生活への影響が大きくない段階で，早期・初期認知症，あるいは，認知症の前駆段階などという診断がつく場合も少なくない.

　代表的な認知症の診断基準をいくつか紹介する．精神障害の分類にもしばしば利用される国際疾病分類（International Classification of Diseases and Related Health Problems, 10th revision, ICD-10）の定義では，認知症とは「脳疾患による，慢性あるいは進行性の症候群であり，記憶，思考，見当識，理解，計算，学習，言語，判断など多数の高次機能障害を呈する状態」となる（World Health Organization, 1993）.

　また，アメリカ精神医学会による診断基準 DSM-5 では，major neurocognitive disorder（認知症）は，「複雑性注意，遂行機能，学習および記憶，言語，知覚・運動，社会的認知から一つ以上の認知領域の有意な低下がある．確かな情報源がある．認知欠損により日常生活に支障がある」とされている．なお，DSM-5 では，いわゆる認知症を表す言葉として，Dementia という言葉ではなく，neurocognitive disorders（直訳すれば神経認知障害となる）が使われている．また，記憶障害が認知症に必須の症状ではなくなった等の変更もあった（American Psychiatric Association, 2013）.

　認知症の原因となる疾患はさまざまあるが（表4），発生頻度が高く臨床的に重要なものは，神経変性性認知症と血管性認知症である．神経変性性認知症は，神経細胞そのものが変性し，消失することにより発症するもので，アルツハイマー型認知症を代表とする．脳血管性認知症は，脳梗塞，脳出血，などの脳の血管の異常により起こるものである．脳の中に多数の小梗塞がある多発梗塞性が代

表4　認知症の主な原因

神経変性性疾患	アルツハイマー型認知症，レビー小体病，前頭側頭型認知症（ピック病など），パーキンソン病など
脳血管性疾患	多発梗塞性認知症，ビンスワンガー病など
感染症	脳炎，髄膜炎，クロイツフェルト・ヤコブ病など
内分泌・代謝疾患	甲状腺機能低下症など
腫瘍	脳腫瘍など
外傷	頭部外傷，慢性硬膜下血腫など
中毒	アルコール，一酸化炭素中毒など
その他	正常圧水頭症，多発性硬化症など

出典：新野（2007）

表的である．

(2) 疫学

　65歳以上の認知症高齢者数と有病率は，2012年は認知症高齢者数が462万人，65歳以上の高齢者の約7人に1人（有病率15.0%）であった．認知症と正常の中間とされるMCI（mild cognitive impairment）の2012年の65歳以上の有病率は13%，患者数は約400万人であった（朝田，2013）．将来的には，2025年に認知症高齢者数が700万人以上，有病率は約5人に1人（20%）になるとの報告もある（内閣府，2017）．認知症の有病率は加齢とともに上昇し，70〜74歳5%程度，80〜84歳20〜25%，90〜94歳では60%以上になるとされている（神﨑，2018）．

　認知症の種類については，以前は脳血管性認知症が多かったが，最近はアルツハイマー病が多く，アルツハイマー病が60%以上，脳血管性認知症が20%弱とする報告もある（朝田，2013）．

(3) 症状

　認知症の症状は，ほぼ必発する中心的な症状である中核症状と，体調や環境の影響が大きく必須の症状ではない周辺症状に分けられる．

　中核症状は，認知機能障害であり，以下のものが含まれる．①記憶障害：新しいことを覚えることができない，昔覚えたことを思い出すことができない，など．②見当識障害：日にちや時間，自分のいる場所，親しい人などがわからないなど，

時間，場所，人に対する見当識が失われる．③実行機能障害：いくつかの行動を計画通りに効率的に行い，一つの目的を果たすことが困難になる．たとえば，うまく料理ができなくなる，など．④その他：抽象思考の障害，判断の障害，など．

周辺症状は，非認知機能障害であり，以下のものがある．①感情・意欲の障害：抑うつ，意欲の低下や亢進，など．②幻覚・妄想．③問題行動：徘徊，異食，不潔，暴力，など．④人格変化．

なお，認知症に見られる，うつなどの気分障害と攻撃性や徘徊などの行動傷害を示す名称として，BPSD（behavioral and psychological symptoms of dementia：認知症に伴う行動と心理症状）がある．日本では，BPSDは，周辺症状とほぼ同義として使われることが多い．

また，初期の認知症，あるいは，認知症の前段階の状態として，MCIが注目されている．MCIは，もともとは自他覚的な記憶障害はあるが認知機能全般は正常で日常生活にも大きな支障のない状態とされていた．しかし，その後，記憶障害の有無によりMCIを分類する考え方が示され，記憶障害に限らずに年齢以上の認知機能低下があるが認知症ではない（生活の障害がない）場合，つまり，正常と認知症の中間という場合にMCIと診断されるようになった（Petersen & Morris, 2005）．

MCIから認知症に移行する割合は5~15％／年，逆に健常に戻る割合が16~41％／年とされるが，MCI診断の難しさもあり．報告により数値にバラツキが大きいようである（神﨑，2018）．

(4) 代表的な認知症
①アルツハイマー病（アルツハイマー型認知症）

前述したように神経変性性認知症の代表的疾患である．βアミロイドの沈着により発症，進行すると考えられる．進行性であり，ある程度一定のパターンで悪化していく．経過は，前期・中期・後期の3期に分けることが多い．前期は，新しいことを覚える記銘力の低下，ごく最近のことについての記憶（近時記憶）の障害が目立つ時期で，時間についての見当識障害，自発性低下なども起こる．中期には，記憶障害が進み，古いことについての記憶（遠隔記憶）も障害される．場所についての見当識障害，判断力の低下，問題行動や妄想などのBPSDが起

こり，日常生活に明らかな支障が生じる．後期には，記憶障害がさらに高度になり，人に対する見当識障害も生じ，極めて基本的な生活でも介護が必要となる．進行につれ活動性が低下し，意思の疎通が不可能になり，最終的には寝たきりとなる．

②脳血管性認知症

典型的な症例は，脳血管障害の発作により発症・増悪するため，アルツハイマー病に比べ急激に発症，階段状に悪化するとされる．しかし，脳血管障害の種類，発症の仕方や部位により症状は異なり，緩徐な発症を示すものもある．また，脳血管障害への治療，対応により，認知症の進行が緩徐になるなどの好影響が認められることもある．一般的な症状として，初期には，記憶障害，見当識障害はあるが，人格は保持され，判断力なども保たれる，いわゆる，まだら認知症の状態が認められる．感情は不安定で過剰な反応を示し，それまでの性格が強調される．片麻痺や言語障害などの神経症状を伴うことが少なくない．大脳白質の病変により生ずるビンスワンガー病は，脳卒中の発作がはっきりせず，初期には人格が保たれるが，徐々に認知症が進行する．なお，脳血管性認知症でも，進行すると，人格の崩壊，自発性の喪失など重篤な症状が起こる．

③レビー小体病（レビー小体型認知症）

大脳皮質にレビー小体が認められる疾患で，神経変性性認知症ではアルツハイマーに次ぐ頻度と言われる．α-シヌクレインの沈着が関係する．一般的に記憶障害で始まり，徐々に進行する．早期に幻覚（特に具体性の高い幻視が特徴的である）と妄想が出現する．筋固縮や寡動（身体が硬くなり動きがなくなる）を主としたパーキンソン病様の症状が，認知症症状とともに，あるいはより早期にみられることがある．レム睡眠障害などの睡眠障害も代表的な症状の一つである．

④前頭側頭型認知症

画像検査で，大脳の前頭葉か側頭葉，あるいは，その両者に強い萎縮がみられる神経変性性認知症である．記憶障害などが目立たない初期に人格変化があり，生活がだらしなくなる，反社会的行為（万引き，暴力など）などで気づかれることがある．以下に説明するピック病は，この種類の認知症の代表である．

⑤ピック病

　50～60代の初老期に発症し，数年～10年程度でゆっくり進行する．初期には記憶障害などは目立たないが，自発性の低下，緩慢な行動，欲求の抑制困難，人格変化があり，自己中心的で家庭生活や社会的活動がとれなくなる．病気が進むと，健忘，認知症症状が強くなる．最終的には精神荒廃状態で死にいたる．同じ言語や行動の繰り返し（常同行動）が見られるのが特徴的ある．

(5) 診断

　以下に示すような複数の検査を組み合わせて診断をするのが一般的である．

① 脳画像検査（MRI, CT など）：脳萎縮，脳血管障害や脳腫瘍などの脳病変，アミロイド沈着などを検査．

② 認知機能検査：知能検査，調査票による検査，視覚などの特異的な認知に関する検査，観察型の検査など多数ある．

③ その他：血液検査，脳脊髄液検査，遺伝子検査など

(6) 治療・対応

① 薬物療法：認知症や認知機能そのものを対象とした抗認知症薬，周辺症状を抑える薬による治療があるが，十分な効果があるとは限らない．なお，脳血管疾患や内分泌疾患など原因疾患に対する薬物療法もある．

② 非薬物療法：心理療法，回想法，動物療法，芸術療法，音楽療法，など多種多様である．

③ 医学的管理：他の病気の予防，治療，リハビリなど一般的な医学的管理も重要である．

(7) 予防

　これを実行すれば認知症にならないという絶対的予防法は見つかっていないが，身体活動，知的活動，社会的活動，バランスの良い食事（栄養），心身の健康管理などに配慮したいわゆる健康的な生活は，認知症のリスクも下げると考えられる．

2）うつ状態（Depression）

(1) 概念

　うつ状態とは次の３つを主な症状とする状態である．

①感情の障害：ゆううつ，悲しい，寂しい，なさけない，せつない，など，いわゆる落ち込んだ気分（抑うつ気分）になること．

②意欲の障害：やる気が出ずに，物事が億劫．そのために，動作も緩慢になること．

③思考の障害：思考速度が遅くなり，頭が働かない，判断ができない状態になること（そのため，劣等感，自責の念，被害妄想などが出現することもある）．

　高齢期は，心身機能の低下，社会活動や人間関係の減少などが起きやすい，いわゆる「喪失の世代」であるために，うつ状態が出現しやすいといわれる．なお，精神科医が一定の基準を用いて診断をつける「うつ病」は，症状や期間などについてより厳密な概念であるが，本章におけるうつ状態は，より幅広い状態を示すものであり，「うつ病」という診断がつかない軽症なもの，一過性のものなども含めて考える．

　なお，アメリカ精神医学会による診断基準 DSM-5 における典型的なうつ病である大うつ病（Major Depression）の診断基準をまとめると以下のようになる（American Psychiatric Association, 2013）．

　「A．以下の症状の5つ以上が2週間存在し，機能変化を起こしている．なお，症状の少なくとも一つには（1）または（2）が含まれる．（1）抑うつ気分（2）興味・喜びの喪失（3）食欲・体重の変化（減少 or 増加）（4）睡眠障害（不眠 or 過眠）（5）精神運動制止 or 焦燥（6）疲労感，気力減退（7）無価値感，罪責感（8）思考力・集中力低下，決断困難（9）自殺念慮，自殺企図．B．症状により強い苦痛，社会的・職業的・その他の領域の障害がある．C．物質の影響，他の医学的状態・病気によるものでない．D．他の精神病性障害（統合失調症，せん妄など）ではうまく説明できない．E．過去に躁病・軽躁病エピソードがない．」

(2) 疫学

　これまでの報告では，地域高齢者におけるうつ状態の有病率は，9〜44％と幅広く分布し必ずしも一定していないが（Niino, 1997），年齢が上がるにつれて高くなり，中年期よりは老年期が，老年期においては前期高齢者（65〜74歳）よりは後期高齢者（75歳以上）が，うつ状態の人が多い．また，一般に女性の方

表5　地域高齢者におけるうつ状態の割合

		K市		N村	
		(対象者数)	割合 (%)	(対象者数)	割合 (%)
全員		(663)	30.2	(706)	24.9
年齢	～74歳	(464)	25.4	(509)	24.4
	75歳～	(199)	41.2	(197)	26.4
性	男性	(314)	24.5	(283)	19.4
	女性	(349)	35.2	(423)	28.6

注：中年からの老化予防総合的長期追跡研究（TMIG-LISA）」における結果．うつ状態は，老人用抑うつ尺度（Geriatric Depression Scale: GDS）の日本語版により評価し，GDS得点が11点以上の場合にうつ状態ありとした．

出典：新野（2007）.

が，うつ状態の割合は高いとされている（表5）．なお，精神科医の診断したうつ病（大うつ病）の割合は中年期に最も高く，うつ状態とはやや異なる年齢分布を示す．高齢者における大うつ病の有病率は，0.1～5.6％の範囲である（大塚，2003）．

(3) 症状

　高齢期のうつ状態にはいくつかの特徴がある．以下にその特徴をまとめた．

①軽症にみえるうつが多い：高齢者は，若いときに比べ活動量が少なく，動作がゆっくりになる．そのため，意欲の低下，活動性の低下が目立たない傾向がある．また，高齢者がうつ状態になると，不安やイライラが強くなりがちである．その場合，じっとしていられなくて歩き回ったり，周囲の人にむやみに声をかけたりして，一見したところでは，むしろ元気があるように思われることがある．さらに，高齢者のうつ状態では，気分に関する訴え（悲しい，寂しいなど）より，身体的な訴え（痛み，便秘，食欲低下，など）が目立つことがある．以上のことから，高齢者では，強いうつ状態にあるのに，精神的な落ち込みが弱いかのように判断されてしまうことがある．

②自殺の危険性が大きい．

③認知症様症状がある：物忘れ，つじつまの合わない会話，など，認知症患者のような症状を示すことがある．

④身体合併症が多い：うつ状態の治療をする場合には，身体的疾患にも十分に配慮することが重要．

⑤環境的要因の影響が大きい：若いときに比べ，特に環境の変化に弱い．

（4）対応

以下の点に配慮する必要がある．

①休養：無理をせずに身体と精神を休めること．ただし，高齢者では，動かないと寝たきりになる危険性があるので注意が必要である．日常生活における活動（着替え，入浴，トイレに行く，など）は可能な範囲で継続することが望ましい．

②医学的対応：医者を受診し，必要ならば抗うつ剤などの薬を使う．抗うつ剤は複数の種類が有り，効果が期待できる場合も多い．副作用もありうるので，医者と相談して使うことが重要である．

③心理・精神療法（カウンセリング）：治療的には，患者に自分が悪いわけではなく（罪や責任があるわけではなく），うつ状態という病気であると感じてもらうことが重要である．しかし，専門的な技法はなくても，とにかく，話をじっくりきいてあげると有効な場合も多い．

④認知機能の低下に対する注意：加齢による認知機能の低下，あるいは，認知症が合併している場合がある．その際には，うつ状態への対応・治療だけではうまくいかないことも多いので注意が必要である．

3）せん妄（Delirium）

（1）概念

意識障害の一種で，意識の清明度が低下し，注意の集中や維持ができず，情報を正常に処理できない状態である．軽度の意識障害と言われることもある．意識はある（目はあいている）が何だかぽんやりしている，あるいは，興奮したり変なことを言ったりするような状態を想定してもらうとわかりやすいであろう．

原因により，代謝性（糖尿病，甲状腺疾患など代謝性疾患による），中毒性（アルコール，薬剤による），構造性（脳卒中，脳腫瘍など脳の器質性障害による），感染性（髄膜炎などによる），その他（環境の変化，拘束，痛み，など様々なものによる）に分けられる．なお，高齢者は，せん妄を起こしやすく，特に，若年成人では問題のない種類や軽度の刺激や負荷（薬物，疾患，環境変化など）

により，せん妄が発症することがあるので注意が必要である．

(2) 症状

注意力・集中力の低下，思考の混乱，幻覚・錯覚，認知機能の障害（記憶や見当識の障害），活動性の異常（興奮，短気，過敏状態，など示す亢進型が多いが，自発性・反応性低下，無感動となる低下型もある），睡眠障害，などがみられる．昼間はほぼ正常だが，夜間に不眠，興奮が増悪するものを夜間せん妄という．

せん妄は，比較的急性に発症し（数時間から数日の間に顕在化し，消退していく），症状は変動しやすく，永続することはない．せん妄がはっきりする前に，不眠，不安，短気，落ち着きないなどの前駆症状がみられることがある．

4）統合失調症および他の精神病性障害（統合失調症：Schizophrenia）

妄想，幻覚，まとまりのない会話（思考），奇異で不適切な行動などを示す精神疾患の総称である．統合失調症が中心だが，短期精神性障害，妄想性障害など他の疾患も含まれる（詳しくは精神医学の専門書を参照されたい）．統合失調症は青年期に好発するが，治療・ケアの進歩，予後の改善などにより患者の高齢化が進んでいる．厚生労働省による平成29年（2017）患者調査における統合失調症および精神性性障害の患者数をみると，35〜64歳が全体の52.4％と最多だが，64歳以上も40.9％に及んでいる．高齢者の統合失調症は，若年者に比べて陽性症状が軽症であるとされる．高齢期の統合失調症は，若年期発症の高齢化したものと老年期発症のものがあると言われるが，両者を分けることに論議もある（新村，2018）．

なお，従来，老年期に特有の精神性障害として，遅発性パラフレニー，接触欠陥パラノイド，遅発性緊張病，などの概念が提唱されてきた．これらの類型概念（従来診断）は，DSM5などの診断基準には含まれていないが，臨床的には，いまだ有用のようである 10)．

引用文献

American Psychiatric Association (2013). *Diagnostic & Statistical Manual of Mental Disorders,* 5th ed.（米国精神医学会・高橋　三郎・大野　裕（監訳）(2014). DSM-5 精神疾患の診断・統計マニュアル. 医学書院）

朝田　隆（2013）．都市部における認知症有病率と認知症の生活機能障害への対応，厚生労働科学研究費補助金認知症対策総合研究事業平成 23～24 年度総合研究報告書.

神﨑　恒一（2018）．加齢に伴う認知機能の低下と認知症．日本内科学会雑誌, *107*, 2461-2468.

内閣府（2017）．平成 29 年版高齢社会白書

新村　秀人（2018）．高齢者の精神疾患：統合失調症および他の精神病性障害．日本臨床, *76* (Suppl. 7), 98-102.

Niino, N., Yasumura, S., Haga, H., Nagai, H., Amano, H., Shibata, H., & Suzuki, T. (1997). Prevalence of depressive symptoms among the elderly living in an urban and a rural community in Japan. *Facts Research and Intervention in Geriatrics*. 71-76

新野　直明（2007）．高齢者の疾病－主として精神的－．柴田　博・長田　久雄・杉澤　秀博（編）老年学要論：老いを理解する（pp. 98-105）建帛社

大塚　俊男（2003）．老年期精神障害の分類・疫学　祖父江　逸郎（監修）　長寿科学事典（pp. 355-356）　医学書院

Petersen, R. C., & Morris, J. C. (2005). Mild cognitive impairment as a clinical entity and treatment target. *Archives of Neurology*, *62* (7), 1160-1167.

World Health Organization (Ed.) (1993) The ICD-10 classification of mental and behavioural disorders: clinical descriptions and diagnostic guidelines.（世界保健機関　融　道男・中根允文・小見山　実（監訳）(1993)，ICD-10 精神および行動の障害—臨床記述と診断ガイドライン　医学書院）

⌒アクティブ・ラーニング⌒

＊高齢者の精神疾患の特徴について，自身の経験も考慮して，自分なりにまとめてみなさい．

＊うつ状態による意欲の低下や思考障害と認知症とを区別する方法を考えてみなさい．

＊うつ状態を評価する指標についてそれぞれの長所と短所をあげなさい．

（新野　直明）

5節　高齢者のケアとリハビリテーション

1. 高齢者の在宅医療

1）地域包括ケアシステムと在宅医療

　「地域包括ケアシステム」とは，多様で心身の状態像の変化しやすい高齢者にとっては，可能な限り住み慣れた地域で，その人らしく自立した日常生活を営むことを可能にするための仕組みであり，地域のさまざまな社会資源を活用し，最適なサービスが提供されるような仕組みを称している．地域包括ケアシステムでは5つの構成要素からなり，その基層をなすのが①「本人・家族の選択と心構え」であり，これは在宅生活を選択することの意味であり，その上で②「すまいとすまい方」，すなわち生活の基盤として必要な住まいが整備され，本人の希望と経済力にかなった住まい方の確保が重要で，地域包括ケアシステムの第一歩となる．このような在宅生活への心構というソフトと住まいというハードの二つの要因を大前提として「医療・看護」，「介護」，「保健・予防」という専門的な生活支援や福祉のサービスが提供されることになる（図1）．

　後期高齢者を中心として心身の機能低下が進行しやすい高齢者には，フレイル，サルコペニア，低栄養などの予防対策が必須であり，自助努力に期待する部分も大きい．さらに介護保険サービスなどの何らかの支援が必要な高齢者には，医療・介護・そして生活支援サービスの連携に基づく包括的なサービス提供が必要不可欠ということになる．社会保障審議会（介護保険部会）においても介護保険制度の基本として「地域包括ケアシステムの深化・推進」が提示され，「自立支援・介護予防に向けた取り組みの推進」などとともに「医療・介護の連携の推進」が今後一層取り組むべき課題として挙げられている．特に「在宅医療と介護の連携」が地域包括ケア構築の重要な課題となっている．また，「自立支援・介護予防に向けた取り組み」において重要な点はこれまで往々にして見られた「してあげる型」の医療・介護からの決別である．大震災などの災害後にもよく見ら

れた「生活不活発病」を生み出すのも，避難所などでの（お世話）「してあげる型」による負の結果である．このように「してあげる型」の医療・介護は往々にしてむしろ高齢者を早くに社会的弱者へと導き，自立支援とはまったく逆行する行為となってしまう．高齢者のセルフケア能力を見極め，必要最低限の支援と，本人の残存能力を最大限に引き出すためのエンパワーメントが必要である．地域包括ケアにおいて高齢者が自分の住まいで暮らし続けるということは，自分で自分の行く末を考えながら必要なサービスを導入し，自分の生活とその終末を決めていくこと，すなわち自分の人生に明確な目的意識と自己決定権を持つことに他ならない．

２）医療におけるパラダイムシフト―「治す医療」から「治し支える医療」へ―

なぜ「地域包括ケアシステム」の中に（「病院医療」ではなくて）「在宅医療」なのか？その最大の理由は，これまでの病気の完全治療（キュア）を目指してき

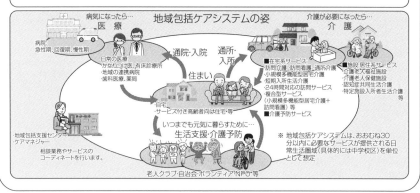

図1 地域包括ケア

出典：厚生労働省（2015）

た医療体制や医療そのものの理念に対して医療ケアの充実化，すなわち「キュアからケアの時代」といういわば「医療のパラダイムシフト」が起きていることによる．超高齢社会において，高齢者が増えれば，完治の困難な慢性疾患は必然的に増加し，疾病構造は変化する．疾病構造が変化すれば必然的に医療の有り様もまた変化する．日本学術会議からの提言「超高齢社会のフロントランナー日本：これからの日本の医学・医療のあり方」では，「臓器単位の疾病を解決することを主眼とする「治す医療」から患者総体の生活の質（QOL）の最大点を得るために治療の優先順位を再配置する「治し支える医療」への転換であり，「病院中心の医療」から介護・福祉と連携する「地域完結型医療」への転換である」と述べている．「治し支える医療」とは「完治を望めない病と今後どう付き合うのか？」ということであり，確実に進行する老いと病の中で「自分の人生をどう終えるのか？」，「自分の最後はどこで，どのように，そして誰に見取られて死んでゆくのか？」を考え，最後の有り様を納得することである．これはいわば死生観の涵養であり，それまでの自分のこれまでの長い人生の「生命の質（QOL）」から人生最後の「死の質（QOD）」を受け入れるという，「人生の質のパラダイムシフト」でもある．

　地域完結型医療において高齢者の医療と介護とを機能的に推進するための重要な担い手が「かかりつけ医」と「在宅医療」ということになる．「かかりつけ医」とは「何でも相談できる上，最新の医療情報を熟知して，必要なときには専門医，専門医療機関を紹介でき，身近で頼りになる地域医療，保健，福祉を担う総合的な能力を有する医師」であり，今後地域包括ケアシステムの中で，「かかりつけ医」の質量ともに充実されることが重要となってくる．一方，「在宅医療」に関しては，国民の多くが望む医療の場として，2012年の内閣府の調査によると，国民の54.6％が「人生の最期を自宅で迎えたい」と回答している（図2）（内閣府，2013）．さらに医療と介護の連携による在宅医療は高齢者医療の在り方や地域包括ケアの推進など多くの要素が合致した地域医療であり，国もその推進を掲げている．すなわち，2006年には，診療報酬制度上，在宅療養支援診療所を創設し，24時間365日の体制を取り，患者の在宅療養を支援する医療機関を評価した．その後も在宅看取りや緊急往診の実績等を要件とする機能強化型在宅療養

支援診療所・病院や，がん緩和ケアの診療実績や研修修了実績等を要件とする在宅緩和ケア充実診療所・病院などの加算も追加された．これらにより，在宅療養支援診療所の数は，2017 年には約 1.3 万施設と，2006 年に比べて約 1.5 倍に増加し（5），自宅死の割合も，2017 年には 13.2 ％に増加していた．いわゆる人生の最終段階の状態であっても，在宅療養が可能な体制が整備されつつある．

　在宅医療は現在介護保険法の地域支援事業に位置付けられ，市区町村が主体となり，地域医師会をはじめとして多くの職種が相互に連携（多職種連携）しながら，医療と介護の連携を推進することが定められている（図 3）．

　しかし一方，在宅医療には多くの課題が存在している．医療提供側からみると，①在宅医療に熱意のある医師，②24 時間対応の訪問看護師，そして③患者の急変時や家族の介護疲れを癒すための一時的支援サービス（レスパイトケア）のための後方支援病床，の 3 要件が最も基本的必要条件と認識されている．また，患者側からみると，在宅医療に関する不安要件として，①介護者負担の不安（介護してくれる家族に負担がかかる），②急変時の不安（病状の急変した時の対応に不安），そして③在宅医療での実際のサービスに不安（往診してくれる医師の有無や信頼，訪問看護への不安）などが課題となっている．特に，患者にしてみると，それまで医療スタッフも多く医療設備の整った病院から急に自宅で（自前で）医療とケアに向き合わなければならない不安は非常に大きなものがあることは否めない．そういった患者側の不安を払拭するためにも，在宅医療の実態と科

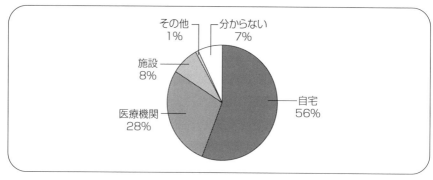

図 2　最後を迎えたい場所

出典：内閣府（2012）

○在宅医療・介護の連携推進については、これまで医政局施策の在宅医療連携拠点事業（平成23・24年度）、在宅医療推進事業（平成25年度〜）により一定の成果。それを踏まえ、介護保険法の中で制度化。
○介護保険法の地域支援事業に位置づけ、市区町村が主体となり、郡市区医師会等と連携しつつ取り組む。
○実施可能な市区町村は平成27年4月から取組を開始し、平成30年4月には全ての市区町村で実施。
○各市区町村は、原則として（ア）〜（ク）の全ての事業項目を実施。
○事業項目の一部を郡市区医師会等（地域の中核的医療機関や他の団体を含む）に委託することも可能。
○都道府県・保健所は、市区町村と都道府県医師会等の関係団体、病院等との協議の支援や、都道府県レベルでの研修等により支援。国は、事業実施関連の資料や事例集の整備等により支援するとともに、都道府県を通じて実施状況を把握。

○事業項目と取組例

（ア）地域の医療・介護サービス資源の把握
◆地域の医療機関の分布、医療機能を把握し、リスト・マップ化
◆必要に応じて、連携に有用な項目（在宅医療の取組状況、医師の相談対応が可能な日時等）を調査
◆結果を関係者間で共有

（イ）在宅医療・介護連携の課題の抽出と対応策の検討
◆地域の医療・介護関係者等が参画する会議を開催し、在宅医療・介護連携の現状を把握し、課題の抽出、対応策を検討

（ウ）切れ目のない在宅医療と介護サービスの提供体制の構築推進
◆地域の医療・介護関係者の協力を得て、在宅医療・介護サービスの提供体制の構築を推進

（エ）医療・介護関係者の情報共有の支援
◆情報共有シート、地域連携パス等の活用により、医療・介護関係者の情報共有を支援
◆在宅での看取り、急変時の情報共有にも活用

（オ）在宅医療・介護連携に関する相談支援
◆医療・介護関係者の連携を支援するコーディネーターの配置等による、在宅医療・介護連携に関する相談窓口の設置・運営により、連携の取組を支援。

（カ）医療・介護関係者の研修
◆地域の医療・介護関係者がグループワーク等を通じ、多職種連携の実際を習得
◆介護職を対象とした医療関連の研修会を開催等

（キ）地域住民への普及・啓発
◆地域住民を対象にしたシンポジウム等の開催
◆パンフレット、チラシ、区報、HP等を活用した、在宅医療・介護サービスに関する普及啓発
◆在宅での看取りについての講演会の開催等

（ク）在宅医療・介護連携に関する関係市区町村の連携
◆同一の二次医療圏内にある市区町村や隣接する市区町村等が連携して、広域連携が必要な事項について検討
例）二次医療圏内の病院から退院する事例等に関して、都道府県、保健所等の支援の下、医療・介護関係者間で情報共有の方法等について協議等

図3　在宅医療・介護連携推進事業

出典：厚生労働省（2014）一部改変

学的根拠に基づく有効性を構築するための不断の努力が必要でもある．

3）在宅医療の科学的根拠

　在宅医療において，訪問診療開始当初は，必ずしも（看取りを含めて）最期まで自宅で医療とケアを受けながら過ごすことを考えていなかった患者・家族が，結果的には在宅医療を継続し，看取りに至るケースがしばしば経験されている．荒井他（2019）は在宅医療開始時点で終末期の療養の場やあり方の希望と，実際的な最終の療養状況を調査し，どのような変化がどの程度に生じているのかについての実態調査の結果を報告している．具体的には，1診療所が在宅ケアを提供したがん患者111名について，支援の開始当初と最終段階における患者・家族の「状態悪化時に希望する療養場所」と「患者の最期の療養場所」を検討したものであるが，分析の結果，当初から自宅を希望していた患者の95.6％，家族の96.8％が，最終段階でも自宅を希望した．当初は自宅を希望しなかった患者の87.9％，家族の84.8％が，最終段階で自宅を希望した．さらに，患者の97.4％，家族の97.2％において，最終段階で希望した場所と実際の最期の場所が一致していたことが明らかとなった．この研究は一診療所の結果ではあるが，在宅ケアを受けた多くの患者が，患者・家族の希望する場所で最期を迎えられることが示され，在宅ケアの期間中に療養のあり様や最後の場所についての希望が変化し，結果として在宅看取りに至っている事実が示されている．恐らく訪問診療が開始されるまでは，在宅医療についての情報不足や医師・医療スタッフらとの信頼関係が薄いため，在宅医療のあり様に対する確たるイメージがなく，不安感がより強かった患者・家族が，実際に在宅医療を継続してゆくなかで，そのありよう（体制）やスタッフに信頼を寄せるようになった可能性を示唆していると思われる．

　同様の結果は，急性期高次機能病院である大学病院に入院し，在宅退院支援を受け手退院した患者（40歳以上）について，大学病院退院時の在宅医療への評価と退院後で在宅医療・介護（平均26.3ヵ月）を受けた時点での評価を比較した研究では，退院時の在宅医療に関する評価の平均は「やや不満・不安」であったものが，その後の在宅医療・療養を受けた後での評価の平均は「やや満足・安心」に転じていたことも報告されている．また，在宅医療患者の中で最もよく遭遇する急性の病変として発熱が挙げられるが，この発熱を契機として入院治療に

変えた群と，在宅医療を継続した群における3か月後の状態像を比較した研究では，在宅医療を継続した群のほうが，自立状況および認知機能には有意に悪化が抑制され，在宅医療のほうが生活機能の維持において優れていたと報告されている（Arai et al. 2020, Suzuki et al. 2018）．

　現在，在宅医療の重要性については着実にその理解（特に医療側の理解）は進んでいるものの，地域での格差は大きく，例えば全国の自治体レベルでの在宅死亡の割合（2014年人口動態調査，人口5万人以上の自治体）については5.5〜25.6％と最大で約4.7倍の差がある．このような在宅死亡率は大都市に高い傾向があり，特に在宅医療支援診療所の多い地域では訪問医療や訪問看護体制が充実していることから在宅での看取り率の高い傾向が明らかにされている．今後在宅医療をより発展させていく民には多くの解決すべき課題が知られているが，少なくとも，①医師会との良好な連携，②在宅医療に積極的な医師の存在，③訪問看護職の高いモチベーション，④地域における在宅医療支援病院での一時入院受け入れの担保，などが挙げられ，一方在宅医療の阻害要因として，①医療職と介護職の相互理解の不足，②看護職の在宅医療への消極性，③在宅医療患者に関する情報共有化の不足，④終末期から看取りの時点での家族および介護職の不安，などが考えられている．さらに重要な問題として，実際に在宅医療を受ける一般国民の認識不足や実態についての情報の不足は否めない．今後に向けた大きな課題となっている．

引用文献

荒井　康之・鈴木　隆雄・長島　晃司・福地　将彦・小坂　由道・太田　秀樹（2019）．在宅ケアを受けたがん患者の療養場所の希望と実際―在宅療養中の希望の変化を含めた検討―．日本プライマリ・ケア連合学会誌. *42* (3), 150-157.

Arai, Y., Suzuki, T., Jeong, S., Inoue, Y., Fukuchi, M., Kosaka, Y., ...Ohta, H. (2020). Effectiveness of home care for fever treatment in older people: A case–control study compared with hospitalized care, *Geriatrics & Gerontology International, 20*, 482-487.

厚生労働省（2012）．平成27年版厚生労働白書.

厚生労働省（2014）．第1回都道府県在宅医療・介護連携担当者・アドバイザー合同会議.

内閣府（2013）最期はどこで迎えたいか．平成24年度 高齢者の健康に関する意識調査結果．www8.cao.go.jp/kourei/ishiki/h24/sougou/gaiyo/index.html.（2019年9月6日）

日本学術会議.（2014）．日本学術会議からの提言：超高齢社会のフロントランナー日本：これからの日本の医学・医療のあり方.

Suzuki, T., Jeong, S., Arai, Y., Inoue, Y., Fukuchi, M., Kosaka, Y., …Ohta, H. (2018). Comparative study on change in degree of independent living between continuation and discontinuation of home medical care among the elderly in Japan. *Journal of Gerontology and Geriatric Medicine, 4* (1), 037.

――――――――――
アクティブ・ラーニング
――――――――――

＊在宅医療と介護の連携が進展するためにはどのような対策が必要か考察しなさい．

＊人生の最後を迎える場所の変遷とその背景をあげなさい．

＊最後を迎えたい場所の今後の推移を考察しなさい．

（鈴木　隆雄）

2.　リハビリテーション

1）リハビリテーションとは

　リハビリテーションとは「再び適応した状態になること」を意味する言葉である．元来は，キリスト教教会の破門などからの権利や名誉の回復（復権）を指したが，その後，障害者などの再適応を目指す活動も意味するようになった．近年は，身体的，精神的，社会的，職業的，経済的など幅広い領域を対象とした全人間的復権という表現も使われている．

　リハビリテーションの主な定義としては以下がある．

①リハビリテーションとは，能力障害や社会的不利益を起こす諸条件の悪影響を低下させ，障害者の社会統合を実現することを目指すあらゆる措置を含む．リハビリテーションは障害者を訓練して環境に適応させるだけでなく，環境や社会に介入して障害者の社会統合を容易にすることも目的とする．障害者自身，家族，

彼らの住む地域社会はリハビリテーションに関係する計画と実施に関与しなければならない（WHOによる定義，1981）

②リハビリテーションとは，身体的，精神的，かつまた社会的に最も適した機能水準の達成を可能とすることによって，各個人がみずからの人生を変革していくための手段を提供していくことを目指し，かつ時間を限定したプロセスである（国際障害者世界行動計画による定義，1982）．

③心身機能・構造，活動，参加，環境因子，個人因子について，機能喪失の予防・遅延，機能の改善・回復，現存機能の維持をはかるもの（WHOと世界銀行による定義，2011）．

2）リハビリテーションの分野・領域

リハビリテーションの分野としては，以下があげられる．

①医学的リハビリテーション：身体的機能，心理的能力，あるいは，補償的な機能の回復・改善，維持，向上などにより，機能障害の改善や活動・自立の再獲得を目指すものである．

②社会的リハビリテーション：機能改善・獲得，社会的障壁の解消などにより地域社会での生活を目指すもの．1968年のWHOの定義では，「障害者が家庭，地域社会，職業上の要求に適応できるように援助したり，全体的リハビリテーションの過程を妨げる経済的・社会的な負担を軽減し，障害者を社会に統合または再統合することを目的としたリハビリテーション過程の1つ」とされているものである．

③職業的リハビリテーション：就労を念頭においたリハビリテーションである．国際労働機関（ILO）により，総合的リハビリテーションの中で障害者が適当な就業の場を得，それを継続するためのサービスと定義された（障害者の職業リハビリテーションに関する勧告，1955）．さらに，雇用，継続に加えその向上にも配慮して障害者の社会への統合または再統合を促進することが目的として加えられた（障害者の職業リハビリテーションおよび雇用に関する条約，1983）．

④教育的リハビリテーション：障害児や障害者の能力を開発，向上させることを目的とする．一般には障害児を対象とした概念で，障害児教育や特別支援教育などと同義に使われることもある．しかし，高等教育，社会人教育，生涯教育など

に幅広く使われることもある.

⑤リハビリテーション工学：リハビリテーションにおける工学的技術・知識の利用，活用，開発などをめざすものである．具体的には，義肢装具，福祉機器，コミュニケーション機器，住宅改造，バリアフリー，IT関連などにおける工学的な支援が全て含まれる．

3）高齢者のリハビリテーション

予備的能力の低下があり，わずかな負荷でも要介護状態になる危険性のある高齢者では，適切なリハビリテーションがその予後を大きく左右する．また，適切なリハビリテーションは高齢者自身のADLやQOLだけでなく，医療・福祉関連の費用や介護負担にも関係し，社会的意義も大きい．そのため，超高齢であっても，認知機能低下などがあっても，高齢者のリハビリテーションを行う価値がある．しかし，完全な機能回復が困難なことの多い高齢者では，リハビリテーションの進め方に一般成人とは異なる以下のような配慮が必要とされる（飯島，2018）．

①早期リハビリテーション：リハビリテーションの早期開始は常に重要だが，発症前から予備的能力低下のある高齢者ではより一層，早期開始の重要性が高い．

②現実的なゴールと時間枠の設定：運動耐性が低い高齢者では，短期間で集中的に高負荷の訓練を実施することは難しく，回復も遅延傾向となるため，長期間のリハビリテーション期間を要する．しかし，漫然とした長期化は，リハビリそのものの目的化，自宅や施設における生活基盤の喪失などにつながる危険性がある．そのため，現実的な時間枠を設け，ゴールの定期的見直しが重要となる．ゴールの設定には，身体的，心理的，社会的な機能・要因・背景，本人の希望を広く考慮する．そして，できるだけ具体的で実現可能性の高いゴールを考える．その際には，日常生活の自立だけではなく，社会参加なども視野に入れる．

③福祉機器の活用と環境調整：加齢に伴う身体機能の低下にも配慮して，車いすなどの福祉機器の積極的導入，住宅改造などの環境調整も重要である．

④社会的サポートへの配慮：人的・物的支援などを含め，生活場所を確保できるような社会的サポートも早期から取り組む必要がある．

4）地域包括ケアシステムにおけるリハビリテーション

　社会の高齢化が進み，特に75歳以上の高齢者の増加が予想される現状で，厚生労働省は，1947～49年生まれのいわゆる「団塊の世代」が75歳以上となる2025年を目途に，高齢者の尊厳の保持と自立生活の支援の目的のもとで，可能な限り住み慣れた地域で，自分らしい暮らしを人生の最期まで続けることができるよう，地域の包括的な支援・サービス提供体制（地域包括ケアシステム）の構築を進めている．機能障害改善だけではなく，ADL自立，QOL向上，社会参加なども視野に入れるリハビリテーションは，この地域包括ケアシステムの中でも重要な役割を担うと考えられる．厚生労働省も，共助として地域包括ケアを支えるリハ提供を挙げ，①早期にADLを自立させるためのリハビリ（急性期），②早期に自宅復帰できるためのリハビリ（回復期），③生活機能維持・向上のためのリハビリ（生活期）という3段階のリハビリテーションを示している（厚生労働省，2014）．地域包括ケアの推進を担うリハビリテーションや居宅サービスについて集中的に検討するために設置された「高齢者の地域における新たなリハビリテーションの在り方」検討会でも以下のように述べられている．

　「重度な要介護状態となっても住み慣れた地域で自分らしく，生きがいや役割をもって生活できる地域の実現を目指すためには，生活機能の低下した高齢者に対して，リハビリテーションの理念を踏まえて，「心身機能」「活動」「参加」のそれぞれの要素にバランスよく働きかけることが重要だが，ほとんどの通所・訪問リハビリテーションでは，「身体機能」に対する機能回復訓練が継続して提供されている実態がある．これからの高齢者のリハビリテーションでは，日常生活の活動を高め，家庭や社会への参加を促し，それによって一人ひとりの生きがいや自己実現のための取組を支援して，QOLの向上を目指すことに一層の注意が払われるべきと考えられる．そのためには，生活期リハビリテーションが果たすべき役割と「心身機能」「活動」「参加」のそれぞれの要素にバランスよく働きかける「高齢者の地域におけるリハビリテーションの新たな在り方」を再整理することが求められている（厚生労働省，2015）．

　さらに，厚生労働省の医療と介護の連携に関する意見交換会においては，急性期，回復期，生活期（維持期）の3つの時期のリハビリテーションについて，以

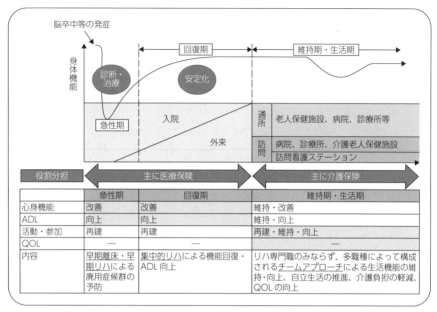

	急性期	回復期	維持期・生活期
心身機能	改善	改善	維持・改善
ADL	向上	向上	維持・向上
活動・参加	再建	再建	再建・維持・向上
QOL	—	—	—
内容	早期離床・早期リハによる廃用症候群の予防	集中的リハによる機能回復・ADL向上	リハ専門職のみならず、多職種によって構成されるチームアプローチによる生活機能の維持・向上、自立生活の推進、介護負担の軽減、QOLの向上

図4　リハビリテーションの役割分担

出典：厚生労働省（2015）

下の説明がなされている（厚生労働省，2015）.

　「・急性期においては，診断・治療を経て，早期の離床やリハビリテーションにより廃用症候群を予防し，心身機能の改善やADLの向上を図る.

　・回復期においては，集中的なリハビリテーションにより，心身機能の回復やADLの向上を図る.

　・維持期・生活期においては，心身機能やADLの維持・向上を図りつつも，更に多職種によるチームアプローチにより，生活機能（活動や参加を含む）やQOL等の向上を図るといった観点から，急性期・回復期については主に医療保険により，維持期・生活期については主に介護保険により，給付が行われている.」

　参考までに，これらの3つの時期のリハビリテーションの内容・役割分担を示す資料を図4にしめす.また，ICF（国際生活機能分類）を念頭に置いた「心身機能」「活動」「参加」に働きかけるリハビリテーションについて説明する図も呈

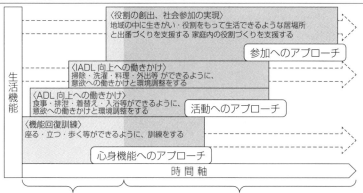

図 5 リハビリテーションの展開

出典：厚生労働省（2015）

示する（図 5）.

引用文献

飯島　節（2018）．高齢者のリハビリテーションの特徴．日本臨床，*76* (Suppl7), 671-675.

厚生労働省（2015）．中央社会保険医療協議会総会（第 316 回）参考資料.

厚生労働省（2014）．社保審 - 介護給付費分科会第 109 回（H26.9.29）ヒアリング資料 3.https://www.mhlw.go.jp/file/05-Shingikai-12601000-Seisakutoukatsukan-Sanjikanshitsu_Shakaihoshoutantou/0000059501.pdf（2020 年 9 月 28 日）

厚生労働省（2015）．高齢者の地域におけるリハビリテーションの新たな在り方検討会報告書

https://www.mhlw.go.jp/file/05-Shingikai-12301000- Roukenkyoku-Soumuka/0000081900. pdf（2020 年 9 月 28 日）

アクティブ・ラーニング

＊複数あるリハビリテーションの定義について，相違点をあげなさい．

＊高齢者を対象としてリハビリテーションを進める際に配慮すべき点をまとめなさい．

＊リハビリテーションにおける参加へのアプローチを進める際に考慮する必要のある事項をあげなさい．

（新野　直明）

3. エンドオブライフケア

1）エンドオブライフケアの概念

　エンドオブライフケアとは，人生の最終段階における医療・ケアを指す言葉である．以前はターミナルケア（終末期ケア）という言葉がよく使われたが，最期まで本人の生き方（人生）を尊重し，医療やケアについて考えることが重要ということから，「ターミナル（終末期）」ではなく「エンドオブライフ（人生の最終段階）」という名称が使われるようになった．

　エンドオブライフがどの時期・段階を意味するかについては，絶対的な定義があるわけではなく，社会的あるいは個人的立場や状況，時代などにより様々である．特に，加齢による機能低下，身体的・精神的疾患や障害の合併，社会的な面も含めた喪失体験が少なくない高齢者では判断が難しい．我が国では，日本老年医学会の『「高齢者の終末期の医療およびケア」に関する立場表明 2012』（日本老年医学会，2012）における終末期の定義「病状が不可逆的かつ進行性で，その時代に可能な限りの治療によっても病状の好転や進行の阻止が期待できなくなり，近い将来の死が不可避となった状態」がこれに当たるといえるだろう．なお，この立場表明では，ケアなどに関する説明もなされているので，関連部分を引用した（表 1）．

2) エンドオブライフケアのあり方

　エンドオブライフケアの具体的な内容については，年齢，病気の有無や種類，在宅・病因・施設などの環境条件により様々なので，その詳しい説明は専門書を参照されたい．ここでは，厚生労働省の「人生の最終段階における医療・ケアの決定プロセスに関するガイドライン」を参考に，エンドオブライフケアのあり方を簡単に説明する．

①本人の意志決定を基本とした上でチームアプローチを行う：ケア対象者本人が，

表1　「高齢者の終末期の医療およびケア」に関する日本老年医学会の「立場表明」2012における終末期に関する用語の定義

　■「立場表明」における用語の定義

【終末期とは】「病状が不可逆的かつ進行性で，その時代に可能な限りの治療によっても病状の好転や進行の阻止が期待できなくなり，近い将来の死が不可避となった状態」とする．

【論拠】高齢者は複数の疾病や障害を併せ持つことが多く，また心理・社会的影響も受けやすいために，その「終末期」の経過はきわめて多様である．そのため臨死期に至るまでは余命の予測が困難であることから，「終末期」の定義に具体的な期間の規定を設けなかった．

【最善の医療およびケアとは】「単に診断・治療のための医学的な知識・技術のみではなく，他の自然科学や人文科学，社会科学を含めた，すべての知的・文化的成果を還元した，適切な医療およびケア」とする．

【論拠】「最善の医療およびケア」とは，必ずしも最新もしくは高度の医療やケアの技術のすべてを注ぎ込むことを意味するものではない．とくに高齢者においては，個人差が大きいこと，臓器の潜在的な機能不全が存在すること，薬物に対する反応が一般成人とは異なることなどの高齢者の特性に配慮した，過少でも過剰でもない適切な医療，および残された期間の生活の質（QOL）を大切にする医療およびケアが「最善の医療およびケア」であると考えられる．科学的根拠に基づいて，高齢者に相応しい「最善の医療およびケア」のあり方を明らかにすることは，日本老年医学会のもっとも重要な責務のひとつである．

【ケアとは】「フォーマルかインフォーマルかを問わず，患者とその家族を対象として行われる介護・看護・医療・その他の支援」とする．

【論拠】高齢者の終末期には多職種の協働に基づく包括的なケアが必要である．なお，英語の "care" には「医療」も含まれるが，わが国では「ケア」という用語が「介護」の意味に限定して用いられる傾向があるので，意味が重複することを承知の上で「医療およびケア」という表現を使用することとした．

出典：日本老年医学会（2012）より抜粋

医師，看護師などの医療従事者，介護支援専門員，介護福祉士などの介護従事者，ソーシャルワーカーなどの社会的側面に配慮する職種など，多職種の専門家からなる医療・ケアチームと十分話し合いを行い，本人の意志決定を基本としたうえで，医療・ケアを進めることが原則である．本人の意志が最重要であることは確かだが，それのみで決めるのではなく，医療・ケアチームが，本人にとっての最善が何かを考えてよく話し合うことが必要である．

②ACP（Advance Care Planning）が重要：本人の意志が変わることや意志が伝えられなくなることがありうるので，ACP（エンドオブライフケアについて，本人，家族などの信頼できる人，医療・ケアチームが事前に繰り返し話し合い方針を決めていくプロセス）を実践することが重要である．

③医学的な判断をもとに，多職種のチームの意見を参考に慎重に検討：医療・ケア行為の開始，変更，中止などの判断は，医学的妥当性・適切性をもとに，多くの他職種の意見を参考に検討する．その際に，本人の意志，価値観，人生観，尊厳などに十分に配慮しなければならないことはいうまでもない．

④緩和ケアの実施：苦痛を和らげる緩和ケアを行うことが重要である．緩和ケアは，疾病による疼痛のみではなくその他の身体的，精神的，社会的苦痛・不快を軽快・緩和することを意味する．そのためには本人，家族などの総合的な支援，医療，ケアが必要となる．

3）ACP（Advance Care Planning）について

　ACPについては，前段でも簡単にふれたが，近年その重要性が強調されているので，再度説明を加える．

　日本医師会によるACPの定義は以下である（日本医師会，2018）．

　「将来の変化に備え，将来の医療及びケアについて，患者さんを主体に，そのご家族や近しい人，医療・ケアチームが，繰り返し話し合いを行い，患者さんの意思決定を支援するプロセスのことです．患者さんの人生観や価値観，希望に沿った，将来の医療及びケアを具体化することを目標にしています．」

　人生の最終段階において，高齢者本人の意志を尊重し，その人生に最善と考えられる医療・ケアを提供することは，本人にも家族にも大きな意味を持つ．しかし，本人の意志を確認できない状況が起こることがありうる．そこで，事前に本

人の希望，価値観，人生観などを確認して共有することが重要となる．そのために本人，家族等，医療・ケアチームが普段から話し合いを繰り返し，人生の最終段階に尊厳ある生き方を実現するための医療・ケアの方針を決めていくプロセス，これがACPということになる．

　重複する内容もあるが，ACPを実施する上で重要なことをまとめておく（日本医師会，2018；日本老年医学会倫理委員会，2019）．

　①本人の意志が最重要であり，それをもとに尊厳のある生き方の実現をはかる．

　②本人の意志の変化もありうるので，本人，家族など親しい人，医療・ケアチームが繰り返し話し合いを行い，意志の確認・共有をはかる．話し合いの内容は文章として記録する．本人の意志が確認できなくなった時にはその内容から本人の意志を推測することもできる

　③可能な限り住み慣れた地域で，自分らしい暮らしを人生の最期まで続けることを目指す地域包括ケアも念頭に，医療職，介護職，福祉職など多職種が医療・ケアチームとして連携・協働する．

引用文献

厚生労働省（2018）．人生の最終段階における医療・ケアの決定プロセスに関するガイドライン https://www.mhlw.go.jp/file/06-Seisakujouhou-10800000-Iseikyoku/0000197721.pdf（2020年9月28日）

日本老年医学会（2012）．高齢者の終末期の医療およびケア」に関する日本老年医学会の「立場表明」日本老年医学会雑誌．*4*, 381-386.

日本老年医学会倫理委員会「エンドオブライフに関する小委員会」（2019）．ACP推進に関する提言

日本医師会（2018）．終末期医療アドバンス・ケア・プランニング（ACP）から考える．http://dl.med.or.jp/dl-med/teireikaiken/20180307_31.pdf（2020年9月28日）

＊ ACP（Advance Care Planning）のプロセスにおいて話し合うべき事項をあ
　げなさい.

＊エンドオブライフケアの意義に関する自分自身の考えをまとめなさい.

（新野　直明）

6節　高齢期のヘルスプロモーションと介護予防

1. 高齢者のヘルスプロモーション

1）ヘルスプロモーションとは

　世界保健機関（World Health Organization：WHO）は「2000年までにすべての人に健康を」のスローガンのもと，1986年に「ヘルスプロモーションに関する憲章」（オタワ憲章）を採択し，「ヘルスプロモーションとは，人々が自らの健康をコントロールし，改善することができるようにするプロセスである」と定義している．この憲章は先進諸国における人々の生活習慣を健康なものにすることが中心課題であった．そのためには①個々人がそのような能力を備えることが重要であるが，②個人を取り巻く環境を健康に資するように変えていかなければならないとしている．ここでの「個人を取り巻く環境」とは自然環境ばかりでなく，社会の価値概念まで含めた，広い概念として位置づけられている．そして，ヘルスプロモーション活動の方法として，①健康な政策づくり，②健康を支援する環境づくり，③地域活動の強化，④個人技術の開発，⑤ヘルス・サービスの方向転換の5つの活動の必要性を訴えている．つまり，今後のヘルスプロモーション活動は，個人のケアにとどまらず保健の領域を超えた活動にならざるを得ないことを強調しているのである（郡司，1987）．

　なお，ヘルスプロモーションに関する国際会議は継続的に開催されているが，バンコクでの第6回ヘルスプロモーション会議（2005年）において，ヘルスプロモーションの定義に「決定要因」という言葉が加筆され「ヘルスプロモーションとは，人々が自らの健康とその決定要因をコントロールし，改善することができるようにするプロセスである」と再定義されることとなった（島内・鈴木，2012）．

　ヘルスプロモーションに関する定義や考え方は抽象的・包括的であることから烏帽子田（2004）は，「ヘルスプロモーションとは《人々に力を与え

（empowering），人々の参加を促し（participatory），全人的に健康をとらえ（holistic），組織間で協力し（inter-sectoral），社会的に公正で（equitable），持続的な変化をもたらすよう（sustainable），さまざまアプローチを組み合わせる（multi-strategy）》ことであり，単に結果のみならずプロセス（実施に向けた取り組みの努力やその過程（個人・住民参加が基本））を大切にする考え方・思想であり，実践である」と具体的に解説している．

なお，WHO はオタワ憲章に先立つ 1978 年にアルマ・アタ宣言においてプライマリ・ヘルス・ケア（primary health care：PHC）の概念を提唱している．この概念は主として開発途上国を対象としたものであったが，ヘルスプロモーションの理念と軌を一にするものであり，ヘルスプロモーション活動を展開するうえでは一体のものとして捉えておくべきものである．

2）ヘルスプロモーションと健康づくり政策

1980 年代後半以降になると WHO のヘルスプロモーションの考え方は各国の健康政策に取り入れられるようになり，ヨーロッパを中心にした健康都市（Healthy city），米国の健康アメリカ 2000（Healthy people 2000），イギリスの健康な国（The Health of the Nation）などが知られている（厚生労働省，2000）．

わが国の健康づくり対策は，1978 年の第 1 次健康づくり対策からはじまり，第 2 次（1988 年～），第 3 次（2000 年～），を経て 2013 年からはじまった第 4 次健康づくり対策へと受け継がれてきた．この中で，WHO のヘルスプロモーションの考え方が反映されるようになったのは，第 3 次健康づくり対策（健康日本21）からである．第 2 次までの生活習慣病予防に重点をおいた施策から，健康寿命の延伸や生活の質（quality of life：QOL）向上を目標として計画が策定されることとなった．ヘルスプロモーションにおいては，健康は，生活の質の向上を目指すうえでの手段であると位置づけられており，第 3 次健康づくり対策にはそのことが反映されている．現在進められている第 4 次健康づくり対策（健康日本21〈第 2 次〉）においては，さらに，ヘルスプロモーションの理念を取り入れ，その基本的な柱の一つに「健康を支え，守るための社会環境の整備」を掲げている．「健康を支え，守るための環境の整備」は，上述のヘルスプロモーション活動の方法の②健康を支援する環境づくりそのものである．また，健康日本21計

画を推進するために法制化された健康増進法（2003年）は，ヘルスプロモーション活動の方法の①健康な政策づくりに該当する．

3）ヘルスプロモーションの実践モデル

　Green と Kreuter（2005）は，ヘルスプロモーションの理念による保健計画の企画と評価のための Precede-Proceed モデルを提示している（図1）．

　ヘルスプロモーション活動を展開するうえでの具体的な手順が示されており，教育戦略（健康教育）と政策・法規・組織への介入調整を通じて，ライフスタイルの変容と環境改善を図り，健康状態や QOL の向上を目指そうとするものである．この図からヘルスプロモーションの最終目的は「QOL」であり，「健康」はそのための資源（手段）であることは明らかである．

　第1段階の「社会アセスメント」は，住民のニーズや QOL をアセスメントし，達成すべき最終的な QOL の目標値を設定する段階である．ここでは，住民参加の重要性が強調されている．

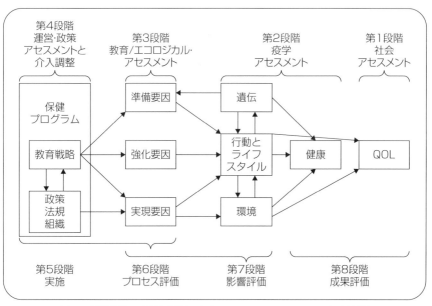

図1　保健計画の企画と評価のための Preceed-Proceed モデル統括図

出典：Green & Kreuter（2005，神馬訳，2005）

第2段階の「疫学アセスメント」は，目標とするQOLに影響する健康問題を特定し，その健康問題を規定している行動・ライフスタイル及び環境要因を明らかにする．そして達成すべき行動目標及び環境目標を設定する段階である．第3段階の「教育／エコロジカル・アセスメント」は，行動変容に先立つ要因としての「準備要因」（知識，信念，価値観，自信など），行動を継続させる要因としての「強化要因」（家族や仲間の反応，専門家の助言，経済的な利益など），行動や環境の変化に先立つ要因としての「実現要因」（保健資源の入手可能性・近接性，条例・法律，保健関連スキルなど）のアセスメントと目標値の設定の段階である．第4段階では，第3段階までのアセスメント結果を実際のプログラムに組み込む段階である．健康教育プログラムの検討と健康教育実施の障害となる政策・法規・組織などを検討するとともに，健康教育のみでは改善が期待できない実現要因への働きかけを調整する段階である．第5段階の「実施」を経て，プログラム評価の段階に入る．Precede-Proceedモデルでは，評価に力点を置いており「プロセス評価」（第6段階），影響評価（第7段階），成果評価（第8段階）から構成されている．

　プロセス評価は，プログラムの進捗に焦点があり，影響評価は準備，強化，実現要因の変化と行動変容／環境の変化に焦点化されている．成果評価は，健康やQOLの向上に焦点を当てている．影響評価はプログラムの即時的・短期的な効果，成果（結果）評価は，プログラムの長期的な効果（Hawe, Degeling, & Hall, 1990）を検証しようとするものである．

4）高齢期のヘルスプロモーションにおける健康とQOL

　高齢期においては，壮年期までの生活習慣病の予防というよりも，老年症候群（転倒，失禁，低栄養，生活機能低下，閉じこもり，うつ，認知機能低下など）への対処が重要な健康課題となってくる．また，高齢期の人々が望む健康観は，活動性の維持や主観的な健康感，あるいは生きがいや精神的充実などを含むQOL（生活の質）向上へと多様な広がりをみせている．

　健康やQOLを含む概念として老年学においては，サクセスフル・エイジング（Successful aging）に関する議論が活発になされてきた．その構成要素として心身機能や社会参加に加えて，スピリチュアリティー（spirituality）（Crowther,

116

Perker, & Achenbaum, 2002）や「老いの超越」とでもいうべきジェロトランセンデンス（gerotranscendence）（Tornstam, 1997）等の概念も議論の的になっている．

野尻（2018）は，「QOL座標理論」を提唱しており，横軸を，「生活機能軸」とし，縦軸を「生活幸せ軸（スピリチュアル軸）」として描き，両軸の合成ベクトルがQOLプロモーションであると定義している．そして21世紀の健康増進は，このような意味におけるQOLプロモーションが重要であるとしている．

高齢者のヘルスプロモーションの展開においては，以上のような「健康」と「QOL」に関わる議論も踏まえながら活動の最終目標を設定することが重要となってくる．

5）ヘルスプロモーション実践の研究手法としてのアクションリサーチ

ヘルスプロモーションの展開において，住民参加や住民主体の視点が重要であることは既に述べた通りであるが，Green & Kreuter（2005）は，保健プログラムの企画，実施，評価へのステークホルダーの参加がいかに重要であるかを強調しており，参加型研究にも言及している．とくに，住民自らが企画デザインに加わることの大事さを指摘している．なお，ステークホルダーとは関与者・関係者のことであり，プログラムの参加者，サービスを受ける人，プログラムの企画に参加した人，組織の代表者等プログラムへの関与者すべてを含んでいる．

参加型（行動）研究は，アクションリサーチと呼ばれており，住民主体の活動を促すための研究手法としても知られている．研究者も現場の実践に参加し，住民との民主的で協働的なかかわりを大切にしながら課題解決を目指そうとするものである．また，アクションリサーチは，効果評価に加えてプログラムの経過（プロセス）評価に力点をおいており，ヘルスプロモーション実践の有用な研究手法の一つであると位置づけることができる．

コミュニティにおけるアクションリサーチの実践的なテキストとして，「高齢社会のアクションリサーチ—新たなコミュニティ創りを目ざして」（秋山，2015）や「アクションリサーチの戦略—住民主体の健康なまちづくり—」（芳賀，2020）が参考となる．

引用文献

秋山　弘子（2015）．高齢社会のアクションリサーチ―新たなコミュニティ創りをめざして―　東京大学出版会

Crowther, M. R., Perker, M. W. & Achenbaum, W. A. (2002). Rowe and Kahn's model of successful aging revised: positive spirituality-The forgotten factor, *The Gerontologist, 42*, 613-620.

烏帽子田　彰（2004）．ヘルスプロモーションの歴史，臨床スポーツ医学, *21* (11), 1213-1221.

Green L.W. & Kreuter M.W. (2005). Health Program Planning. An Educational and Ecological Approach, 4th ed., NY: McGraw-Hill.（グリーン，L. W.・クロウター，M. W. 神馬　征峰（訳）（2005）．実践ヘルスプロモーション　PRECEDE-PROCEED モデルによる企画と評価　医学書院）

郡司　篤晃（1987）．WHO の「ヘルス・プロモーションに関する憲章」，公衆衛生, *51*, 797-802.

芳賀　博（2020）．アクションリサーチの戦略―住民主体の健康なまちづくり―　ワールドプランニング

Hawe, P., Degeling, D. & Hall, J. (1990). Evaluating Health Promotion, New South Weles: MacLennan & Petty Pty.（鳩野　洋子・曽根　智史（訳）（2003）．ヘルスプロモーションの評価―成果につながる 5 つのステップ―　(p. 131) 医学書院）

厚生労働省（2000）．健康日本 21（総論）．https://www.mhlw.go.jp/www1/topics/kenko21_11/s0.html,（2020 年 8 月 20 日）

野尻　雅美（2018）．QOL 座標理論とその展開―あの世も楽しく美しく―　マリヨ企画出版

島内　憲夫・鈴木　美奈子（2012）．ヘルスプロモーション WHO：バンコク憲章　垣内出版

Tornstam, L. (1997). Gerotranscendence: The Contemplative dimension of Aging, *Journal of Aging Studies, 11*, 143-154.

⎛　アクティブ・ラーニング　⎞

＊Preceed-Proceed モデル統括図の「健康」にあてはまる高齢期の問題を一つ取り上げ，それに影響する「行動とライフスタイル要因」，「環境要因」，並びに「準備要因」，「強化要因」，「実現要因」の具体例を示しなさい．

＊高齢社会の課題解決に向けたヘルスプロモーション実践において住民の主体的参加を促す具体策について調べてみなさい．

（芳賀　博）

2. 介護予防

1）介護予防施策について

　2006年の介護保険法改正によって，介護予防が施策の重要な柱となり，そのために地域支援事業が新たに設定され，要支援・要介護状態となる前からの介護予防を推進されることとなった．地域支援事業には「介護予防事業」が創設され，ハイリスクアプローチの観点から，要支援・要介護状態になるおそれの高い者（高齢者人口の概ね5％程度）を特定高齢者とし，全国一斉に介護予防事業を実施することとなった．

　しかし，この介護予防事業，特に特定高齢者施策については特定高齢者数，事業への参加者数が当初の想定と比較して極めて少なく，当初想定した介護予防の効果が十分に見込めないおそれがあることが明らかとなり，2007年4月を目途として「基本チェックリスト」を用いた特定高齢者の決定基準等について見直しをせざるを得ない状況となった．特に基本健診や関係機関における基本チェックリスト実施率を大幅に改善することが必要であり，なかでも生活機能低下者あるいは要支援・要介護となるハイリスク高齢者での高い実施率が極めて重要となった．

　その後，介護予防に関しては「介護予防継続的評価分析事業」によってモニタリングされ，その結果，事業が効果的に展開されるためには，①普段の生活に役割を持ってもらうこと，②認知的活動を活発に行うことが重要であり，さらに③サービス内容としては筋力増強訓練，持久性訓練および日常生活活動に関わる訓練は改善効果の高いことが認められた．また④レクリエーション・ゲームは介護予防効果の低いことも明らかとなった．その後2009年度から介護予防実態調査分析支援事業が実施され，介護予防に関するシステム面での強化と，骨折予防及び膝痛・腰痛対策など個別ニーズに応じた新しいプログラムの導入などの改善が導入された．特に新しいプログラムの導入に関しては，ようやくわが国でも蓄積されてきた転倒予防，栄養改善，失禁予防さらには認知機能低下予防など多くのランダム化比較試験（randomized controlled trial：RCT）の結果を導入し，科学的根拠に基づく介護予防事業を展開してきた．2014年度からは介護予防事業

は新たに介護予防・日常生活支援総合事業の導入に際して地域支援事業の一環として改正され，よりポピュレーションアプローチを重視した事業として継続している（図2）．今後も後期高齢者の激増してゆく超高齢社会にあって，より明確な改善対策に基づく介護予防対策の重要性はより高くなっているといえよう．

２）高齢者における保健事業の現状と課題

　上述のような介護予防事業の展開，特に今後著しく増加すると予測される後期高齢者の健康特性にかんがみて，高齢者の保健事業については，「高齢者の医療の確保に関する法律に基づく保健事業の実施等に関する指針」（2014年3月31日）が決定され，基本的な考え方として，「今後，高齢者の大幅な増加が見込まれる中，加齢により心身機能が低下するとともに，複数の慢性疾患を有すること，治療期間が長期にわたること等により，自立した日常生活を維持することが難しくなる者が多くなると考えられる．このため，高齢者ができる限り長く自立した日常生活を送ることができるよう，生活習慣病をはじめとする疾病の発症や重症

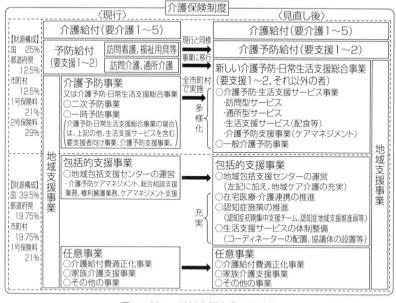

図2　新しい地域支援事業の全体像

出典：厚生労働省（2016）

化の予防及び心身機能の低下を防止するための支援を行うことが必要である.」
とされた.

　一般に，後期高齢者においては，長年にわたる生活習慣を変更することの難し
さや，改善による疾病の予防効果が必ずしも大きくなく，さらに個人差が大きい
傾向があり健康面の不安が生活上の課題となりやすい等の特徴が知られている.
したがってこのような状況から，後期高齢者医療広域連合が実施する後期高齢者
への保健事業に関する国の方針として，①後期高齢者は複数の慢性疾患を有し，
個人差が大きいこと，②心身機能の低下を防止するための支援が必要であること，
すなわち後期高齢者の健康面の特徴である「フレイル」に着目した介護予防事業
を含む広範なかつ効果的な保健事業の重要性について指摘がなされているところ
である．このような流れを受けて，2015年5月27日に成立した国民健康保険法
等改正においては，保健事業を規定する高齢者医療確保法第125条を見直し，①
高齢者の心身の特性に応じた保健指導を行うこと，②介護保険の地域支援事業と
連携を図ること，③保健事業の指針について介護保険の基本指針との調和を図る
ことが新たに規定された．（図3）

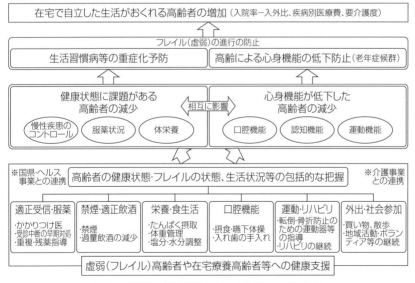

図3　高齢者の保健事業における目標設定の考え方

出典：厚生労働省（2018）

3）フレイルの実態と対策

　フレイルとは，健康障害につながる心身の脆弱な状態であると同時に，ストレスに対する予備力の低下に起因した状態である．その構成要素には身体組成，身体機能，身体活動，疲労，精神心理状態，さらには社会的問題などが含まれる（Province et al. 1995）．しかしフレイルの最大の特徴は，適切な介入によって改善（生活機能の回復）が見込まれる点である．これまで，フレイル（Frailty）は日本語訳として「虚弱」，「衰弱」，「脆弱」などの用語が用いられてきたが，いずれも加齢に伴って不可逆的に老い衰えた状態を想起させてきた．確かにフレイルは高齢者（特に後期高齢者）においてはストレスに対する抵抗性が衰えており，些細な出来事（Minor Events）がきっかけとなって，容易に要介護状態となるリスクが高まった状態であるが，しかし適切な時期に適切な介入をすることにより「健常な状態」に戻る可能性，すなわち生活機能の改善に関する可逆性が存在することが重要なポイントとなる．このような改善・回復可能な状態像は介護予防における非該当高齢者，あるいは特定高齢者と同等ということが言えよう．

　フレイルは高齢期において出現する広範な状態像であるが，中でも身体的フレイルにおけるフェノタイプ（表現型）の中核はサルコペニア（加齢性筋肉量減少症）であり，運動器全体の機能低下となるロコモティブシンドロームということが言える．また精神・心理学的フレイルにはうつ，そして軽度認知障害（MCI）が代表的な状態像であり，さらにフレイルの社会的側面として閉じこもりや独居（孤立化や孤食化）などが出現する（図4）．

　今後著しく増加が見込まれる75歳以上の後期高齢者では特にフレイルの状態に対する知識の普及と予防対策が急務であるが，2019年度より，後期高齢者の特性に応じた適切な対策のためのガイドラインが策定され，高齢者特有の健康課題を把握するため「後期高齢者の質問票」が開発・提示された．低栄養，フレイルや認知機能など特有の健康課題を有する対象者を検出し，必要なサービスにつなげるツールとして活用されることになった．この質問票の役割として，1）中年期から前期高齢者のいわゆるメタボ健診に用いられている特定健康診査の「標準的な質問票」に代わるものとして，後期高齢者に対する健康診査（以下：健診）の場で質問票を用いた問診（情報収集）を実施し，高齢者の特性を踏まえた

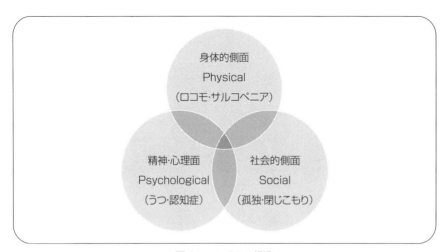

図4　フレイルの構造

出典：著者作成

健康状態を総合的に把握する．2）診療や通いの場等においても質問票を用いて健康状態を評価することにより，住民や保健事業・介護予防担当者等が高齢者のフレイルに対する関心を高め，生活改善を促すことが期待される．3）質問票の回答内容と国保データベース（KDB）システムから抽出した健診・医療・介護情報を併用し，高齢者を必要な保健事業や医療機関受診につなげ，地域で高齢者の健康を支える．4）保健指導における健康状態のアセスメントとして活用するとともに，行動変容の評価指標として用いる．5）KDBシステムにデータを収載・分析することにより，事業評価を実施可能とし，PDCAサイクル（plan-do-check-act cycle）による保健事業に資することなどである．

　また，質問票の構成については，フレイルなど高齢者の特性を踏まえて健康状態を総合的に把握するという目的から，（1）健康状態，（2）心の健康状態，（3）食習慣，（4）口腔機能，（5）体重変化，（6）運動・転倒，（7）認知機能，（8）喫煙，（9）社会参加，（10）ソーシャルサポートの10類型に整理され，これまでのエビデンスや保健事業の実際，回答高齢者の負担を考慮し，15項目の質問で構成されている（表1）．さらに各質問の意義あるいは根拠として，現時点における科学的根拠を明記し，エビデンスに基づく質問票となっている．質問票の最も

多い活用場面としては，健診の事後指導を想定しているが，そこでは対象者の健康状態を把握し，高齢者が前向きに自身の健康のためにできそうなことを見つけることや，自治体や医療機関等が高齢者の健康課題を把握し自治体の保健事業や医療機関につなげることが可能なように配慮されている．

4）フレイルに対する予防対策効果

高齢者に対する運動の効果は多くの研究によって証明されているが，フレイルや転倒による傷害を減少させるために全米での多施設共同介入研究である Frailty and Injuries: Cooperative Studies of Intervention Techniques（FICSIT

表1　後期高齢者の質問票

	質問文	回答
1	あなたの現在の健康状態はいかがですか	①よい　②まあよい ③ふつう　④あまりよくない ⑤よくない
2	毎日の生活に満足していますか	①満足　②やや満足 ③やや不満　④不満
3	1日3食きちんと食べていますか	①はい　②いいえ
4	半年前に比べて固いもの（＊）が食べにくくなりましたか ＊さきいか，たくあんなど	①はい　②いいえ
5	お茶や汁物等でむせることがありますか	①はい　②いいえ
6	6ヵ月間で2〜3kg以上の体重減少がありましたか	①はい　②いいえ
7	以前に比べて歩く速度が遅くなってきたと思いますか	①はい　②いいえ
8	この1年間に転んだことがありますか	①はい　②いいえ
9	ウォーキング等の運動を週に1回以上していますか	①はい　②いいえ
10	周りの人から「いつも同じことを聞く」などの物忘れがあると言われていますか	①はい　②いいえ
11	今日が何月何日かわからない時がありますか	①はい　②いいえ
12	あなたはたばこを吸いますか	①吸っている ②吸っていない ③やめた
13	週に1回以上は外出していますか	①はい　②いいえ
14	ふだんから家族や友人と付き合いがありますか	①はい　②いいえ
15	体調が悪いときに，身近に相談できる人がいますか	①はい　②いいえ

出典：厚生労働省（2019）

trial）が有名である．これは米国の8つの地域において異なる運動介入方法でランダム化比較試験を行った大規模なプロジェクト研究であるが（Province et al., 1995），本研究から筋力増強練習やバランス練習などを含んだ複合的な運動介入，およびバランス練習を行った者において転倒予防効果やフレイル改善効果が認められ，中でも特に太極拳を施行した群において，最も大きい転倒予防効果が認められていると報告されている．最近わが国でもフレイル，あるいはサルコペニアや軽度認知障害（MCI）高齢者に対する運動や栄養によるランダム化比較試験を中心とする介入試験が実施されるようになってきた．たとえばサルコペニアを有する後期高齢女性には運動と必須アミノ酸（特にロイシン高配合）サプリメントの投与は筋量・筋力の増加に有効であり（Kim et al., 2012），MCI 高齢者に対しては多重課題を持つ運動（コグニサイズ）により認知機能の低下抑制や脳萎縮の抑制などが確認されている（Suzuki et al., 2013,）．また，フレイルをもたらす要因のひとつとして，低栄養の予防が重要である．高齢期の健康の維持にはあらゆる栄養素（水分，たんぱく質，炭水化物，脂質，ビタミン，ミネラル）が必要であるが，特にフレイルとなりやすい後期高齢者においては，たんぱく質およびビタミンDの不足に注意する必要がある．ビタミンDについては日本の地域在宅高齢者においても女性の約20％，男性の約5％程度に不足が認められ（Suzuki et al., 2008），転倒骨折の主要な危険因子となっている（Shimizu et al., 2015）．

引用文献

Kim, H., Suzuki, T., Saito, K., Yoshida, H., Kobayashi, H., Kato, H., & Katayama, M. (2012). Effects of exercise and amino-acid supplementation on body composition and physical function in community-dwelling elderly Japanese sarcopenic women: A randomized controlled trial. *Journal of Americam Geriatric Society. 60*, 16-23.

厚生労働省（2016）．社会保障審議会介護保険部会（第58回）参考資料．

厚生労働省（2018）．高齢者の特性を踏まえた保健事業ガイドライン．

厚生労働省（2019）．後期高齢者医療制度の検診において使用している質問票の変更について．保高発0919 第1号．

Province, M. A., Hadley, E. C., Hornbrook, M. C., Lipsitz, L. A., Miller, J. P., Mulrow, C. D.,

...Weiss, S. (1995). The effects of exercise on falls in elderly patients. A preplanned meta-analysis of the FICSIT Trials. Frailty and Injuries: Cooperative Studies of Intervention Techniques. *Journal of Americam Medical Association, 273*, 1341-7.

Shimizu, Y., Kim, H., Yoshida, H., Shimada, H., & Suzuki, T. (2015). Serum 25-hydroxyvitamin D level and risk of falls in Japanese community-dwelling elderly women: a 1-year follow-up study. *Osteoporosis International, 26* (8), 2185-2192.

Suzuki, T., Shimada, H., Makizako, H., Doi, T., Yoshida, D., Ito, K., ...Kato, T. (2013). A randomized controlled trial of multicomponent exercise in older adults with mild cognitive impairment. *PLOS ONE, 8* (4), e61483.

Suzuki, T., Kwon, J., Kim, H., shimada, H., Yoshida, Y., Iwasa, H., & Yoshida, H. (2008). Low serum 25-hydroxyvitamin in D levels associated with falls among Japanese community-dwelling elderly. *Journal of Bone and Mineral Research, 23*, 1309-1317.

（ アクティブ・ラーニング ）

＊高齢期のフレイル予防の具体的な取り組み事例について調べてみなさい．

＊後期高齢者の質問票に，あと５問項目を加えることができるとすると，どのような項目を加えたいか述べなさい．また，その理由をあげなさい．

（鈴木　隆雄）

第 3 章

老化・高齢者と心理

1節　老年心理学の基本的視点

1. 老年心理学の領域

　すでに他の章で紹介したように，老年学は学際的な学問分野である．老年学の中でも，心と体と社会に関する側面は，中核を成しているが，本章で対象とする老年心理学はその一つと位置付けられ，老年学の中で，高齢者の心理や心理機能の加齢・老化を対象とする研究と実践的応用の分野である．

　老年心理学は英語で，gero-psychology と表記されるが，類似の表現に psyco-gerontology がある．後者は日本語に訳せば，心理老年学となる．老年心理学が，心理学の領域の中で，老年期，老化・加齢，高齢者などを対象とするのに対して，心理老年学は，老年学の中で心理的側面を取り扱うという意味となる．厳密にいえば，この違いは研究や実践における対象と方法において異なることを示している．たとえば，物を見ることは，「視覚」という領域として心理学で長い研究の歴史をもっている．老年心理学では，視覚がどのように加齢・老化し，高齢者の視覚の特徴がどのようであるか，という立場が取られるであろう．これに対して，心理老年学では，視覚の加齢や老化，あるいは高齢者の視覚の特徴が，高齢者に，あるいは高齢者の生活に，どのように位置づけられるかということが強調されるであろう．実際的には，こうした区別には大きな意味はないかもしれないし，現時点では，その区別も明瞭ではない．本章は，老年心理学的な視点でまとめられているが，老年学が独立した学問領域として独自の対象と方法が確立されれば，心理老年学が老年学の一領域となるであろうし，老年学ではこうした方向での発展が期待されよう．

　本章では，高齢者個人が，環境から刺激や情報を受け取り処理し，環境に反応や行動として表出し働きかけるという一連の過程における主要な心理機能と，人と人との関わりに重要な役割を演じる老年期の communication の諸側面，そして高齢者の心理臨床的課題を取り上げた．本章で取り上げなかった高齢者の就労

や事故，犯罪などに関する心理的側面も老年学の主要な課題であろう．これらは心理老年学の課題といえようが，今後，研究や実践の発展が望まれる．

2. 老化と生涯発達

　人の一生は，かつて成人の成熟期までは成長・発達あるいは獲得の，その後は老化あるいは喪失の時期と位置付けられていた．しかし，1980年代にバルテスら（たとえば，Baltes, Reese, & Lipsitt, 1980）が，生涯発達の考え方を提唱したことを大きな契機として，成人期の発達が注目されるようになった．成人の発達の特徴には様々な見解があるが，発達課題への取り組みが，乳幼児期や児童期と比較して，主体的，選択的に行われる可能性が高まるという特徴がある．どのような環境の下に出生するかは，自分自身の選択の余地は無い．しかし，年齢が進むにつれて，とくに青年期以降，どのような職に就くか，どのような人を友人とするかなどは，成人の発達に大きな影響を持ち，その人自身の選択の余地が多くなることは明らかであろう．

　生涯発達心理学の視点が導入されることにより，少なくとも心理的側面においては，老年期を，生物学的な老化ではなく，むしろ精神成熟に向かう発達過程と捉えることが可能となった．こうした見解には異論もあろうが，心理老年学の立場からは，高齢者の心理や心理的加齢変化に対する基本姿勢が研究や実践の方向を左右することもあるので，人の一生や老年期，あるいは高齢者や長寿などに対してどのような考えをもって臨むかということを明確にしておくことは有用であろう．当然のことながら，心理機能にも老化による衰退は認められるが，後述する補償を伴う選択的最適化や老年超越の理論，あるいは，百寿者といわれる100歳以上の人が，心身の健康が低下しても主観的幸福感が高く維持されているという研究成果にみられるように，衰退を乗り越えて老年期を適応的に生きることを目指すことが社会老年学の共通の前提の一つであることには異論が無かろう．

　生涯発達の理論としては，Reese & Lipsiffらの主張した見解や，古典的ではあるが現在にも影響を有しているEriksonの漸成発達理論が代表的なものとして知られている．Eriksonは，人の生涯を8つの発達段階に分け，それぞれの段階において特徴的な危機と課題を提唱している．第7段階の成人期には，停滞感とい

う危機を乗り越えて世代性（generativity）を安定的に獲得するという課題があり，第8段階の老年期には，絶望感という危機を乗り越えて統合感を獲得するという課題が指摘されている．第5段階のアイデンティティの拡散と獲得は良く知られているが，その人らしさとしてのアイデンティティは，生涯に亘って発達に大きな影響をもつと考えられる．Erikson の考え方に多くの著作や解説書があるが，生涯発達という観点からは『ライフサイクル　その完結』を紹介しておきたい．この本でも述べられているが，Erikson は晩年に，第9の発達段階としての老年超越も想定している．老年超越に関しては本章で後に述べる．

3. 心理学的側面からとらえた老年期の生活の質

老年期に良い生活の質を維持することは重要な課題であろう．Lawton (1991) は，老年期の良い生活の質の構成要素として，客観的環境，機能的健康，知覚された生活の質，心理的満足感を想定している．生活の質をどのように捉えるかには様々な見解があるが，主観的な幸福感や満足感が重要視されることが一般的である．Lawton の提唱した生活の質は，居住環境や social-network，経済状態などの客観的環境と，自立した日常生活を可能とする行動能力を中核とする機能的健康を必要条件として，自分自身の生活の質をどのように捉えるかという生活の質の知覚を介して，主観的幸福感や心理的満足がもたらされるという因果関係を想定することができる．

心理老年学から高齢者の生活の質の維持向上を考える際には，心理的満足感を目指し，それを正確に測定することは有意義である．しかし，満足感や幸福感という主観的要因には直接介入することが困難であるので，生活の質を高く維持するための方策を検討するためには，満足感や幸福感に関連するとされている要因，すなわち，客観的環境，行動能力・機能的健康および生活の質の知覚にもとづく評価に影響する心理的要因を明らかにすることも重要であろう．

引用文献

Baltes, P. B., Reese, L. P. & Lipsitt,L.P. (1980). Life-span developmental psychology. *Annual Review of Psychology.* 31, 65-100.

Lawton, M. P. (1991). A multidimensional view of quality of life in frail elders. In J. E. Birren., J. E. Lubben, J. C. Rowe., & D. E. Deutchman. (Eds.). *The concept and measurement of quality of life in the frail elderly*. (pp.3-27). CA: Academic Press Inc.

参考文献

Erikson, E. H., & Erikson, J. M. (1997). *The life cycle completed: a review expanded edition.* NY: W. W. Norton & Company, Inc.（エリクソン，E. H.・エリクソン，J. M. 村瀬　孝雄・近藤　邦夫（訳）(2001)．ライフサイクル，その完結（増補版）みすず書房

松田　修（編著）(2018) 最新老年心理学：老年精神医学に求められる心理学とは　ワールドプランニング

⌒ アクティブ・ラーニング ⌒

＊高齢者の心理を理解する際に前提となることはどのようなことで，それは，どのような意味を持っているか考えなさい．

（長田　久雄）

　私たちが適応的に行動するためには，外界からの情報を適切に受け取ることが必要である．この役割を担っているのが感覚・知覚である．感覚とは，目，耳，鼻などの感覚器官で情報を受容したことで生じる単純な過程であり，知覚は，過去の経験や思考，知識などの影響を受ける，より複雑な高次の過程である．しかし，感覚と知覚は一般にはあまり明確に区別されず，連続した心の働きとして捉えられている．感覚には，五感（視覚，聴覚，嗅覚，味覚，皮膚感覚）の他に，固有覚，前庭覚，内臓感覚などがある．また独自の感覚器官をもたない特殊な知覚として，時間知覚がある（一川，2008）．感覚・知覚の機能は，一般に老化による低下が認められやすいが，個人差も大きい．この節では，主に加齢による五感の機能低下とその影響，および機能低下への対応について述べる．

1．加齢による感覚の変化

1）視覚の変化

　視覚機能には，視力・色覚・順応・視野・動体視力などが含まれる．加齢に伴う眼の構造上の変化や眼から大脳皮質の一次視覚野へ至る経路の生理的変化により，これらの視覚機能はさまざまな影響を受ける．また，白内障，緑内障や加齢黄斑変性などの眼疾患の罹患によっても影響を受ける．

　40歳代後半から目のかすみや物を見づらいといった自覚症状を訴える人が増加する（厚生労働省，2011）．近見視力は40～50歳代から低下し始め，65歳以上では急激に低下する．水晶体の硬化や毛様体筋の衰退によって，焦点調節能力が低下し，近くのものが見えにくくなるためであり，これが老視（老眼）である．遠くのものを見る遠見視力は，60歳頃までは比較的一定の水準を保つが，60歳代以降は急速に低下するといわれている．

　加齢に伴い水晶体が透明から黄色へと変性するために，色覚に変化が生じる．水晶体の変化は40代頃から徐々に生じ，40～50歳代頃より色覚の識別能は低下

する．物が黄色がかって見え，短い波長の青色から黄色の弁別力が低下する．赤系統の色覚は比較的保たれる．白内障によって水晶体が白濁することで，視力低下や霧視をきたす．白内障の主な要因は加齢といわれ，60歳代以降急増し，80歳代ではほぼ100％が罹患する．

　順応の速度は遅延し，閾値も上昇する（ロノ町，2007）．これは，加齢により網膜上の光の受容器の機能低下と瞳孔の調節機能が低下するために生じる．明順応より暗順応の方が加齢の影響が顕著である．また，高齢者が若年者と同じ視力を得るためには，高い照度を必要とする一方，グレアと呼ばれる光の乱反射が増大し，まぶしさを感じて見えにくくなることがある（岡嶋，2010）．

　視野は，60歳を過ぎる頃から，全体的に狭まるが，特に前方上方視が困難になる（石原，2003）．眼球運動が可能な範囲が上方視において制限されるためと考えられているが，視野狭窄によって生じる場合もある．周辺視や奥行き知覚なども低下する．生理的変化だけでなく，眼疾患によっても視野の欠損や狭窄が生じる．代表的な眼疾患は，緑内障と加齢黄斑変性であり，これらは日本における失明原因の上位を占めている．緑内障は初期には自覚症状がなく，病状の進行とともに視野の欠損や狭窄が起こる．眼圧の上昇によって視神経が損傷すると考えられていたが，近年は眼圧が上昇しない正常眼圧緑内障が日本人に多いことが明らかになった（日本緑内障学会，2012）．加齢黄斑変性によって視力低下や中心部分が歪んで見える歪視力や中心部分が見えなくなる中心暗点などが起こる．

　動体視力は，中年後期からは前後方向，老年前期からは横方向が低下する（丹羽・田口・松田・榊間・森本，2014）．

2）聴覚の変化

　聴覚は，言語コミュニケーションや危険の察知において，重要な役割を担っている．また，音楽や虫の音など，音を楽しむことが出来るのも聴覚の働きによる．

　加齢による聴力低下は，加齢性難聴（以前は「老人性難聴」と呼ばれていた）として知られている．加齢性難聴とは，加齢以外に特別な理由がない左右対称の高音漸傾型感音難聴とされている．最初は高音域から，進行すると低音域も閾値が上昇する．50歳代前半まではなだらかに，60歳以降は急激に聴力が低下する．80歳以上では，男性の80％，女性の70％以上に難聴が認められる．しかし，聴

覚の加齢変化は個人差が大きく，80歳でも補聴器を必要としない人もいる．難聴のリスク要因として，騒音暴露の年数や糖尿病，動脈硬化，虚血性心疾患などの全身性基礎疾患（内田・中島・新野・安藤・下方，2004）が知られている．

　加齢性難聴は，蝸牛内の有毛細胞の脱落や変性，中枢神経の変化によって生じる．それにより音が小さく聞こえるだけでなく，歪んだり途切れたり聞こえ，語音明瞭度が悪化する．有毛細胞は蝸牛の入り口に近いところから壊れていくため，高音域から聴力が低下する．また，リクルートメント現象（補充現象）もあることが多く，小さな音は聞きとりにくく，大きな音はうるさく感じ，ちょうどよい音量の範囲が狭い．情報処理速度も鈍るため，早口は聞きとりにくくなる．加齢性難聴は徐々に進行することや，聞こえない音は存在していないと認識されるため，本人に自覚がないことが多い．

　加齢性難聴の主な特徴をまとめると以下の通りである．①高い音が聞きとりにくい，②子音が聞きとりにくい：「一時（イチジ）」と「七時（シチジ）」などが正確に聞きとれない，③音源定位能力の低下：グループの会話では誰が話をしているのかわかりにくく，ついていけない，④背景雑音がある状況での聞きとり困難：賑やかなレストランでは，話が聞きとりにくい，⑤リクルートメント現象がみられる，⑥高齢者本人に自覚がないことが多い．

　加齢性難聴によって，高音が聞こえにくくなると，脳は聞こえにくい音刺激を増幅するために，過度に反応をする．それによって「キーン」といった高い耳鳴りが生じる．耳鳴りの有病率は65歳以上の高齢者では，約30%といわれている．難聴の自覚では耳鼻科を受診しないことが多いが，耳鳴りがする場合は，受診する高齢者が多い（佐野・森田・奥山・伊藤・長田，2016）．

3）嗅覚・味覚の変化

　嗅覚も味覚も加齢による生理的変化によって，その機能が低下するが，いずれもその低下は緩やかである．嗅覚は嗅細胞の減少，嗅神経，脳の機能低下が原因と考えられているが，一致した結論は得られていない．嗅覚の加齢変化も個人差はあるが，一般に50歳代から機能低下が始まり，60歳代以降で顕著となる（岩本，2014）．

　アルツハイマー型認知症やパーキンソン病の初期症状としても嗅覚の障害が発

現することや，頭部の外傷や薬剤による影響も指摘されている．

　味覚の加齢変化は，以前は舌に分布する味蕾が減少するためと考えられてきたが，近年は味蕾を構成する味覚受容体細胞の細胞回転が遅くなることが原因であると推測され，亜鉛の摂取不足が味細胞のターンオーバーへ影響することが報告されている（矢島，2014）．一般には，高齢者は濃い味つけを好むといわれている．高齢者は若年者よりも，塩味，甘味，苦味で有意に閾値が高いという報告や，男性よりも女性の方が味覚識別能は敏感であるなど，さまざまな報告があるが，統一的な見解には至っていないようである．高齢者の味覚障害には，歯牙の欠損，唾液分泌量の減少，全身性疾患や薬物などが関与するといわれている．

4）皮膚感覚の変化

　皮膚感覚には，触覚，温度覚（温覚，冷覚），圧覚，痛覚などがある．触点，温点，冷点，痛点などの感覚点といわれる感覚受容器が刺激を受け，大脳皮質の体性感覚野に伝えられることで，温感や痛みなどの感覚が生じる．加齢によりこれらの機能が低下すると，熱さや痛みなどへの反応が鈍くなり，身体の防衛機能が低下する．たとえば，50歳以下では0.5度の温度差が弁別できるが，65歳以上の高齢者になると，弁別には約1.0〜5.0度の温度差が必要になる（北川，2004）．特に，足部は刺激が大きくならないと温感を感じにくいため，床暖房などでは低温火傷にならないように注意が必要である．

2. 加齢変化が日常生活へ及ぼす影響と対応

1）視覚

　日常生活の困難としては，「新聞の文字が読みにくい」（29.9％）や，「薬の説明書が読みにくい」（20.5％）などが多くあげられている（川口・庄山・團野・折原，2005）．照明を落としたレストランで，メニューが読めないということもある．

　視力の低下と色覚の変化が生じると，明暗差やコントラストのない色の物の識別が困難になる．例えば，白いお茶碗に白いお米をよそったのではわかりにくい．食品と食器に色のコントラストをつけることで，高齢者には見えやすくなる．

　視機能の低下により段差や緩やかなスロープが認識しにくい場合，転倒の危険

性がある．順応に時間がかかるため，車を運転中，トンネルを通過する際に，恐怖感や不適切な運転動作が生じかねない．

　視力の低下に関しては，適切な眼鏡などを装着することが，一般的な対応である．最近は，スマートホンを活用することで，見えにくさを補償することが出来るようになった．小さくて読めない文字は，スマホを使用し，拡大をすれば読める．照明を落としたレストランでも，スマホのライトをつければメニューを読むこともできる．もちろん，文字の大きさや照明，配色等を高齢者に配慮したユニバーサルデザインを導入し，環境に整備することも必要である．

　また，眼疾患は早期治療が重要である．白内障は多くの高齢者が罹患するが，20分程度の手術により改善がみられる．高齢者のQOLを考えると，早期発見，早期治療が望ましい．眼疾患の予防や早期発見のためにも，高齢者は定期的に検診を受けることが重要である．

2）聴覚

　難聴が日常生活に及ぼす影響のうち，言語コミュニケーションへの影響は最大であろう．挨拶をしても返事をした／しないといったコミュニケーション上のトラブルが生じたり，高音が聞こえにくくなるので，子音の弁別が困難になり，聞き返しや聞き間違いが多くなったりする．周囲に雑音がある場所や複数の人物が同時に話をしている場合には，話を聴き分けることが困難になる．このような聞こえの問題によって，他者との関わりを避け，閉じこもりや社会的孤立に陥ることもある．その他にも家電製品のビープ音，背後からの車の音，緊急避難放送などが聞こえにくい．病院の待合室やスーパーのレジでも自分の名前や金額などが聞きとれないといった困難もある．また，ウイルス感染対策としてマスク着用は重要であるが，マスクをつけての会話は高齢者にとっては，大変聞きとりにくい．聴力の低下によっても転倒の危険性も報告されている（Lin & Ferruci, 2012）．

　また，抑うつ状態（Saito et al., 2010）や認知症との関連性（Lin et al., 2011）も指摘されている．Livingston et al.（2020）は，予防可能な認知症のリスクは40％で，そのうち最大のリスク要因は難聴の8％としている．難聴と認知症の関連メカニズムに関しては，まだ解明されておらず，共通原因仮説，カスケード仮説，認知負荷仮説の3つの説があげられている．共通原因仮説は，加齢による脳

の老化には，難聴と認知症に共通する神経変性プロセスがあるというものである．カスケード仮説とは，難聴による直接的・間接的な影響が積み重なり，認知機能の低下をもたらすというものである．認知負荷仮説は，認知的資源の多くを聴覚的な処理に使うことで，神経変性や脳の萎縮が加速するというものである．このメカニズムは今後解明されていくだろうが，難聴と認知症を予防するためには，騒音暴露を避け，良質の睡眠，バランスのよい食事，適度な運動をすることが肝要である．

　難聴になった場合は，できるだけ早期に補聴器を装用することが望ましい．難聴が完全に治ることはないが，聞こえはある程度改善できる．最近の補聴器は性能もよくなってきているため，きちんと調整をした補聴器を使用すれば，日常生活で困ることは減少する．しかし，難聴を自覚していても，多くの高齢者が耳鼻科を受診しない（佐野他，2016）．一般の高齢者は，補聴器の販売ルートや認定補聴器技能者，補聴器の調整等について知らないことが多い．そのため通信販売等で調整しないまま補聴器を購入してしまい，その結果，タンス補聴器（使用せずタンスにしまったままにすること）にしていることが多い．これらの情報を高齢者たちに提供し，補聴器や人工内耳による補聴と聴覚リハビリテーションが，適切に行われることが重要である．その他に，コミュニケーションの工夫として，「相手に表情を見せながら」「適度にゆっくりと」「はっきりと」話をすることや，わかりにくかった場合は「言い換え」たり，「筆談」で示すことなどがあげられる．

　前述の通り，加齢性難聴は徐々に進行するため気づきにくい．したがって，50歳代以降は，10秒程度でできる簡単なセルフチェック（佐野他，2018）を実施し，少しでも聞こえにくいと感じたら，耳鼻科を受診すべきである．また，視覚同様に，定期的な検診を受けることが大切である．

　ひとつの感覚機能が失われたときに，その感覚の脳の領域がその他の感覚機能に利用されるようになることを，クロスモーダルな可塑性という．例えば，難聴者では音刺激が脳に伝わりにくいため，聴覚をつかさどる聴皮質は，視覚や体性感覚の情報処理に使われるようになる（Campbell & Sharma, 2014 ; Cardon & Sharma, 2018）．さらに，聞こえにくい音を捉えようと音声にも集中するために，

前頭葉も活性化される．つまり，脳の中で代償が行われることにより，多くのリソースが使われることになる．それによって，実行機能，処理速度やワーキングメモリーが低下すると考えられている．

　これらの脳の再編成は，加齢性の難聴であっても，また比較的初期の軽中度難聴でも生じる（Glick & Sharma, 2017）．適切に調整をしていない補聴器を使用しているときも，同様の脳の変化が生じる．したがって難聴になった場合，早期に，適切に調整をした補聴器を装用することが肝要である．

3）嗅覚・味覚

　嗅覚や味覚の機能低下は，視聴覚の機能低下と比較して軽視されやすいが，高齢者の健康，危険の察知や豊かな生活に影響を与えるため，非常に重要である．嗅覚機能が低下すれば，食品の腐敗に気づかない，ガス漏れや鍋を焦がすなどの危険を察知することが困難になる．また，自身の口臭や体臭に対する敏感さの低下は，衛生面の課題としてあげられる．さらに，食欲の低下などにも影響する．

　ガス漏れ等については，警報機の設置などによる環境対策が，食品や自身のにおいについては，遠慮なく意見を聴くことのできる友人や関係者も必要となる．

　また，嗅覚を刺激することで，認知機能の働きを活性化する試みも行われている．あるにおいを嗅ぐことで，過去の記憶を鮮明に想起する現象をプルースト効果というが，高齢者を対象とした回想法の手がかりとして，におい刺激を使うこともある．

　味覚は嗅覚とともに，食事の摂取にも関連しており，これらの機能低下により食欲が減退する可能性がある．味覚の変化により，本人も気づかぬ間に濃い味付けに偏り，塩分の過剰摂取につながる．また，高齢者は一般に，同じ食品を摂ることが多くなり，栄養が偏りやすいことも指摘されている．

　食欲の低下予防のためには，若い頃からバラエティのある食事を心掛けることが必要である．また，濃い味つけにならないよう，できるだけ計量スプーンを用いることが望ましいといわれている．そして，自身の味覚の変化に気づくことが重要である．例えば，孤食を避け，家族や友人たちと食事をすることにより，食事を楽しめ，同時に，自身の味覚の変化にも気づくチャンスになる．独居老人が増加すると予測される超高齢社会において，孤食を減らし，いかに「共食」を実

現させていくかが課題となるだろう.

4）皮膚感覚

触覚については，皮膚感覚や手指の巧緻性の低下に伴い，小さなボタンを留めることや，硬貨を財布から取り出すといった日常生活でさまざまな困難が生じる．また，温度に対する感度が低下しているため，火傷や低温火傷の危険性が高まる.

温度感の低下への対応では，家族が気配りをすることが望ましい．高齢者の一人暮らしや高齢者世帯では，他の感覚機能も低下している高齢者自身が気をつけなければならず，このようなところに新しいサービスや商品開発が求められる．触覚や手の巧緻性の低下についても同様のことが言える.

3．感覚の加齢変化と老性自覚

高齢者であるという自覚を老性自覚という（橘，1971）．老性自覚には，身体的，心理社会的要因が複合的に関連しているといわれている．橘（1971）によれば，身体の病的変化などを理由に老いを自覚することはきわめて少数で，多くは加齢による身体的変化をきっかけに老性自覚が生じる．つまり，この節でみてきたような視覚・聴覚などの知覚機能低下や疲労しやすい，疲労回復が遅い，歩行不自由などがきっかけとして，老いを自覚するようになる（橘，1971；遠藤他，2014）．渡邊・嶋田・前田・内田・熊王（2000）によれば，老性自覚は，視力の低下，体力の低下，物忘れ，記憶力の低下の順で高かったとある．心理社会的要因としては，定年退職といった社会的役割の喪失などがあげられる.

老性自覚には個人差があるが，身体的，心理的，社会的な加齢変化をどのように受け止めるかによって，高齢期を自分らしく，自立した幸せな生活を送れるかが異なると考えられる．たとえば，聴力が低下した高齢者が，その加齢変化を認め，受け入れ，補聴器をつけ，コミュニケーションの工夫をし，好きな活動を楽しんでいれば，その生活に満足するだろう．これはサクセスフル・エイジングや補償を伴う選択的最適化とも関連する（Baltes & Baltes, 1990）．なお，サクセスフル・エイジングと補償を伴う選択的最適化に関しては第6節を参照のこと．一方，自身の老いを認めなかったり，認めたとしても，「高齢者になれば聞こえなくても仕方がない」といった考えをもち，補聴器を拒んだりすれば，のちに他

者とのコミュニケーションを避け，閉じこもってしまう可能性もある．自己の状態を適切に認識し，適切に対処することは重要である．

　江上・橋本（2017）は，老化の受容と主観的幸福感ならびに老化の受容と達成感に正の相関が認められたとし，人生における目標をある程度達成することが老化の受容に必要と考察している．知覚機能の低下などから老いを自覚し始めてから，どのように受容していくのか，高齢者の適応や well-being への影響については，これから期待される研究分野である．

引用文献

Baltes, P. B., & Baltes, M. M. (1990). Psychological perspectives on successful aging: The model of selective optimization with compensation. In Baltes, P.B., & Baltes, M. M.(Ed.), *Successful aging: Perspectives from the behavioral sciences.* Cambridge:. Cambridge University Press.

Campbell, J., & Sharma, A. (2013). Compensatory changes in cortical resource allocation in adults with hearing loss, *Frontiers in Systems Neuroscience, 7,* article 71.

Cardon, G., & Sharma, A. (2018). Somatosensory cross-modal reorganization in adults with age-related, early-stage hearing loss, *Frontiers in Human Neuroscience, 12,* article 172.

江上　智章・橋本　久美（2017）．高齢者における喪失の受容と関連要因の検討，北海道心理学研究，*35*, 55.

遠藤　忠・村山　憲男・佐々木　心彩・蛯名　直美・小野寺　敦志・内藤　佳津雄・長嶋　紀一（2014）．老性自覚に関する研究（2）―主観的 QOL，社会活動性，心身機能および生活状況との関連性について―，日本心理学会第 78 回大会発表論文集，1094.

石原　治（2003）．高齢者の認知機能とバイオメカニズム，バイオメカニズム学会誌，*27* (1), 6-9.

一川　誠（2008）．大人の時間はなぜ短いのか　集英社

岩本　俊彦（2014）．高齢者の嗅覚・味覚，Geriatric Medicine（老年医学），*52* (4), 418-419.

Glick, H., & Sharma, A. (2017). Cross-modal plasticity in developmental and age-related hearing loss: Clinical implications. *Hearing Research, 343*, 191-201.

川口　順子・庄山　茂子・團野　哲也・栃原　裕（2005）．高齢者の生活環境における色彩弁別能力及び視力の影響．人間と生活環境，*12* (1), 21-26.

北川　公路（2004）．老年期の感覚機能の低下―日常生活への影響，駒澤大学心理学論集，*6*,

53-59.

厚生労働省（2011）. 平成22年国民生活基礎調査の概況. https://www.mhlw.go.jp/toukei/ saikin/hw/k-tyosa/k-tyosa10/（2021年8月5日）

ロノ町　康夫（2007）. 高齢者における視知覚　大山　正・今井　省吾・和氣　典二・菊地　正（編）新編　感覚・知覚心理学ハンドブック Part 2 (pp.252-261) 誠信書房

Lin,. F. R., Metter, E. J., O'Brien, R. J., Resnick, S. M., Zonderman, A. B., & Ferrucci,. L. (2011). Hearing loss and incident dementia. *Archives of Neurology, 68* (2), 214-220.

Lin, F. R., & Ferrucci, L. (2012). Hearing loss and falls among older adults in the United States, *Archives of Internal Medicine, 172* (3), 369-371.

Livingston, G., Huntley, J., Sommerlad, A., Ames, D., Ballard, C., Banerjee, S., ...Mukadam, N. (2020). Dementia prevention, intervention, and care. report of the Lancet Commisions 2020, *Lancet, 396*, 413-446.

日本緑内障学会：日本緑内障学会多治見緑内障疫学調査報告（2012）. http://www. ryokunaisho.jp/general/ekigaku/tajimi.html（2021年8月5日）

丹羽　さよ子・田口　朋子・松田　史代・榊間　春利・森本　典夫（2014）. 地域在住高齢者の視機能と関連要因の検討, 鹿児島大学医学雑誌, *65* (2), 37-47.

岡嶋　克典（2010）. 視覚の加齢変化：基礎と応用. *Journal of the Illuminating Engineering Institute of Japan, 94* (3), 171-175.

Saito, H., Nishiwaki, Y., Michikawa, T., Kikuchi, Y., Mizutari, K., Takebayashi, T., & Ogawa, K. (2010). Hearing handicap predicts the development of depressive symptoms after 3 years in older community-dwelling Japanese. *Journal of American Geriatric Society, 58* (1), 93-97.

佐野　智子・森田　恵子・奥山　陽子・伊藤　直子・長田　久雄（2016）. 地域在住高齢者の難聴の自覚と受診との関連. 老年学雑誌, *7*, 17-30.

佐野　智子・森田　恵子・奥山　陽子・伊藤　直子・長田　久雄（2018）. 加齢性難聴の早期発見に向けた指こすり・指タップ音聴取検査の妥当性の検討, 日本公衆衛生雑誌, *63* (6), 288-299.

橘　覚勝（1971）. 老年学　その問題と考察　誠信書房

内田　育恵・中島　務・新野　直明・安藤　富士子・下方　浩史（2004）. 加齢および全身性基礎疾患の聴力障害に及ぼす影響, Otology Japan, *14*, 708-713.

矢島　南弥子（2014）. 高齢者の栄養と味覚, 咀嚼・嚥下能力の特徴, 地域リハビリテーション, *9* (2), 111-115.

渡邊　裕子・嶋田　えみ子・前田　志名子・内田　美樹・熊王　美佐子（2000）．高齢者の老性
　　自覚と老いに対する家族の意識，山梨県立看護大学短期大学部紀要, *6* (1), 113-123.

参考文献

大川　一郎・土田　宣明・宇都宮　博・日下　菜穂子・奥村　由美子（編）(2011)．エピソー
　　ドでつかむ老年心理学　ミネルヴァ書房

長田　久雄・佐野　智子・森田　恵子（2015）．高齢者の感覚の特徴，老年精神医学雑誌, *26*
　　(3), 305-317.

Schaie, K. W., & Wills, S. L. (2002). *Adult Development and aging* 5th ed. London: Pearson
　　Education.（シャイエ，K. W.・ウィリス，S. L. 岡林　秀樹（訳）(2006) 第5版 成人発達
　　とエイジング　ブレーン出版）

⌒（　アクティブ・ラーニング　）⌒

＊感覚機能の低下が高齢者の生活に及ぼす影響についてまとめなさい．

＊感覚機能の低下を補うための方法について考察しなさい．

＊感覚機能の低下と老性自覚，well-bing との関連性について考察しなさい．

（佐野　智子）

3節　記憶の加齢変化と高齢者の特徴

　加齢とともに起こる認知機能の低下の中でも，記憶力の低下は最も広く知られている．しかし，記憶と一言で言ってもその様相は多面的であり，すべての記憶に関する機能が加齢とともに必ずしも低下するわけではない．ここではまず記憶の分類とその測定方法について概観し，次に高齢者の記憶に関する研究について触れることとする．

1. 記憶の分類

　記憶の分類にはいくつかの種類（切り口）がある．まず，心理学における古典的な分類として，短期記憶と長期記憶という記憶の処理過程に着目した分類がある．短期記憶は貯蔵時間が数十秒以内で，リハーサルを続けないと消去してしまう記憶であり，長期記憶は，短期記憶の処理が進み永続的に貯蔵されたものとされている．

　長期記憶はどのような情報が貯蔵されているか，情報の種類によってさらに分

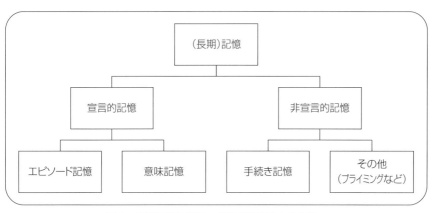

図1　長期記憶の分類 ―情報の種類による分類―

出典：Squire（1987　河内訳　1989）.

類される（図1）．まず，言葉にできる記憶である宣言的記憶と言葉に出来ない記憶である非宣言的記憶とに分けられる．宣言的記憶はさらにエピソード記憶と意味記憶の二つに分類される．エピソード記憶とは，「一昨日公園を散歩した」「2019年に日本でラグビーワールドカップがあった」というような出来事の記憶，体験の記憶である．意味記憶は「信号機の赤色は止まれの意味」，「イタリアの首都はローマである」といった知識や概念の記憶である．前者は「いつ，どこ」という情報を伴う記憶であるが，後者はそれらを伴わない一般的な知識となって保存されている記憶と考えられている．他方，非宣言的記憶には，自転車の乗り方，キーボードの入力方法など，技能に関する記憶である手続き記憶等が含まれる．

　また医療領域でよく用いられる情報の保持時間による分類では，干渉を挟まない短い範囲の即時記憶（電話をかける間だけ電話番号を覚えておく），数分〜数日程度の近時記憶（先程のこと，先週のこと），昔の出来事の記憶である遠隔記憶（自分が子どもの頃のこと；自伝的記憶，大きな事件；社会的出来事の記憶）に分けられる．なおこのうち即時記憶は上述の短期記憶に該当し，近時記憶と遠隔記憶はエピソード記憶に該当する．

　このほかにも想起意識の有無に着目した顕在記憶と潜在記憶がある．前者はエピソード記憶のように，思い出そうという意識をもってある経験を思い出すもの，後者は手続き記憶などのように記憶しているという実感がなく記憶されたものを指す．さらに展望記憶という概念もある．これは，これから先（未来に）やることを覚えておいて適切なタイミングに思い出すというものであり，エピソード記憶の一種といえる．

　作業記憶（ワーキングメモリ）はある作業を行う間だけ使用する事柄を覚えておくという記憶である．例えば数字の逆唱課題において，言われた数字列を頭にとどめておいて，それを逆の順序から思い出していくような作業をする際に使用されるものと想定されている．

2. 記憶の測定

　記憶の測定は多くの場合机上の検査として実施される．用いられる検査には，言葉を覚えさせる言語性の検査と主に図形などを覚える視覚性検査がある．言語

性の検査の代表的な方法としては，単語リストを複数回反復して覚えさせる単語リスト学習や，二つの対になった言葉を覚えさせ，検査者が一つ目の言葉を言って二つ目の言葉を想起させる対連合学習がある．また新聞記事のようなひとまとまりの物語を聞かせる方法もよく用いられる．

これら覚えさせたものを想起させる方法にもいくつかの種類がある．まず，自発的に思い出す再生，複数の候補の中から見た（聞いた）ものを選択させる再認という二つの方法がある．また，これらには刺激を与えられた直後に想起させる直後再生・再認と30分程度の時間を空けてから想起させる，遅延再生・再認がある．

一方，視覚性の記憶検査としては，図版を見せて覚えさせ，直後再生・再認，遅延再生・再認を行うものや，模写を促してから同様の手続きを行うものがある．

言語性検査と視覚性検査を含む記憶検査バッテリーとしては，日本版ウェクスラー記憶検査 Wechsler memory scale-revised（日本版 WMS-R）が広く用いられている．他方，記憶の実用的な能力をみる目的で日常生活に酷似した状況下において記憶を評価するリバーミード行動記憶検査 The Rivermead behavioral memory test（RBMT）がある．このほかに遠隔記憶の検査としてインタビュー方式で行う検査もある．

3. 高齢者の記憶に関する研究

記憶に関しては健常高齢者を対象とした多くの研究がある．若年者と高齢者に同じ記憶課題を実施して，両者の成績の比較から加齢の影響を受けて低下しやすい記憶と比較的保たれやすい記憶があることが明らかにされている．

加齢の影響を比較的受けにくいのは，短期記憶／即時記憶，また意味記憶，手続き記憶である．短期記憶のように，今言われたことを単純に復唱するような機能は歳をとっても比較的保たれやすい．しかし，それに何らかの認知的課題が付加されるようなワーキングメモリは加齢の影響が顕著である．

複数の研究のメタ分析の結果，長期記憶のうち，エピソード記憶は加齢の影響を非常に受けやすいというのが共通する見解であった．それに対し，意味記憶や手続き記憶，すなわち一旦身につけた知識や技能に関しては保持されやすいこと

が報告されている.

　高齢者の自伝的記憶に関する研究からは認知症者を含む高齢者の心理臨床に役立つ知見が得られている. Rubin, Wetzler, & Nebes (1986) は,「単語手がかり法」という実験手続きを用いて自伝的記憶に関する研究を行った. 彼らはまず被検者に「喜び, 本」などの単語を呈示し, その単語から想起される自身が経験した出来事を自由に再生させた. その後, その出来事が起こった日付を報告させて, 人生の中でどの年代に思い出せた事柄が多いかを記憶頻度として分析した. そしてこの手法を用いた3つの研究から70名の高齢者に関するメタアナリシスを行った. その結果, 最も記憶頻度が高かったのは, 最近の出来事であったが, 興味深いことに保持時間が41年から50年, つまり本人にとっての青年期(被検者が21歳〜30歳であった時代)でも頻度が高くなる傾向がみられた. これをレミニセンスバンプと呼ぶ. この時代は, 学校を卒業して, 就職, 結婚, 子育てなど忙しくも充実した毎日を送っていたであろうこの時代は多くの人にとって人生の中で最も輝いていた時代であろうと推測される.

　このレミニセンス・バンプの存在は, 高齢者を対象とした回想法(174ページ参照)と呼ばれる心理療法において, 過去の輝いていた時代のことを思い出すことの有用性を裏付けている. さらに記憶障害がある認知症高齢者を対象とした回想法においては, 近時記憶の障害は著しいものの, 遠隔記憶, すなわち青年期の体験の記憶は保たれやすいという障害の特徴を活用する根拠にもなっている.

　最近の研究としては, 机上の検査では測れない日常生活を送る上での記憶についての研究も注目されている. 例えば記憶に関する自己認識であるメタ記憶が健常高齢者では若年者よりも保たれているという報告があり, またそれは机上の検査成績とは関連性がないことが明らかにされている(島内, 2012).

引用文献

Squire, L. R. (1987). *Memory and Brain*. New York: Oxford University Press. (河内　十郎訳 (1989). 記憶と脳　医学書院)

Rubin, D. C., Wetzler, S. E., & Nebes, R. D. (1986). Autobiographical memory across the life span. In D. C. Rubin (Ed.) *Autobiographical memory* (pp. 201-221). Cambridge: Cambridge

University Press.

島内　晶（2012）．高齢者のメタ記憶における自信度および虚偽記憶との関連性：サクセスフル
　　エイジングの観点から．行動科学, *50*, 1-7.

参考文献

佐藤　眞一・権藤　恭之（編著）（2016）．よくわかる高齢者心理学．ミネルヴァ書房．

松田　修（編著）（2018）．最新老年心理学 老年精神医学に求められる心理学とは　ワールドプ
　　ランニング

増本　康平（2018）．老いと記憶 - 加齢で得るもの，失うもの　中公新書

---(アクティブ・ラーニング)---

＊記憶の分類について整理しなさい．

＊レミニセンスバンプと認知症の人の遠隔記憶を用いた回想法について調べなさ
　い．

（植田　恵）

4節　知能の加齢変化と高齢者の特徴

1. 知能とは何か

　高齢者の知能の話をする前に，知能とは何かについて整理しておきたい．数々の知能検査を開発してきたWechsler（1944）は，「知能とは，目的的に行動し，合理的に思考し，効率的に環境を処理する個人の総体的能力である」と操作的に定義した．そして，知能は言語性の課題と動作性の課題によって測定されるべきであるとして，言語性検査と動作性検査の二領域の下位検査を設け，それらを統合して知能指数を算出することを試みた．この考え方は知能の多因子説と呼ばれるHorn & Cattell（1963）の考え方につながる．彼らは，知能を結晶性知能と流動性知能とに分け，前者は過去の学習経験の積み重ねにより獲得される能力であり，後者は過去の学習経験だけでは対応しきれないような，新しい学習や環境に適応し，柔軟に対応するための問題解決能力であると定義している．すなわち，結晶性知能はWechslerらの動作性検査，流動性知能は言語性検査にほぼ該当するものである．

　その後，Carroll（1993/2005）はHorn & Cattellの研究をさらに深化させたCHC（Cattell-Horn-Carroll）理論を打ち立てた．Carrollは，世界各国で実施された460以上の知能検査の結果を対象として因子分析法によるメタ分析を行い，知能に3つの階層があることを発見した．CHC理論は，第1層目には特殊な能力因子，第2相目にはそれに対応する8つの広範な知能因子（認知的処理速度，視空間能力など），そして3層目には一般因子gが置かれた知能の階層構造のモデルである．例をあげると第1相目にある知覚速度，受検するテストの速度，計算のうまさ，推論の速度，読書速度，筆記速度は，第2相目では認知的処理速度の能力因子に該当し，さらに第3相目にはすべての能力因子の上位構造としてのg因子が想定されている．モデルの妥当性の検証は現在も数多くなされているが，g因子の扱いについて統一した見解は得られていない（三好・服部，2010）．し

かし，最近の欧米での知能研究はこの理論枠組みで行われることが増えている．

2. 知能の加齢変化

　このように脳科学や認知心理学／認知神経心理学のめざましい発展があり，知能は認知機能のプロセスと結びついて，より細分化されたものとなった．Wechslerらの検査も複数回の改訂を経て現在は第4版（Wechsler Adult Intelligence Scale 4th edition：WAIS-Ⅳ）となっている．しかしながらこれまでの高齢者の知能研究は，流動性知能，結晶性知能という伝統的な概念を用いて，人種や世代を越えて広く行われてきた．古くはWAISの標準化データに基づき，異なる年代に同時に採取したデータを用いた横断的研究がなされ，いずれの知能も40代ぐらいをピークに低下すると言われていた．これを知能の古典的加齢パターンと呼ぶ．

　しかしその後，同じ対象の加齢に伴う変化をみる縦断的研究手法を用いた研究がなされるようになると，すべての知能が中年期をピークに低下する訳ではないことが明らかとなってきた．代表的な研究にSchaie（1994）のシアトル縦断研究がある．彼らは言葉の意味，空間定位，推理，計算，言語の流暢性の5つをPrimary mental abilities（PMA）として，1956年〜1991年の35年間に7年間隔で異なるコホートを対象に6回の調査を実施した．この調査は，横断的研究と縦断的研究を組み合わせて行われた．つまり同じコホートの人たちの35年間の変化と異なるコホート間での比較を同時にみることが出来る手法を用いた研究である．

　この結果から，まず5つすべての機能が25歳以降60歳ぐらいまでは緩やかに上昇するか同程度のまま推移していることが明らかになった．そして60歳以降になると緩やかな低下が始まり，とくに計算と語の流暢性は先に低下を始めるものの，言葉の意味については81歳ぐらいまでは比較的保たれていた．Schaieの研究方法についてはその後異論も出ているとはいえ，近年の大規模な縦断的研究の成果からも同様の結果が得られてきている．知能を多面的な能力あるいは複数の認知機能の複合体と捉えるならば，必ずしも中年期以降すべての機能が一律に低下するわけではないことは，明らかと言えよう．

ところで認知予備能 cognitive reserve（Stern, 2002）という言葉が最近話題になっている．この認知予備能の仮説の背景にあるのは，老年期に至る以前（主に若年期）の大脳の刺激により脳の発達が促されて，神経ネットワークや神経シナプスの数が増加することが，脳容量や脳重量の増加につながり，それが認知機能の低下に対する防御因子になるという考え方である（品川，2017）．

　1980 年代後半より死後の剖検の結果病理学的所見としてはアルツハイマー型認知症（Alzheimer's disease：AD）で特有に見られる神経病理学的変化が見つかったにも関わらず，生前認知症を疑わせるような認知機能の低下がない例が報告されるようになった．例えば Nun Study という修道女を対象とした有名な疫学研究がある（Snowden, 1997）．彼らは名簿や過去の記録があり，生活様式も統一されている 75 歳〜106 歳の修道女 nun を対象とした 1000 人規模の調査を行った．またそのうち 678 名が死後の脳提供プログラムにも参加した．その結果，AD の高度の病理所見が認められた人のうち 20〜25% に生前に認知症の症状が認められなかった者がいたと報告されている．そして，修道院に入る際に書いた自伝を分析したところ，語彙能力の高かった人にこのような傾向が見られたという．

　認知予備能はまだ仮説の段階の理論ではあるが，今後認知機能低下の個人差や認知症発症のメカニズムの解明，そして認知症予防の研究にも影響を与えることが予想される．

引用文献

Carroll, J. B. (1993). Human Cognitive Abilities ; *A Survey of Factor-Analytic Studies*. New York: Cambridge University Press.

Carroll, J. B. (2005). The three-stratum theory of cognitive abilities. In D.P. Flanagan & P.L. Harrison (Eds.) *Contemporary intellectual assessment: theories, test, and issues* (2nd ed., pp. 69-76). New York: The Guilford Press.

Horn J. L., Cattell R. B. (1967). Age differences in fluid and crystallized intelligence. *Acta Psychologica, 26*, 107-129.

三好　一英・服部　環（2010）．海外における知能研究と CHC 理論．筑波大学心理学研究　40,

1-7.

Schaie, K. W. (1994). The course of adult intellectual development. *American Psychologist, 49*, 304-313.

Stern, Y. (2002). What is cognitive reserve?: Theory and research application of the reserve concept. *Journal of the International Neuropsychological Society, 8* (3), 448-46.

Snowman, D. A., Greiner L. H., Mortiner, J. A. Riley, K. P., Greiner, P. A., & Markesbery W. R. (1977). Brain infarction and the clinical expression of Alzheimer disease: The Nun study. *JAMA, 277*, 813-817.

品川　俊一郎（2017）．脳予備能と認知予備能．老年精神医学, *28*, 19-23.

Wechsler, D. (1944). *The measurement of adult intelligence 3rd ed.* Baltimore: Wilkins & Wilkins Co.

参考文献

松田　修（編著）（2018）．最新老年心理学 老年精神医学に求められる心理学とは　ワールドプランニング

佐藤　眞一・権藤　恭之（編著）（2016）．よくわかる高齢者心理学　ミネルヴァ書房

（　アクティブ・ラーニング　）

＊CHC 理論について理解を深めなさい．

＊認知予備能について調べなさい．

（植田　恵）

5節　高齢者の感情と孤独

　本節では高齢者の感情的側面に着目し，感情的 well-being および高齢者の well-being の特徴について述べる．また，well-being に影響を及ぼす孤独について取り上げる．さらに，孤独と関係が深い孤立について考える．

1. 高齢者の感情の特徴

　高齢者の well-being に着目した研究は 1990 年頃から増え始め，その中でも注目されたのは，感情的 well-being は高齢期に向上，あるいは，維持されるという研究報告が数多く発表されたことだ（Carstensen et al., 2011）．感情的 well-being とは，日々経験する感情の質，すなわち，喜びや満足などのポジティブ感情や，心配，悲しみ，怒りなどのネガティブ感情の強度および経験頻度を指す．これらの感情の「質」は，個々の人生を快い（楽しい）もの，あるいは，不快なものと感じさせる要因となる（Kahneman & Deaton, 2010）．

1）パラドクス・オブ・ウェルビーング（paradox of well-being）

　老年期は，自己および他者との関わりにおけるさまざまな喪失体験（例えば，心身機能の低下，社会的役割の変化，大切な人との死別，人間関係の縮小）が生じる時期である．また，社会状況や生活環境の変化など，高齢者の心身機能に必ずしも良い影響を及ぼすとは考えられないイベントを数多く経験する．このような状況においても，高齢者は比較的高い well-being を維持していることが明らかになってきた．この現象を，"パラドクス・オブ・ウェルビーング（paradox of well-being）"（「well-being の逆説」）とよぶ（Swift et al., 2014）．加齢は喪失と衰退の過程と考えられてきたそれまでの「常識」は，高齢者の well-being 研究からの新たな知見の蓄積によって覆されたといわれる．

2）強さと弱さの統合モデル（Strength and Vulnerability Integration；SAVI）

　高齢者の「well-being の逆説」のメカニズムを解明するために複数の理論やモデルが示された．それらの理論モデルの一つに，強さと弱さの統合モデル（以下，

SAVIと略記する）がある．SAVIによると，老化によってさまざまな機能が衰えてくると，生理的な脆弱性により感情の覚醒水準を高めることが困難になる．生理的な恒常性が一旦中断，あるいは，破壊されると，高齢者の場合，元の状態に回復するのが難しい（「弱さ」の側面）．そのため，高覚醒状態を引き起こすイベントや経験を事前に避けるよう自ら感情をコントロールする（「強さ」の側面）．高齢者が感情コントロールをする際，次の3つの目標を達成するために認知行動戦略（cognitive-behavioral strategies）を用いる．それらは，（1）嫌悪的な出来事を回避，あるいは，排除する，（2）ポジティブな側面に注意を向ける，（3）現在の状況や価値を評価し，過去の出来事をよりポジティブに想起する（Charles & Lang, 2013）．これらの先制戦略は多くの場合，高齢者にとってより好ましい結果をもたらす．Charlesらによると，人生の残り時間の知覚と，認知行動戦略をより頻繁にそして効果的に用いることとが関係するという．すなわち，残された時間が有限であると知覚している高齢者ほど，より効果的に先制戦略を用いて，より好ましい結果を得ているという．その理由は，後述する社会情動的選択理論によって説明される．この理論によると，高齢者は将来よりも今の満足感や幸福感を満たすことを最優先するため，その目標達成のために認知行動戦略をより頻繁に，効果的に用いると考えられる．

3）社会情動的選択理論（Socioemotional selectivity theory；SST）

　Well-beingの逆説の現象を説明したもう一つの理論に，社会情動的選択理論（以下，SSTと略記する）がある．SSTは人生の残り時間の知覚に着目し，残された時間を無限，あるいは，有限と知覚するかによって人は異なる目標を設定し，その目標設定によって今の行動が形成されるという仮説を示した（Carstensen, 2019）．例えば，自分に残された時間は無限であると知覚したとき，人は今よりも先を見据えた目標を設定し，その目標を達成するために現在の行動が知識の習得・学びや社会的ネットワークの拡大へと動機づけられる．仮にその行動が今の感情的well-beingや幸福感を低下させる要因となっても，目標達成のためにそれを選択することが多い．一方，残された時間は有限であると知覚したとき，人は将来よりも今の満足感や幸福感を満たすことを最優先とする．そのため，より肯定的な感情経験を得られるよう友人や家族などの親しい人と今を過ごすことを

好む．SST によると，老年期の社会関係の縮小が残された時間の知覚による選択的行動に起因するものとすると，人間関係の質の維持や，それに伴う満足感や well-being の向上が期待できるという．

　時間展望の主観的知覚を評価するために Future Time Perspective Scale（FTP）（Carstensen & Lang, 1996）が開発され，FTP の日本語版として「未来展望尺度」（池内・長田，2014）が作成された．この尺度は10項目の質問からなり，時間の有限性を調査する項目（例：「この先，いろいろな機会が私を待ち受けている」）と時間の無限性を調査する項目（例：「歳をとるにつれ，時間が限られていると感じるようになった」）から構成される．信頼性と妥当性が検証されている本尺度は，英文の FTP 尺度を用いた SST の枠組み研究との比較を行うことも可能である．

4）ポジティビティ効果（Positivity effect）

　ポジティビティ効果は，SST の理論的仮説から派生した概念である．余生が短くなってきたという知覚は，より今の情動的満足を満たしたいという目標設定の動機づけとなり，この目標設定が認知処理過程において否定的（ネガティブ）な刺激よりも肯定的（ポジティブ）な刺激の選択を促す（Reed & Carstensen, 2012）．ポジティビティ効果を検証した研究が数多く発表されたが，それらの多くは若者と高齢者の比較を行い，高齢者は若者よりもさまざまな情報を見る，聞く，想起するという過程において，ネガティブよりもポジティブな情報に注意を払うというエビデンスを示した．このポジティビティ効果は，高齢者の意識や行動の変容に介入し得る可能性が期待できる．例えば，高齢者に対し散歩を習慣づけるといった健康行動を促進させるためには，歩かないことにより生じる健康リスクの情報（ネガティブ刺激）を提供するよりも，歩くことにより得られる健康ベネフィットの情報（ポジティブ刺激）を提供するほうが，高齢者の健康行動を促すのにより効果的であるという結果を示した研究がある（Notthoff & Carstensen, 2017）．

2．老年期の孤独

　孤独（loneliness）は健康にさまざまな悪影響を及ぼす．とくに高齢期の孤独

は，認知機能の低下，フレイル，死亡リスクの増加などと関連する（National Academies of Sciences, Engineering, and Medicine, 2020）．また，孤独は，たばこを1日15本吸うことと同程度の健康被害をもたらす．孤独と似た概念に孤立があるが，これらは異なる概念であると同時に相互に関連があるといわれる．孤独は自分が「ひとりである」と主観的に感じる状態で，自身が理想とする社会的人間関係（他者とのつながり）と現実とのギャップにより生じる苦痛や不快感と関係する．孤独と感じるかそうでないかは本人の主観的評価による．一方，社会的孤立（social isolation）は，家族や友人を含む他者や社会との接触や交流がない，あるいは，著しく乏しい状態であり，社会関係の数などから客観的に評価することができる（Perissinotto, Holt-Lunstad, Periyakoil, & Covinsty, 2019）．このため，客観的に見ると孤立していない人が孤独を感じていることがあり，その逆もあり得る（長田，2015, pp. 129-133）．さらに，孤立が孤独を引き起こす，あるいは，孤独が孤立を引き起こすことがある．2017年の社会保障・人口問題基本調査結果によると，単独世帯の高齢男性では「日頃のちょっとした手助け」では頼る人がいないと回答した人が3割以上を占めた．孤立するリスクが特に高いといわれる男性，独居，都市部在住，低所得や貧困層，健康問題を抱えている高齢者に対しては，予防策から講じる必要があるだろう（Ikeuchi et al., 2021）．

1）孤独と孤立の測定

　孤独感を測定する尺度が数多く開発されてきたが，世界でもっとも広く使われている尺度はUCLA loneliness scale（UCLA孤独感尺度）であろう．この尺度は4件法20問（短縮版は8問，4問，3問がある）からなり，人間関係の質および量についてどのように感じるかといった主観的な側面を評価する．幅広い年齢層，異なる人種や文化的背景を持つ人々を対象に用いられている．一方で，高齢者の孤独感を測定する尺度として日本で作成されたAOK孤独感尺度がある．この尺度は高齢者が回答し易いように2件法，質問項目は10問からなる（安藤ら，2000）．他方，孤立を評価する尺度は大きく分けて次の2種類ある．（1）「つながり」のある人（ネットワーク）の数や接触頻度・親密度などを聞くことによりその人の社会的ネットワークを客観的に測定する，（2）情緒的・手段的サポートの有無（利用可能性）を測定する（Valtorta, Kanaan, Gilbody, & Hanratty, 2016）．

前者は社会的人間関係の量的側面を評価しているのに対し，後者は質的側面を評価しているといえる．高齢者の社会的ネットワークを評価するために作成されたLubben Social Network Scale 短縮版（LSNS-6）は，社会的人間関係の量的と質的側面の両方を測定することが可能である．

２）孤独と孤立への対策

　人口の14％が孤独を抱えているといわれる英国では，孤独（loneliness）を政策課題としてとらえ，2018年に「孤独担当大臣」（Minister for loneliness）が新設された．さらに英国では，医療的介入よりも心理社会的支援が必要な人々（例えば，社会的孤立者，生活困窮者，低所得のひとり親世帯，要介護者）に対し，「社会的処方（social prescribing）」という仕組みを活用し，地域資源につなげて孤独・社会的孤立の改善や精神的健康の向上を目指す活動が広まりつつある（Kinsella et al., 2015）．

　日本においても，独居の高齢者が死後数日間，あるいは，数か月間発見されない「孤独死」が社会問題として注目され，孤立死を防ごうとするさまざまな取り組みが国・自治体や地域によって行われている．一方で，急速な人口の高齢化，少子化，未婚化，家族形態の変化などに伴い，高齢の単独世帯の割合は2035年にはほぼすべての都道府県で30％を超えると予想されている（国立社会保障・人口問題研究所，2017）．地域社会の人間関係の希薄な都市部などにおいては，単身高齢者世帯や高齢者夫婦のみ世帯の「孤立生活」がすでに特別な生活形態ではなくなりつつあるといわれ，このような高齢者の孤立死が今後さらに増加することが予想される．孤立死は「人の尊厳を傷つけるような悲惨な死」といわれ，特に死後遺体が長期間放置されるような悲惨な現場を見聞きした人もいるだろう．しかし，誰にも看取られずに自宅でひとりで亡くなることは，悲惨で望まれない死なのだろうか．上野（2015）は，自宅でひとりで亡くなることを「在宅ひとり死」という一つの選択肢として提案している．日本人の半数以上は在宅死を望んでいるという調査結果がある（内閣府，2012）．身寄りのいないひとり暮らし高齢者であっても，長く暮らした自宅で最期を迎えたいと望む人は多いことが推察される．そのような高齢者が安心して自宅で亡くなることができるよう，支援体制の構築が急務である．

引用文献

Carstensen, L.L., & Lang, F.R. (1996). Future time perspective scale. Unpublished manuscript, Stanford University.

Carstensen, L. L. (2019). Integrating cognitive and emotion paradigms to address the paradox of aging, *Cognition and Emotion, 33* (1), 119-125.

Carstensen, L. L., Turan, B., Scheibe, S., Ram, N., Ersner-Hershfield, H., Samanez-Larkin, G. R., … Nesselroade, J. R. (2011). Emotional experience improves with Age: evidence based on over 10 years of experience sampling. *Psychology and Aging, 26* (1), 21-33.

Charles, S. T., & Luong, G. (2013). Emotional experience across adulthood: The theoretical model of Strength and Vulnerability Integration. *Current Directions in Psychological Science, 22*, 443–448.

Holt-Lunstad, J., Smith, T. B., & Layton, J. B. (2010), Social Relationships and Mortality Risk: A Meta-analytic Review. *PLOS Medicine, 7* (7). e1000316. https://doi.org/10.1371/journal. pmed.1000316

池内　朋子・長田　久雄（2014）．未来展望尺度の作成：Future Time Perspective Scale 日本語版, 老年学雑誌, *4*, 1-11.

Ikeuchi, T., Taniguchi, Y., Abe, T., Seino, S., Shimada, C., Kitamura, A., & Shinkai, S. (2021). Association between experience of pet ownership and psychological health among socially isolated and non-isolated older adults. *Animals, 11* (3), 595.

Kahneman, D., & Deaton, A. (2010). High income improves evaluation of life but not emotional well-being. *Proceedings of the National Academy of Sciences, 107* (38), 16489-16493.

Kinsella, S. (2015). Social prescribing : A review of the evidence. Birkenhead : Wirral Council Business & Public Health Intelligence Team. https://www.wirralintelligenceservice.org/ media/1077/sosical-prescribing-literature-review-v5.pdf. (accessed 5 Aug 2021)

国立社会保障・人口問題研究所（2017）．生活と支え合いに関する調査. http://www.ipss.go.jp/ss-seikatsu/j/2017/seikatsu2017.asp（2021 年 8 月 5 日）

内閣府（2012）．平成 24 年度 高齢者の健康に関する意識調査. https://www8.cao.go.jp/kourei/ishiki/h24/sougou/gaiyo/index.html（2021 年 8 月 5 日）

National Academies of Sciences, Engineering, and Medicine (2020). *Social Isolation and Loneliness in Older Adults: Opportunities for the Health Care System*. Washington, DC: The National Academies Press. https://doi.org/10.17226/25663

Notthoff, N., & Carstensen, L. L. (2017). Promoting walking in older adults: Perceived neighborhood walkability influences the effectiveness of motivational messages. *Journal of Health Psychology, 22* (7), 834–843. https://doi.org/10.1177/1359105315616470

長田　久雄（2015）．無縁社会のゆくえ　日本心理学会（監修），髙木　修・竹村　和久（編）無縁社会における高齢者の心理（pp. 116-135）誠信書房

Perissinotto, C., Holt-Lunstad, J., Periyakoil, V. S., & Covinsky, K. (2019). A Practical Approach to Assessing and Mitigating Loneliness and Isolation in Older Adults. *Journal of the American Geriatrics Society, 67* (4), 657–662. https://doi.org/10.1111/jgs.15746

Reed, A.E., & Carstensen, L.L. (2012). The theory behind the age-related positivity effect. *Frontiers in Psychology, 3*:339. https://doi: 10.3389/fpsyg.2012.00339

Swift, H. J., Vauclair, C. M., Abrams, D., Bratt, C., Marques, S., & Lima, M. L. (2014). Revisiting the paradox of well-being: the importance of national context. *Journals of Gerontology Series B: Psychological Sciences and Social Sciences, 69* (6), 920-929.

Valtorta, N. K., Kanaan, M., Gilbody, S., & Hanratty, B. (2016). Loneliness, social isolation and social relationships: what are we measuring? A novel framework for classifying and comparing tools. *BMJ open, 6* (4), e010799. https://doi.org/10.1136/bmjopen-2015-010799

参考文献

池内　朋子・長田　久雄（2013）．社会情動的選択性理論の研究に関する文献的展望─時間的展望を中心として─，応用老年学，*7*(1), 51-59.

上野　千鶴子（2015）．おひとりさまの最期　朝日新聞出版

───（　アクティブ・ラーニング　）

＊高齢者の感情の特徴はどのようなものがあるか考えなさい．

＊高齢者の孤独と孤立はどのような関係があるか説明しなさい．

（池内　朋子）

6節　人格・適応の加齢変化と高齢者の特徴

　本節では老年期の人格と適応について，サクセスフル・エイジングの概念を用いて考える．老年期の心理的適応については，適応のプロセスに着目した「補償を伴う選択的最適化モデル」を取り上げる．また，高齢者の心理的適応に影響すると考えられる「生きがい」について，well-being の概念を用いて述べる．

1. 人格・適応の加齢変化

　老年期に生じる環境の変化は，成熟という人格変化を促進させるとする「環境要因説」がある（下仲，2012）．老年期とは，自己や他者とのかかわりにおけるさまざまな喪失体験（例えば，身体機能や認知機能の低下，社会的役割の変化，経済的基盤の脆弱化，配偶者や友人との死別）が生じる時期であり，これらの喪失体験とともに「老い」を受け入れる過程でもある．かつて経験したことのない心身機能の変化や老いを自覚し，死期が迫ってきていると認識することは，多くの高齢者にとって大きな心理的ストレスになり得る．一方で，加齢にともなう喪失体験や諸条件の変化に上手く適応することができれば，老年期の well-being の維持・向上も期待できる．

1）老年期の人格：適応・不適応の型

　1960 年代初期に発表された Reichard らの老年期の人格の研究結果は，のちの老年期のパーソナリティ研究に広く反映された（Martin et al., 2014）．Reichard らはサクセスフル・エイジングの重要な要素として人格（パーソナリティ）に着目し，老年期の引退に適応した（あるいは，不適応な）パーソナリティのタイプ（型）を 5 つに分類した（Reichard, Livson, & Peterson, 1962）．まず，適応できている型（すなわち，サクセスフル・エイジング群）として，円熟型（mature group），安楽椅子型（rocking chair group），装甲型（armoured group）の 3 つの型を挙げた．円熟型と装甲型は過去，あるいは，現実を受容し，社会的活動を維持することにより人生満足感を得ているのに対し，安楽椅子型は受身的消極的

な態度で現実を受容し，依存的生活に甘んじで楽に暮らそうとする．次に，適応できていない型（非サクセスフル・エイジング群）として，憤慨型（angry group）と自責型（self-hates group）を挙げ，憤慨型は老化の事実を受容できず他者を非難し，自責型は自己批判や後悔の感情に支配されるとした．これらは横断研究によって検討され，分類は115の性格変数のクライスラー分析手法を用いて行われた．この研究は1962年以前に行われ，分析対象者は55歳から84歳のアメリカ人男性47名（調査参加者87名のうち40名を分析から除外）であった．

2）サクセスフル・エイジング─補償を伴う選択的最適化

　老年医学や老年学においては，サクセスフル・エイジングの要因として身体的健康，自立や自律，長寿などが議論されてきた．しかし，これらは必ずしも心理的well-beingの維持・向上と関係するとはいえない．例えば，身体的に健康であっても，家に閉じこもりがちで，誰とも話をすることなく日々抑うつ的な気分で過ごしている高齢者がいる．一方で，感覚機能が衰えても補聴器や眼鏡を使い，身体機能が衰えても杖や歩行器を使いながら友人との交流を続け，日々の生活に満足している高齢者がいる．客観的に見ると，前者は身体機能の維持というサクセスフル・エイジングの一要因を達成しているが，心理的には満足感を得られずに生活していることがうかがえる．一方，後者は心身機能の低下を経験しているが，補助具などを用いてそれらを補うことによりその状況に適応し，心理的な満足感を得ることに成功している．どのような状態を幸福と感じるかは個人で異なるように，どのような老年期を「サクセス」とするかは人それぞれ異なる．すべての人における「サクセス」とは何かを追求し，それをサクセスフル・エイジングのアウトカムに設定するよりも，「サクセスフルな老年期」に到達するプロセス（過程）に着目し，各自が理想とする状態を獲得したときにサクセスフル・エイジングを達成したとするほうが現実的で多くの高齢者にとって到達可能な目標となるのではないか．

　「プロセス」に着目したサクセスフル・エイジングモデルとして，Baltesら（1990）が提唱した補償を伴う選択的最適化モデル（The model of selective optimization with compensation：SOCモデル）がある．SOCモデルは，高齢者に限らず，誰もが生涯において経験するであろう一般的な適応プロセスを説明し

ている．Baltes らによると，人は生涯において獲得（gains）（あるいは，成長（growth））と喪失（losses）（あるいは，衰退（declines））を経験する．成人期は一般的に喪失・衰退よりも獲得・成長を多く経験するが，老年期にかけて徐々にそれが逆転する．老年期は加齢に伴うさまざまな喪失（身体・認知・社会的機能の喪失・衰退など）を経験する時期であるため，それらの喪失を最小限にし，獲得を最大限にすることでサクセスフル・エイジングの実現が可能となる．このメカニズムを具体的に示したのが SOC モデルの適応プロセスである（図1）．このモデルの特徴として，特定のアウトカムは設定せずに，プロセス中心アプローチ（process-oriented approach）手法を用いている．すなわち，個人の「理想とする状態」をアウトカムとし，そこへ到達するために，選択，最適化，補償の3つの適応プロセスを経る．例えば，高齢のマラソン選手がレースで優勝するという目標を達成するための戦略的適応プロセスは，同年代を対象としたより簡単なレースを選択し，足に負担の少ないランニングシューズを選び（補償），体の調子を最大限にするために特別な食事メニューやビタミン剤などで栄養を補充してレースに臨む（最適化）．このプロセス中心アプローチは特定のアウトカムを設定していないため，さまざまな状況に適応可能であり，個々の目標を実現してサクセスフル・エイジングを達成するための戦略的モデルとして有効活用が期待できる．

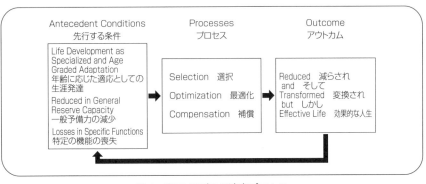

図1　SOC モデルの適応プロセス

注：Baltes & Baltes（1990）．p. 22, Figure 1.4 を基に筆者が邦訳を加筆

2. 生きがい──心理的 well-being の一概念

　内閣府が毎年公表している「高齢者白書」によると，60歳以上の男女の約8割が「生きがいを感じている」と回答した（内閣府，2020）．生きがいを感じる精神状態とはどのようなものなのか．神谷（1966）は，生きがい感について「そぼくな形では生命の基盤そのものに密着しているので，せいぜい生きるよろこび，または『生存充実感』としてしか意識されない」と記している．一方で，生きがいを求める心，すなわち生きがいへの欲求については，「個性的な自我の欲求」と述べ，6つの異なる欲求を示している．それらは，生存充実感への欲求，変化への欲求，未来性への欲求，（対人的な）反響への欲求，自由への欲求，自己実現への欲求，（生きることの）意味と価値への欲求である．これらの欲求は個人差が大きいとしながらも，欲求が満たされたときの「高揚感」は本人のみによって判断されるという．

　生きがい感と幸福感との違いについて，生きがい感にはより未来にむかう心の姿勢があるのに対し（神谷，1966），幸福感はその時々の感情経験から得られ，より「現在」と関係する（Okun & Stock, 1987）．未来への希望や目標があれば，

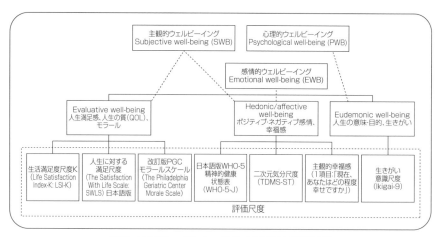

図2　主観的 well-being の3つの側面と評価尺度

注：Steptoe et al., (2012) を参考に筆者が作成

現在に生きがいを感じられる．生きがい感と幸福感はともに主観的 well-being の概念に含まれる．主観的 well-being には3つの側面（evaluative, hedonic or affective, eudemonic）がある．図2に示すように，それぞれの側面には，人生満足感，人生の質（QOL），モラール，ポジティブ・ネガティブ感情，幸福感，人生の意味・目的，生きがいの概念が含まれる．主観的 well-being は，しばしば心理的 well-being と区別されずに用いられる（Steptoe, Demakakos, & Oliveira, 2012）．しかし，これらをあえて区別するならば，主観的 well-being は人生満足感，人生の質（QOL），モラール，ポジティブ・ネガティブ感情，幸福感の概念により近く，心理的 well-being は人生の意味・目的，生きがいの概念により近いといえる（Di Fabio & Palazzeschi, 2015）．さらに，5節で述べた感情的 well-being は，ポジティブ・ネガティブ感情，幸福感の概念により近い．

高齢者の主観的・心理的 well-being を評価する尺度として，国内の調査研究で比較的広く用いられているものを図2に示した．それぞれの尺度は，評価する対象（well-being の異なる側面）に応じて使い分ける必要がある．高齢者の生きがいを評価する尺度としては，「生きがい意識尺度（Ikigai-9）」がある（今井・長田・西村，2012）．この尺度は9問の肯定的質問のみからなり，回答者の心理的負担が少ないと考えられる．「生きがい」のない生活は，高齢者の死亡リスクを高める可能性も指摘されている（Sone et al., 2008）．Ikigai-9 を用いて個々の生きがいを可視化することにより，生きがいを感じるプロセスおよび生きがい喪失をもたらす要因の解明にもつながることが期待できる．

生きがいとは主観的であいまいな概念ともいえるが，人生の終盤に入った高齢者にとってゆたかな生きがい感を持ち続けることは，心理的 well-being の維持および心身の健康に不可欠といえるだろう．

引用文献

Baltes, P. B., & Baltes, M. M. (1990). Psychological perspectives on successful aging: The model of selective optimization with compensation. In P. B. Baltes & M. M. Baltes (Eds.), *Successful aging: Perspectives from the behavioral sciences* (pp. 1–34). New York: Cambridge University Press.

Di Fabio, A., & Palazzeschi, L. (2015). Hedonic and eudaimonic well-being: the role of resilience beyond fluid intelligence and personality traits. *Frontiers in psychology, 6*, 1367. https://doi.org/10.3389/fpsyg.2015.01367

今井　忠則・長田　久雄・西村　芳貢（2012）．生きがい意識尺度（Ikigai-9）の信頼性と妥当性の検討．日本公衆衛生雑誌，*59* (7), 433-439.

神谷　恵美子（1966）．生きがいについて　みすず書房

Martin, P., Kelly, N., Kahana, B., Kahana, E., Willcox, B. J., Willcox, D. C., & Poon, L. W. (2015). Defining successful aging: a tangible or elusive concept?. *The Gerontologist, 55* (1), 14–25.

内閣府（2020）．令和2年版高齢社会白書．https://www8.cao.go.jp/kourei/whitepaper/w-2020/html/zenbun/index.html（2021年8月5日）

Okun, M. A., & Stock, W. A. (1987). Correlates and components of subjective well-being among the elderly. *Journal of Applied Gerontology, 6* (1), 95–112.

Reichard, S., Livson, F., & Peterson, P. G. (1962). *Aging and Personality: A Study of 87 Older Men.* New York:: John Wiley & Sons.

Sone, T., Nakaya, N., Ohmori, K., Shimazu, T., Higashiguchi, M., Kakizaki, M.....Tsuji, I. (2008). Sense of life worth living (ikigai) and mortality in Japan: Ohsaki Study. *Psychosomatic Medicine, 70* (6), 709–715.

Steptoe, A., Demakakos, P., & de Oliveira, C. (2012). The psychological well-being, health and functioning of older people in England. In J. Banks, J. Nazroo, & A. Steptoe (Eds.), *The dynamics of ageing. Evidence from the English longitudinal study of ageing 2002–10 (wave 5)* (pp. 98–182). London: The Institute for Fiscal Studies.

参考文献

Baltes, M. M., & Carstensen, L. L. (1996). The process of successful ageing. *Ageing & Society*, *16*, 397–422.

下仲　順子（2012）．現代心理学シリーズ老年心理学（改訂版）　培風館

神谷　恵美子（1966）．生きがいについて　みすず書房

⎛ アクティブ・ラーニング ⎞

＊加齢とともに well-being はどのように変化するか説明しなさい．

＊老年期の適応は高齢者の well-being にどのように関連するか考えなさい．

（池内　朋子）

7節　高齢者のコミュニケーション

1. コミュニケーション障害とは

　コミュニケーションとは非常に広い意味を持つ用語であるが，ここでは人と人との間の意思伝達（対人コミュニケーション）に絞って話を進める．人と人とが意思や情報を伝達し合う手段には，大きく分けて言語的手段（話し言葉，文字）と非言語的手段（表情，身振り，しぐさなど）がある．またその中間的なものとして声の大きさ，イントネーションなどを位置づける場合もある．このうち言語的手段は最も効率よく情報を伝達することが出来るものである．

　話し手と聞き手が話し言葉を使ってコミュニケーションを取る時の生体内の活動や音声の物理的な働きを図にしたものに「言葉の鎖」という図がある（図1）．話し手は，まず大脳において伝達したい事柄を想起し，それを言語という記号に変換する（言語学的レベル）．次に言語を音声として表出するための大脳からの指令が運動神経を介して，発声発語に関連する筋肉に伝達されると（生理学的レベル），肺の呼気を使って喉頭で生じた音を舌，口唇などの筋肉を巧みに動かして日本語として適切な音声に変換して表出する．一旦表出された音は音波として空気中を伝播し，聞き手の耳に到達する（音響学的レベル）．聞き手の耳に届いた音声は処理しやすいように鼓膜によって増幅され，中耳，内耳，聴神経と通る間に徐々に分析が進み（生理学的レベル），やがて大脳に到達して言葉として認識され，脳内の記憶と照合されてその言葉の意味を理解するに至る（言語学的レベル）．

2. コミュニケーション障害の種類

　この「言葉の鎖」の一連のプロセスのどこに問題が生じたかによって，さまざまなコミュニケーションの障害が説明できるが，ここでは高齢者によく見られるコミュニケーション障害に絞って解説する．まず聞き手側の生理学的レベルの問

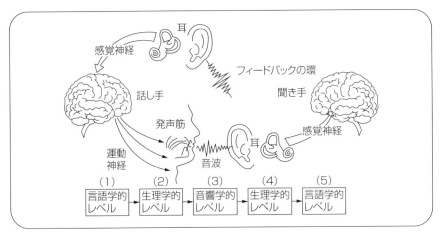

図1　ことばの鎖（話し言葉によるコミュニケーションの図式）

出典：Denes & Pinson, (1963); 切替, 藤村 (1966)

題には加齢性（老人性）難聴がある（133〜134 ページ参照）．また，話し手側の生理学的レベルの問題として構音（発音）の問題がある．運動障害性構音障害は脳血管疾患やパーキンソン病のような脳の疾患により，発話に必要な神経や筋に障害が生じるために発話が不明瞭になるものである．またこのレベルの障害は癌などによる喉頭摘出，舌の切除などの後遺症，あるいは加齢による歯牙の欠損によっても起こり得る．

　言語学的レベルの障害としては，脳血管疾患や神経変性疾患などによって生じる失語症がある．脳の言語を司る領野（言語野）が傷ついたことによる器質性の障害であり，心因性で起こる発声障害（失声症）とは区別される．また記憶や知能の障害とも異なる．失語症は時に「話せない障害」と誤解されることがあるが，言語機能の各側面，すなわち話す，聞く，読む，書く機能に加えて計算の障害も伴う．

　失語症でよく見られる症状として，話したい語が想起できない喚語困難，意味的に似た語や音の似た別の単語に誤ってしまう錯語，日本語にない語が出てきてしまう新造語などがある．このうち喚語困難という症状は，事物のイメージは想起出来ているのにそれに見合った単語を見つけることが出来ない症状であり，例

えば「ボールペン」という言葉がなかなか出てこない時に,「あれ,それ」に
なってしまったり,「あの書くやつ」というようなまわりくどい言い方になって
しまったりする.

　また失語症は流暢に話せるか否かを中心とした症状で複数のタイプに分けられ
るが,代表的なものとしてブローカ失語とウェルニッケ失語がある.ブローカ失
語は発話が非流暢で短く途切れたたどたどしい発話になるが,理解面は比較的保
たれる.一方ウェルニッケ失語は,流暢に話せるが錯語や新造語が目立ち,理解
面は重度に障害される.

　言語の問題とは別に大脳の病変が原因である認知症によるコミュニケーション
の問題もあげられる.原発性進行性失語と呼ばれる失語症状が記憶などの他の認
知機能よりも先に低下する例もまれにあるものの,認知症で一般的に見られる
コミュニケーション障害は,記憶や注意,実行機能などの障害による複合的な問題
が原因である.例えば記憶障害により話のつじつまが合わなくなる,もっと重篤
になると直前に話していたことを忘れて何度も同じ話を繰り返すということが生
じる.

3. 健常高齢者に見られるコミュニケーションの問題

　健常高齢者のコミュニケーションにおける問題について,まず最も広く見られ
るのは聴力の低下であろう.加齢性(老人性)難聴の特徴として,高音域が聞き
取りにくくなることから起こる語音明瞭度の低下がある.つまり,音は聞こえて
いるが何を言われているか聞き取れないという状態であり,聞き間違いが多くな
るほか,複数人での会話や雑音が多い状況下での会話に支障が生じる.補聴器の
活用は有用であるが,語音明瞭度を上げる効果は限定的であり,すべての問題を
解決できるわけではない.

　健常高齢者の場合,知識や状況判断の能力を用いるトップダウンの処理を行っ
ているため,聴力の低下をカバーすることはある程度可能であるが,日にち,数
字など重要な事柄の誤った理解は対人関係における心理的な問題を引き起こす恐
れがある.このような事態を避けるためには,コミュニケーションを取る相手側
にも,静かな環境で話す,対面で話す,文字などを補助的に示して話題を推測し

やすくするなどの工夫が求められる.

　失語症患者でよく見られる「あれ，それ」は先述の一般の高齢者でもしばしば見られ，チップオブタン（tip of the tongue：TOT）現象と呼ばれる. しかし，失語症者の喚語困難とは異なり，一般の高齢者が想起出来ないのは，ボールペンのような日常語ではなく，人名，地名などの固有名詞が多い.

　高齢者の言語機能に関わる研究において語想起という方法がよく用いられる. 一定時間（通常1分）の間に指定された課題に合わせた言葉をどれだけ想起出来るかを測る. 語想起には，「か」の付く言葉を思い出すような語頭音の語想起，「動物の名前」を思い出すような意味カテゴリーの語想起がある. 佐久間他（2003）は，若年者と高齢者を対象に語想起実験を行った. 合計48のカテゴリーについての結果を比較したところ，高齢者は若年者と比べて総じて生成語数が少なかった. 一般に高齢者は使える語彙数（言語知識）は若者よりも保たれていると言われており，一見この結果とは矛盾するようにみえる. しかし，佐久間他（2003）は，この結果は，語想起課題の特徴によるものと考えており，速度が同時に要求されるために，語彙検索の速度の遅れと効率性の低下が原因と考えられると述べている.

引用文献

Denes, P. B. & Pinson, E. N. (1963), *The Speech Chain*. Bell Telephon Laboratories.（切替　一郎・藤村　靖監修／神山　五郎・戸塚　元吉訳（1966）. 話しことばの科学：その物理学と生理学，東京大学出版会）

佐久間　尚子・田中　正之・伏見　貴夫・伊集院　睦雄・辰巳　格・天野　成昭・近藤　君久（2003）. 48カテゴリーによる健常高齢者の語想起能力の検討. 電子情報通信学会技術研究報告, *103*, 73-78.

参考文献

松田　修（編著）（2018）. 最新老年心理学 老年精神医学に求められる心理学とは　ワールドプランニング

佐藤　眞一・権藤　恭之（編著）（2016）. よくわかる高齢者心理学　ミネルヴァ書房

山鳥　重（2011）．言葉と脳と心　失語症とは何か　講談社現代新書．

（　アクティブ・ラーニング　）

＊言葉の鎖を元に人のコミュニケーション機能についてまとめなさい．
＊失語症とはどのような障害か，さらに調べてみなさい．

（植田　恵）

8節　高齢者の心理臨床

1. 老年期の心理臨床の前提

　老年期の心理臨床に関しては，2章3節で述べた精神医学の対象領域との重複を避け，ここでは，認知症のアセスメント，非薬物療法，予防を中心に述べる．認知症と並んでうつ病も老年期に注意すべき精神疾患であるが，その治療は，基本的には他の年齢の時期と同様である．近年，心理臨床としては，認知行動療法の効果が注目されている．また，自殺はうつ病とも関連が深いが，高齢者の場合には，既遂率が高いことが指摘される．自殺は，準備状態と直接動機が重なることによって実行されると考えられているが，疾病や経済的困難，家族関係の不調などの要因は，準備状態となることも直接の動機となることもあり得るので，防止の観点からは，こうした要因への支援が重要となる．

　老年期の心理臨床には，高齢者に対する counseling や stress への対処，介護負担感など，極めて多様な領域や課題が含まれる．いずれの領域においても心理臨床の実践においては，本書で述べた高齢者の身体，心理，社会的特徴を理解して配慮するとともに，それぞれの領域における専門的知識と心理臨床の実践能力が必要である．一方で，心理的支援を広義に捉えれば，傾聴ボランティアのように，一定の訓練や研修を受けた人が，話し相手を求めている高齢者の良き聴き手となる活動なども有用であろう．

2. 心理臨床における高齢者のとらえ方

　高齢者への心理的アプローチを行う際に，その対象者をどのように捉えるのかという視点はとても重要である．「高齢者」と言っても60歳代から100歳代まで40年の幅がある人たちであり，それをひとまとめにすることは出来ない．また当然のことながらそれまでのライフスタイルや現在の健康面，経済面など個別の事情もさまざまである．しかし，これまで高齢者はどちらかというと否定的なイ

メージをもって扱われることが多かった. また, ともすると私たちは「高齢者というのはこのようなものだ」というステレオタイプ的な考え方に陥りがちである.

老年心理学者であり, カウンセラーでもある Knight は高齢者がもつ多面的な要素を整理した文脈的・コホートベース・成熟・個別チャレンジモデル (contextual, cohort-based, maturity, specific challenge model：CCMSC model) を考案した (Knight, 1996) (図 1). このモデルにおいて, 高齢者は特定の重要な側面においては若年者よりも成熟している「成熟の要素」, 慢性疾患や障害, ならびに頻繁に生じる他者への悲嘆への順応「個別チャレンジ」, 個人が生きてきた社会文化的背景に着目した「コホート効果」, そして高齢者が生きている社会における「文脈」の 4 つの側面を持つものとして捉えられている. これら 4 つの側面は高齢者のもつ個別性や多様性を理解する上で有用な視点となる.

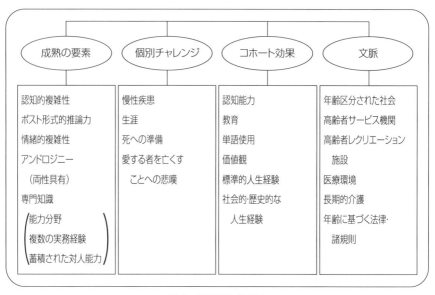

図 1　CCMSC モデル

出典：Knight（1996　藤田訳・長田監訳　2002）

3. 高齢者への心理的アプローチの対象

これまで述べられてきたように高齢者が直面する心理的諸問題の背景には, 心

身の加齢変化，うつ病，認知症などの精神的疾患，引退，近親者の死，孤独，貧困などの社会的問題などさまざまな社会的問題がある．わが国では，高齢人口の増加によりこのような問題をかかえる高齢者が増えているが，中でも認知症高齢者は増加の一途をたどり，80代後半では4割以上の高齢者に見られるというデータ（朝田，2013）もある．そこでここでは認知症の人への心理的介入を中心に述べる．

4．認知症の人への心理的アプローチ

　長い間，認知症の人は「何もわからなくなった人／何も出来なくなった人」であり，介護の対象というとらえ方をされてきた．しかし近年では，「認知症という障害を抱えながら生活する人」であり，適切な支援があれば自立した生活を送ることが出来る人であるという見方に変わりつつある．

　認知症の人に対するケアの基本的な考え方としてパーソンセンタードケアという理念がある．この理念では，認知症の人の言動や行動を解釈する際に，認知機能障害のみから考えるのではなく，その人を取り巻く心理・社会的状況も含めた個別性を重視する．パーソンセンタードケアは，1990年代にイギリスの心理学者Kidwoodにより提唱され国際的に普及している（水野，2008）.

1）認知症のアセスメント

　適切な支援を行うためには，まず的確なアセスメントが必要である．認知症のアセスメントの技法には，対面で行う認知機能検査と家族への聞き取りや行動観察により収集した情報を用いる行動観察尺度がある．

　認知機能検査の代表的なものとしてMini-Mental State Examination（MMSE）と改訂版長谷川式認知症スケール（HDS-R）がある．これらは短時間で実施できる認知症のスクリーニング検査として広く用いられている．いずれも日付や場所の見当識，記憶，注意などを質問していく方式で実施される．また最近では，軽度認知障害（mild cognitive impairment：MCI）やごく軽度の患者で見られるより軽微な認知機能の低下を検出するためのスクリーニング検査として，日本語版MoCA-J，日本語版Cognistat Fiveなど新たな検査が開発されている．

　他方，代表的な行動評価尺度としてClinical Dementia Rating（CDR）と

Functional Assessment Staging（FAST）がよく用いられる．CDRは，記憶，見当識，判断力と問題解決等に関する項目をチェックし，5段階で重症度を判定する．FASTは，アルツハイマー型認知症 Alzheimer's disease（AD）の重症度をみる目的で作成された7段階の尺度である．

2）認知症の非薬物療法

　認知症の人への心理的介入法は，薬物療法に対して非薬物療法と呼ばれている．非薬物療法には，行動療法的介入，芸術療法，動物介在療法，音楽療法，リアリティ・オリエンテーション（reality orientation：RO），回想法，認知機能訓練，などさまざまな技法が試みられている．このうち代表的なものとして，RO，回想法，認知機能訓練について概説する．

　ROは，日付や場所などの情報を常に提供し，また反復訓練をすることによって，認知症の人の混乱を解消するという発想の元生まれた技法である．ROは，時間と場所を設定して定期的に行われる「クラスルームRO」と，日常生活の中でカレンダーや季節の飾りつけなどを用いて常に見当識に注意を向けられるように環境を整備する「24時間RO」に分けられる．

　回想法もROと並んで広く用いられている技法である．これは，過去を肯定的に振り返ることで，納得のいく自分史を再構築し，精神的な安定を図ろうとするものである．回想は，老化や死を受け入れられるという積極的な意味をもつとして米国の精神科医 Butler が1960年代に提唱したライフレヴュー（回想）から発展してきたものである．高齢者が肯定的に思い出しやすいレミニセンス・バンプ（146ページ参照）を活用し，また認知症の人でも比較的後期まで保たれている遠隔記憶を手がかりにして，季節の行事，結婚式，戦争，子どもの頃の遊びなどのテーマを設定してグループワークを行う．また，本人の思い出や写真，雑誌や新聞の切り抜きなどを集めてファイルを作成し，それをもとに会話を行う個人回想法という技法もある．

　認知機能訓練は，注意や記憶に対する訓練など認知リハビリテーションの技法を用いて行う訓練である．認知症では一般に新たな学習が困難となるので機能そのものを回復させる訓練を行うことは困難である．そのためこの技法は，MCIや軽度の認知症のようにある程度学習能力が保たれている人を対象とし，例えば

いつも会っているグループのメンバーの顔と名前を覚えるといった限定的な事柄を覚えるという場合に限って効果が期待できるものである.

3）認知症の予防

　2019年に公表された国の認知症施策の指針にあたる「認知症施策推進大綱」でも「予防」が取り上げられ注目されている. しかし, 認知症の多くが原因不明であるために完全に予防することは困難である. そのため, ここで言う「予防」は認知症にならない, 認知症になっても悪化させないということを目指すものである. 今のところ栄養と運動は疫学的に予防効果が期待できるものとして認められつつあるが, 認知症予防のためのエビデンスが確立した技法はまだ少ない. 最近では, 認知予備能（cognitive reserve；CR）という考え方が採用され, 認知症予防の根拠として用いられている（150ページ参照）.

　予防のためには認知症の徴候を疑う変化に本人, 家族が早めに気づくことが大切であるが, 特に初期の場合は, 加齢による認知機能の低下と認知症の症状とを見分けるのは非常に難しい. 例えばADの初期症状として記憶の障害が知られているが, 加齢による記憶機能の低下とはどのように異なるのだろうか. よく健常老化とADのもの忘れの違いについて, 「ご飯を食べたことを覚えているがその内容を覚えていないのが老化で, ご飯を食べたことそのものを忘れてしまうのが認知症」と言われる. 確かに認知症が重度になれば, 少し前に経験したことを全く覚えていないという重篤な記憶障害が起こる. しかしながら, MCIと呼ばれる, いわゆる認知症予備軍の状態にある高齢者や軽度のAD患者にみられる軽微な記憶障害と健常老化によるそれとを見分けるのは難しい.

　植田・高山・小山・長田（2006）は「歳のせいか, 認知症の始まりか？」を心配してもの忘れ外来を受診した高齢者の初診時の問診票への回答を分析し, これらの違いについて検討した. その結果, 健常高齢者と異なるMCIやごく軽度のAD患者の特徴として, 数日前のことを覚えていないようなもの忘れがしばしば見られ, その症状は徐々に悪化しているが自覚に乏しいという特徴が見られた. また生活上, メモのなどの代替手段を活用するがうまく使いこなせないという特徴も見られた. 加えて, 初めての場所へ交通手段を調べて行く事, 金融機関の金銭管理をすることなど日常生活上の問題が生じていることも重要な違いであるこ

とを明らかにした.

引用文献

厚生労働科学研究費補助金認知症対策総合研究事業（研究代表者　朝田　隆）(2013).「都市部における認知症有病率と認知症の生活機能障害への対応」（平成21〜24）総合研究報告書.

Knight, B. G. (2002). *Psychotherapy with Older Adults*. Thousand Oaks: SAGE Publcations（藤田　陽子（訳）・長田　久雄（監訳）(2002). 高齢者のための心理療法入門：成熟とチャレンジの老年期を援助する　中央法規出版）.

水野　裕 (2005). 認知症ケアに携わるすべての人のために—パーソンセンタードケアの理念—. 看護学雑誌, *69*, 1212-1217.

植田　恵・高山　豊・小山　美恵・長田　久雄 (2006). ごく軽度アルツハイマー病およびMCI検出のための日常生活に関する質問項目の検討—もの忘れ外来問診表から—. 脳と神経, *58*, 865-871.

参考文献

Knight, B. G. (2002). *Psychotherapy with Older Adults*. Thousand Oaks: SAGE Publcations（藤田　陽子（訳）・長田　久雄（監訳）(2002). 高齢者のための心理療法入門：成熟とチャレンジの老年期を援助する　中央法規出版）.

水野　祐 (2008). 実践パーソン・センタード・ケア 認知症をもつ人たちの支援のために. ワールドプランニング

長田　久雄 (2016). 人の老いと認知症　日本認知症ケア学会（編）認知症ケア標準テキスト改定4版 (pp. 1-11) ワールドプランニング

長田　久雄 (2014). 家族のココロを軽くする認知症介護お悩み相談室　中央法規

長田　久雄 (2008). 心ふれあう「傾聴」のすすめ—高齢社会でのコミュニケーション・スキル 河出書房新社

「アクティブ・ラーニング」

＊支援を必要とする高齢者と対する場合，どのような情報を受け止めどのように
接することが必要か考えなさい．

＊わが国において，これまで認知症がどのように扱われてきたのか認知症の歴史
について調べなさい．

＊認知症のさまざまな非薬物療法について調べなさい．

（植田　恵，長田　久雄）

第4章

老化・高齢者と社会

1節　老年社会学の理論

1. 社会老年学と老年社会学

　老化の社会的側面を研究する学問領域として，社会老年学と老年社会学がある．この2つは「社会」と「老年」という共通の言葉で構成されているものの，順序が異なる．そのことで学としての意味が大きく異なる．社会老年学は，老年学の中で高齢者や老化の社会的側面の現象の解明を目指すもので，社会学，心理学，経済学，社会政策学，さらに文学，哲学などの人文・社会諸科学で構成される．そしてそれぞれの領域の理論や枠組みを用いつつも，それらを統合して高齢者や老化の社会的側面に対する理解を深める学問領域である．それに対して，老年社会学は，社会学の一分野であり，高齢者や老化の現象を社会学の理論や枠組みで説明することで，社会学の理論の発展に貢献しようとする学問領域である．以下に紹介する理論は，社会老年学，老年社会学のいずれかに分けることが難しいものもあることから，統一的に老年社会学の理論として紹介する．

2. 理論の重要性と分類

　ここで，「理論」とは何かに触れておきたい．老年学研究の目的は，高齢者や老化に関する現象を説明することである．その説明のために用いるのが理論である．では理論とは何か．抽象的な言い方になるが，現象がなぜ起こっているかを概念間の関係で表現したものである．このように理論はその基礎的な構成要素である概念によって表現される．そうすると，さらに理論を説明するときに用いられる概念はどのようなものかが理解されなければならない．概念とは現象の相対的に普遍性を持った特徴に注目し，それらを特定の言葉で表現するものとされている（中道，1997）．具体的な例で示した方が理解しやすいであろう．後述するように，離脱理論では，「社会システムは，高齢者を社会から離脱させたり，分離させたりするメカニズムを制度化することで老化の問題に対処する」としてい

るが，社会システム，高齢者，離脱，分離，メカニズム，制度化，老化の問題などが概念であり，離脱理論はこれらの関係を示すことで表現されている．

理論は研究面だけでなく実践においても重要である（Alley, Putney, Rice, & Bengtson, 2010）．老年学の目的は，高齢者や老化の問題の解決にあることから，問題解決のために開発されたプログラムの有効性とその機序が理論に依拠してきちんと裏付けされる必要がある．そのことによってそのプログラムの普遍化が図られることになる．

老年社会学の理論の特徴を理解するには，それらを単に羅列するのではなく，ある基準に基づき分類してみるとよい．分類基準の第1は分析対象であり，個人に着目するか，社会構造に着目するかに分類できる．個人についてはミクロ理論，社会構造に着目した場合にはマクロ理論となる．第2は理論の展開に着目して分類する方法である．老年社会学の理論の展開には大きく2つの画期があり，第1の画期は個人に着目したミクロ理論から社会構造に着目したマクロ理論へ，第2の画期は，ミクロとマクロの理論に対する批判的な理論の登場である．

以下では，大きくは第1の分類に従い，ミクロな理論として活動理論，継続性理論，交換理論，ライフコース論，構成主義，マクロな理論として離脱理論，近代化理論，年齢層化理論，政治経済学を示す．理論の説明に際しては，当該理論よりも前に提唱された理論をどのように批判的に検討し，展開したかという第2の視点も取り入れながら説明する．

3．ミクロ理論

1）活動理論

米国における老年社会学に関する初期の研究は，老化に伴う役割喪失に対し，高齢者がどのように適応するかという実践的な課題に対する回答を用意することを目指していた．そこで注目されたのが役割・活動であり，それに関する理論構築はあまり意識されていなかった．そのため，当時の論文では「理論」という表現は使用されていない．研究の結果として，よく適応している高齢者は様々な種類の生産的な役割に継続して従事している，あるいは宗教や趣味活動など自発的な組織への参加を通じて，生産的な活動に代替する年齢に応じた役割に従事して

いることが明らかにされた（Hooyman & Kiyak, 2002）．しかし，役割とは何かをきちんと定義し，それを担うことが高齢者の適応になぜ役立つのかの説明は行なわれていない．後に，このような限界に対して，Lemon らは，「活動」「役割支持」「自己概念」「役割変化」「生活満足度」という概念を用いて，活動のタイプによる生活満足度への影響の違いについて相互作用論の立場から仮説を構築し，それらを実証的に検証している（Lemon, Bengston, & Peterson, 1972）．

２）継続性理論

Atchley 以前にも継続性理論の考え方を示した研究者はいたものの，ここではこの理論を老年社会学の理論として認知させることに貢献した Atchley の継続性理論を紹介する（Atchley, 1989）．この理論では，高齢者は正常老化に対する適応方法を高齢期に至るライフコースの中で構築するという枠組を示している．すなわち，高齢期に至るまでに自分なりの思考パターンや行動，活動，社会関係を継続させるための仕組みを構築する．この仕組みを利用して老化に伴う様々な変化に対してうまく適応する．活動理論は恒常性あるいは均衡を重視するモデルであり，高齢期における中年期の活動・役割の喪失に対し，恒常性を保つためにその代替となる活動や役割につくことが必要であるとしている．それに対し，継続性理論は適応の基本的な仕組みは継続しつつ，適応を図る過程でその仕組みそのものも必要に応じて変化させるとしている．

３）交換理論

後に述べる離脱理論は，マクロな視点から高齢者が社会システムの要請に応じてそれを内面化し，活動から離脱するという命題を引き出している．しかし，高齢者による個人差が大きく，高齢者の中には離脱しない人も多い．Dowd（1975）は，費用と便益のバランスの原理が高齢者の孤立や離脱の原因として作用しており，孤立や離脱は高齢者と若い人との間の不均衡な交換の過程の結果であると考えた．社会学の交換理論でも，個人が他者と交流するのは，継続的な交流の費用と便益の計算結果によるとされている（Passuth & Bengtson, 1988）．このように，交換理論に基づくならば，高齢者の離脱は次のように解釈できる．高齢者が老化のため周りの人に貢献する資源をほとんどもたなくなった時，周囲の人から得る報酬に見合った貢献を周りに対してすることができず，自分の力の

衰退を経験することになることから，交換の均衡を図るため離脱という選択をする．

4）ライフコース論

　ライフコース論は理論というよりも，研究したり，データの解釈の際の概念的な枠組みとみることができる（Passuth & Bengtson, 1988）．この枠組みのキイとなる要素は，ⅰ）老化は誕生から死までの間に生じる，ⅱ）老化は社会的・心理的そして生物的なプロセスである，ⅲ）老化の経験はコホートと歴史の要因によって形成される，という3点にある．最近，このライフコースの視点から，高齢期の健康格差の要因を解明した研究が行われるようになった（Sugisawa, Sugihara, Kobayashi, Fukaya, & Liang, 2019）．

5）現象学的老年学

　活動理論は，「中年期の活動の代替を含めた継続」という個人の老化への望ましい適応方法を仮説として示した上で，その妥当性を生活満足度というサクセスフルエイジングの指標をもとに検証するという論理実証主義の立場に立つ．それに対して，現象学的老年学，その一つとしての社会構築主義は高齢者の立場から老化現象を理解するという特徴をもつ（Hooyman & Kiyal, 2011）．具体的には，高齢者は周囲の人と相互に関わり合いながら毎日の生活を送っており，その相互作用の中で，自分の活動や行為の社会的な意味づけを創造し，維持する．このように現象学的老年学では，活動することは高齢者すべてに同じように作用し，画一的に意味づけされるのではない点に着目する．すなわち，この理論では，各々の高齢者は生活している環境の中で様々な異なる経験を有するため，そのことによって活動や行為に対して異なる意味や価値づけをもつとみている．現象学的老年学の研究では，個々の高齢者が活動に対してどのような意味づけをもつのか，それを大まかに表現できる言葉（概念）の生成を目指すことから，用いる研究方法論としては質的研究法ということになる（Marshall, Martin-Matthews, & McMullin, 2016）．

4. マクロ理論

1）離脱理論

　活動理論は，老化への適応に対する個人的な対処方法を示しており，そこには当時の社会的な規範である役割の遂行が色濃く反映している．それに対して，離脱理論は，老化という現象はこれらが経験される社会システムの特徴から切り離して理解することができないという問題意識をもつ．この理論の提唱者はCummingとHenryであり，次のように要約できる（Cumming & Henry, 1979）．すべての社会は，それを維持するためにはその機能が迅速で効率よくなければならない．高齢者は社会システムの機能を低下させることから，社会システムはその諸力を高齢者から若い人に移転させる方法を必要とし，そのメカニズムを組み込むことで老化の問題に対応する．その結果として，社会システムは，高齢者を社会から離脱させたり，分離させたりするメカニズムを制度化することで老化の問題に対処するとともに，高齢者も社会の要請を内面化し，離脱という適応行動をとることで自己の価値の感覚を維持することが可能となる．このように，離脱理論は社会も高齢者も「不可避な相互の離脱」という選択をすることで社会システムが維持されるという命題を引き出している．

　離脱理論の妥当性については，高齢者が社会のニーズに呼応して自ら離脱を選択するか否かを中心に検討がなされた．その過程では，離脱がすべての高齢者で起こるのか，離脱が高齢者にとって幸福であるのか，離脱が生物的要因よりも社会的要因によって起こるのか，どのような社会，また時代でも離脱は起こるのかという問いに基づき，特に活動理論の立場に立つ研究者との間で論争が展開された．その中で，この理論と矛盾する知見も数多く蓄積された．このように離脱理論については，その妥当性を否定する知見が多い．しかし，その意義は老年社会学領域における明確な理論として最初に提唱された点にある．加えて，比較的最近提唱された社会情動的選択理論（Carstensen, 2006）や老年的超越理論（Tornstam, 1999）においては，老化に伴って志向性やパーソナリティが変化することが理論的に説明されており，その変化の理由づけは異なるものの，個人の老化に関する部分では離脱理論の命題と一致する．

2）近代化理論

　離脱理論は歴史に関係なく社会システムの維持を強調していたが，近代化理論は社会の発展段階に着目し，それが高齢者の社会的地位に影響するという理論である．従来から，社会経済の発展の理論として近代化理論が存在していたが，発展過程を高齢者の地位と関係づけた最初の研究者はBurgessであり，彼は産業革命によってもたらされた変化は高齢者にとってマイナスの影響をもたらすとしていた（Burgess, 1960）．すなわち，近代化は産業化と都市化で特徴づけられるが，産業化の影響は自営業を衰退させることで，自営業を担っている高齢者は退職を余儀なくされる，都市化の影響は若年者を農村から都市へ移転させることで拡大家族が崩壊し，高齢者の孤立を促進させるというものである．

　CowgillとHolmesは，この理論を無文字社会から近代社会まで拡大し適用している（Cowgill & Holmes, 1972）．さらに，Cowgillは，近代化に関連した社会の顕著な4つの変動である健康技術，経済技術，都市化，大衆教育が高齢者の地位の低下にどのように関連するか，そのプロセスを記述している（Cowgill, 1974）．歴史的・比較文化的研究では，近代化以前の社会においても高齢者の処遇に大きな違いがあること，さらに近代化よりも文化の差の方が高齢者の処遇に対して影響が大きいことを示唆する知見もあり，この理論の妥当性に対する疑問も多い．

3）年齢層化理論

　年齢層化理論は，前述の近代化理論よりも研究者に大きな影響をもたらした．1960年前後にCainが発表した論文にこの理論の可能性が示されているものの，この理論の確立は，1970年以降にRileyらによってなされた（Marshall, 1996）．この理論では，社会経済階級，性あるいは人種と同じように年齢によって人々が層化されるというものである（Riley, Johnson, & Foner, 1972）．分析に際して中心となるのが，同じ時期に出生し，同じ生活経験を共有する生年コホートである．人々の老化過程には，各生年コホートのライフコースのパターンの変化とともに，それぞれの生年コホートが経験する社会構造の変化という2つのダイナミズムの相互作用が影響する．この理論に基づくならば，生年コホートによって高齢期に至るまでの教育水準，生活水準，家族歴，職歴などのライフコースのパターンが

異なるとともに，その間の社会構造も変化することから，同じ高齢者であっても生年コホートによって，役割や活動とその健康や生活満足度への影響が異なることになる.

　構造的な遅延（structual lag）は，年齢層化理論に基づき提唱された概念である（Riley, Kahn, & Foner, 1994）．それは，人口の高齢化や人々の生活における変化の速度に社会構造の変化が追い付いていないとき，高齢化に伴う問題が深刻化するという指摘である．近年，人口の高齢化による要介護高齢者の割合が増加している．他方では高齢者の間で単独や夫婦のみの世帯の割合が増加し，家族介護力が低下してきている．このような問題の広がりに対して介護の社会化システムの整備が追い付いていない，すなわち構造的な遅延によって，家族による介護負担が深刻化しているという見方である.

4）政治経済学

　この理論は，最初，1970年代の後半から80年代の前半の時期に，Estes, Olson, Quadagno らによって提供され，1990年代までにはマクロ理論の主要なものとして認知されるようになった．この理論の枠組みの特徴は，高齢者における心理社会的あるいは経済的な状態を，より大きな社会的諸力，たとえば，国家，政府の政策・プログラム，力の配分，階級，偏見などと関係づけて説明することにある（Bass, 2009）．このように，ミクロ理論のように個人的な適応に着目するのではなく，より大きな枠組み，中でも社会経済的・制度的な制約によって老化が影響を受けるという枠組みを提唱している.

引用文献

Alley, D. E., Putney, N. M., Rice, M., & Bengtson, V. L. (2010). The increasing use of theory in social gerontology: 1990-2004. *Journal of Gerontology: Social Sciences, 65B*, 583-590.

Atchley, A. C. (1989). A continuity theory of normal aging. *The Gerontologist, 29*, 183-190.

Bass, S. A. (2009). Toward an integrative theory of social gerontology. In V. L. Bengtson, D. Gans, N. M. Putney, & M. Silverstein (Eds.), *Handbook of theory of ageing* (2nd ed., pp. 347-374). New York: Springer Publishing.

Burgess, E. (1960). *Aging in western societies*. Chicago: University Chicago Press.

Carstensen, L. L. (2006). The influence of a sense of time on human development. *Science, 312*, 1913-1915.

Cowgill, D. O., & Holmes, L. D. (Eds.) (1972). *Aging and modernization*. New York: Appleton-Century-Crofts.

Cowgill, D. O. (1974). Aging and modernization: a revision of the theory. In J. F. Gubrium (Ed.) *Late life: communities and environmentel policy* (pp. 123-146). Springfield: Chales C Thomas.

Cumming, E, & Henry W. E. (1979). *Growing old*. New York: Anro Press.

Dowd, J. J. (1975) Aging as exchange. : A preface to theory. *Journal of Gerontology, 30*, 584-594.

Hooyman, N. R., & Kiyak, H. A. (2002). *Social Gerontology* (Sixth ed., pp. 258-259). Boston: Allyn & Bacon.

Hooyman, N. R., & Kiyak, H. A. (2011). *Social gerontology: a multidisciplinary perspective* (Nineth eds., pp. 325-329). Boston: Allyn & Bacon.

Lemon, B.W., Bengston, V. L., & Peterson, J. A. (1972). An explanation of the activity types and life satisfaction among in-movers to a retirement community. *Journal of Gerontology, 27*, 511-523.

Riley, M. W., Johnson, M., & Foner, A. (1972). *Aging and society, Vol. 3: a sociology of age stratification*. New York: Russell Sage.

Riley, M. W., Kahn, R. L., & Foner, A. (Eds.). (1994). *Aging and structural lay*. New York: Wiley-Interscience.

Marshall, V. W. (1996). The state of theory in aging and the social science. In R. H. Binstock, L. K. George. (Eds.), *Handbook of aging and the social science* (Fourth ed., pp. 12-30). San Diego: Academic Press.

Marshall, V. W., Martin-Matthews, A., & McMullin, J. M. (2016) The interpretive perspective on aging In V. L. Bengtson, R. & A Settersten (Eds.), *Handbook of theories of aging* (Third ed., pp. 381-400). New York: Springer Publishing.

Passuth, P.M., & Bengtson, V.L. (1988) Sociological theories of aging: current perspectives and future directions. In J. E. Birren, & V. L. Bengtson (Eds.) *Emergent theories of aging* (pp. 333-355). New York: Springer Publishing Company.

中道　實（1997）．社会調査方法（p. 36）恒星社厚生角閣

Sugisawa, H., Sugihara, Y., Kobayashi, E., Fukaya, T., & Liang, J. (2019). The influence of life course financial strains on the later life health of the Japanese as assessed by four models based on different health indicators. *Ageing & Society, 39,* 2631-2652.

Tornstam, L. (1999). Transcendence in Later Life. *Generations : Journal of the American Society on Aging, 23* (4), 10–14.

参考文献

Bengtson, V. L., Settersten, R. A. (Eds.) (2016) *Handbook of theories of aging.* New York: Springer Publishing.

Wilmoth, J. M., Ferraro, K. F. (Eds.) (2007) *Gerontology: perspectives and issues* (3rd ed.). New York: Springer Publishing.

──────────────────
┤ アクティブ・ラーニング ├
──────────────────

＊老年学領域の実証研究の論文を一つ取り上げ，老年社会学や社会学に関する理論がなぜ，どのように用いられているかを説明せよ．

＊高齢者が直面する問題を一つ取り上げ，その問題がなぜ生じているかを，老年社会学などの理論を活用して説明を試みよ．

(杉澤　秀博)

2節　人口の高齢化

1. 人口高齢化の影響

　人口高齢化は社会システムに多様で大きな影響をもたらす．そのシステムとは，高齢者にとって一番身近な家族だけでなく，地域社会，企業，加えて年金，医療・介護の制度など広範囲にわたる．家族にとっては，介護状態になるリスクが大きい後期高齢者の増加は，核家族化の進展と相まって介護ストレスによる危機的な状況を拡大しかねない．地域社会に対しても，医療や介護サービス費用の社会的負担を抑制し，そのシステムを持続可能とするため，介護予防を重視した地域包括支援システムの構築などを迫ることになる．高齢者人口の増加という環境下で，公的年金支出の増加を抑制し，公的年金制度を維持するため，年金に替わる高齢者の経済保障として就労による収入の促進を図ろうとする．その結果として，企業に対して高齢者の再雇用や定年年齢の引き上げが強く求められるようになる．

　本章では，社会システムへの影響を考える際の前提となる人口高齢化について学習する．具体的には，人口高齢化の理論である人口転換理論とともに，人口高齢化の世界的な動向と日本の特徴について学習する．なお，人口高齢化の程度に基づき社会を区分した場合，国連と世界保健機関の定義によれば，7〜14％未満を「高齢化社会」，14〜21％未満を「高齢社会」，21％以上を「超高齢社会」としている（Tahara, 2016）．

2. 人口高齢化の理論

　人口の高齢化に関する理論に人口転換理論があり，経済発展に伴う出生率と死亡率の低下がそれぞれ異なるタイミングで起こる結果として，2回の人口転換が起こるというものである（河野, 2007）．高い出生率と高い死亡率の状態から，1回目の転換では，経済成長，物の豊かさ，医学・公衆衛生の進展の結果として死

亡率の低下のみが起こる．その結果として，人口規模が拡大する．この転換は欧州のいくつかの国では19世紀の初めに起こっている．その後，出生率の減少によって人口の増加が抑えられるという2回目の人口転換が起こる．出生率がなぜ減少するか，大きく2つの理由が示されている．1つは，子供の生存率の向上で多くの子供を持つ必要がなくなったからという理由であり，他の1つは子供の養育費用の増加や女性の社会進出に原因を求めるものである．出生率の減少は，以前のコホートと比較して最近のコホートの大きさを減らすことになるため人口高齢化につながる．同時に死亡率の減少もまた以前死亡していた人がより高齢まで生きることになることから人口高齢化をもたらす．その結果として，第2の人口転換後には再び第1回の人口転換の前のように人口の停滞期に至る．

　日本においては，およそ江戸時代までは出生率と死亡率がともに高く均衡することで，自然増加率は低かったとみられる．明治維新以後1950年くらいまでは，死亡率が出生率に先行して低下した時期にあたるため，人口増加がみられた．この時期が人口転換理論の第1の転換にあたる．出生率が急速に低下したのが1950年代であり，その後半以降出生率，死亡率ともに低い水準で均衡した結果，人口転換の第2回目を迎えることになった．このように日本も，人口転換理論を支持するような推移を辿っている（佐藤・金子，2015）．しかし，第2の人口転換後の推移については，日本では人口停滞という状況にはない．出生率が人口維持に必要な水準をかなり下回っており，他方では，高齢者の死亡率の改善も続いている．その結果として，超少子化・超高齢化を伴う人口減少社会という事態に陥っている．

3. 世界の動向

　表1には，世界全体と地域別の65歳以上人口に関連する指標を2020年と2050年で比較した結果を示している．国連による推計値（中位）では（United Nations, Department of Economic and Social Affairs, Population Division, 2019），65歳以上の高齢者人口は全世界でみると2020年に7億2,800万人，30年後の2050年には15億4,900万人と2倍以上，その割合も9.3％から15.9％に増加する．地域別にみると，先進地域においては65歳以上の人口は2億4,600万人（高齢

人口割合は 19.3%）から，2050 年には 3 億 4,490 万人（同 26.9%）と絶対数でも割合でも増加する．開発途上地域においてもそれぞれが 4 億 8,200 万人（同 7.4%）から 12 億 400 万人（同 15.0%）と，先進国と比較して高齢者が絶対数でも割合でも増加が著しい．つまり，開発途上国でも第 2 の人口転換が起こる状況にある．

65 歳以上の従属人口指数は，15〜64 歳を 100 とすると，全世界では 2020 年に 14.3，2050 年では 26.0 である．それぞれの値は先進地域では 30.0 と 43.7，開発途上地域では 11.3 と 23.3 であり，現役世代に対する負担が先進国だけでなく，開発途上地域においても増加するとみられている．

高齢者に占める介護リスクが高まる 75 歳以上の割合は，全世界では 2020 年で 37.0% であるが，2050 年には 47.3% と 10 ポイント程度増加する．この 75 歳以上の割合を地域別にみると，先進地域では 2020 年の 45.2% が 2050 年には 56.6%，開発途上国ではそれぞれの値が 32.8% と 44.7% になる．先進地域，開発途上地域のいずれも高齢者中の高齢化も進展することから，共通して医療・介護ニーズの

表 1　世界・地域別の 65 歳以上人口：2019 年と 2050 年

地域	高齢人口（千人）（高齢人口割合）		65 歳以上従属人口指数		高齢者人口の特徴			
					75 歳以上割合		性比（女性 100）	
	2020	2050	2020	2050	2020	2050	2020	2050
世界	727,606 (9.33)	1,548,852 (15.9)	14.3	26.0	37	47.3	81.5	84.6
先進地域	245,648 (19.3)	344,867 (25.2)	30.0	43.7	45.2	56.6	74.1	81.2
日本	35,916 (28.4)	39,882 (37.7)	48.0	66.8	51.3	62.7	77.3	81.0
開発途上	481,959 (7.39)	1,203,974 (15.0)	11.3	23.3	32.8	44.7	85.6	85.6

注 1）先進国は，ヨーロッパ，北アメリカ，オーストラリア，ニュージーランド，日本の国々である．開発途上国は，アフリカ，日本を除くアジア，ラテンアメリカ・カリブ海地域，メラネシア，ミクロネシア，ポリネシアの諸国である．
出典：United Nations Department of Economic and Social Affairs, Population Division, (2019)

増加への対応が必要となる．高齢者の性比をみると，女性を100とした場合の男性の比率は世界全体では2020年に81.5，2050年には84.6である．この比率は先進国ではそれぞれ74.1，81.2，開発途上国ではそれぞれ85.6，85.6と大きな違いはない．つまり，先進国，開発途上国を問わず，高齢者の問題は女性の問題とみることが必要である．

　高齢化のスピードについては，ヨーロッパ，北アメリカの地域と開発途上国では大きな違いがある．高齢者の割合が7％から14％に倍増するのにかかった時間で高齢化のスピードを測定すると，フランスでは115年，スウェーデンでは85年，アメリカでは69年と，半世紀かそれ以上であった．他方，中国では23年，韓国では18年，タイでは21年と，高齢化のスピードが速く，高齢者の割合が20年位で倍増している（He, Goodkind, & Kowal, 2015）．以上のように，開発途上国では先進国と比較し，より速いスピードで高齢化が進むことから，高齢化に伴う諸問題がより深刻に表れる可能性が高い．

4. 日本の高齢化の特徴

　表1には，日本の高齢化に関連する指標も併せて示している．高齢者数は2020年では3,592万人と全人口の28.4％であった．2050年には3,988万人，全人口の37.7％を占め，2020年よりも10ポイント程度増加する．そして，いずれの時点でも先進地域全体と比較して高齢人口の割合は10ポイント程度高い．従属人口指数をみると，2020年では48.0，2050年には74.3と，先進地域の中でも高い値を示しており，いかに現役世代の負担を軽減するかが重要な課題となっている．

　先進国の中でも高齢人口の割合が高いだけでなく，高齢者中の介護リスクが高まる75歳以上の高齢者の割合も，2020年では51.3％，2050年では62.7％と先進地域の平均と比較するとそれぞれ5ポイント程度高い．高齢化のスピードも7％から14％に増加するのに21年と他のアジア諸国と共通して速い．このように日本における高齢化は，「高い」「速い」「深い」という3つの特徴を有していることから，他の先進国よりも高齢化に伴う問題が深刻化する可能性が高い．加えて，日本国内に目を転じると，人口高齢化の現状は都道府県，市区町村などによる差

も大きく，高齢化に伴う住民のニーズの地域差が著しい．国全体で高齢化施策を拡充させるとともに，地域の実情に応じたきめ細やかな対策の構築も必要である．

引用文献

He, W., Goodkind, D., & Kowal, P. (2016) *An aging world: 2015* International population reports.

河野　稠果（2007）．人口学への招待：少子・高齢化はどこまで解明されたのか　中央公論新社

佐藤　龍三郎・金子　隆一（2015）．ポスト人口転換期の日本—その概念と指標—．人口問題研究，*71(2)*，65-85.

Tahara, Y. (2016) Cardiopulmonary resuscitation in a super-aging society: is there an age limit for cardiopulmonary resuscitation?- *Circulation Journal, 80*, 1102-1103

United Nations, Department of Economic and Social Affairs, Population Division (2019). *World Population Prospects 2019*, Online Edition. Rev. 1

⌒ アクティブ・ラーニング ⌒

＊日本では，人口高齢化に伴ってどのような政策が導入されてきたのか，それはなぜ導入されたのかについて考えよ．

＊日本において，人口高齢化への対応を考える際，家族形態の変化がどのような意味をもつか考えよ．

（杉澤　秀博）

3節　高齢期の社会関係

1. 社会関係に関する概念

1) 多様な概念の存在とその整理

　個人の社会関係を捉える概念には，社会的統合（social integration），社会的ネットワーク（social network），社会的支援（social support）があり，最近では，社会関係資本（social capital）という概念も登場している．社会的ネットワークについては社会関係の構造的側面，社会的支援についてはその機能的側面と定義する研究者が多いものの，それらを包括する概念として社会的支援を用いている人も多い．このように社会関係に関する概念が明確に整理されて用いられているとはいえない．そのため，まずは，概念整理のため，図1には杉澤（2012）が行った社会関係に関する概念の構成を示した．最も上位の概念として社会関係（social relations），その下位に構造的側面と機能的側面に関する概念が位置づけられている．社会関係資本については独自の研究の歴史があることから，ここでは第3の概念として位置づけられている．以下では，各概念の説明とともに，健康影響のメカニズム，さらに，概念間の関係性，最後に，社会関係を

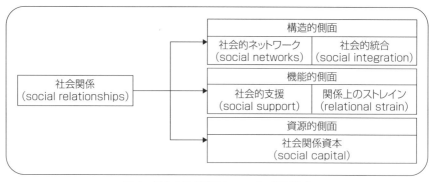

図1　個人の社会関係についての概念構成

出典：杉澤（2012）

説明する理論モデルについて説明する.

2）社会関係の構造的側面

　構造的側面には，社会的ネットワークと社会的統合が位置づけられる．社会的ネットワークは，個人を取り囲む社会関係の集合体およびその個別関係の特質と定義される．分析焦点を個人とするならば，個人（エゴセントリック）のネットワークと個人が属する集団のネットワーク（ソシオメトリック）に区分される．個人のネットワークを構成する2者間の関係の特質は，接触頻度，多重性（2者間の相互関係の種類の数），期間，互酬性などによって測定される．集団のネットワークの特質は，大きさ，密度（メンバーがお互いに関係している程度），同質性などによって測定される．

　社会的ネットワークの健康影響の経路としては，Cohen, Gottlieb, & Underwood（2000）が次のような経路の可能性を示している．①周囲の圧力などの社会的統制や保健サービスや健康情報の伝搬によって保健行動が促進される．②社会的ネットワークに統合されていることで，将来の見通しや安全性などの感覚，目的意識や帰属意識，あるいは安心感といった肯定的な感情が促される．③肯定的な感情が神経内分泌系の機能を抑制したり，免疫機能を高めたりして健康を促進させる．

　社会的統合については，社会的ネットワークの一部として位置づける研究者と独自の概念として位置づける研究者の両方がいる．独自の概念として，Geroge（1996）は，社会的統合を「社会構造に対する個人の帰属の程度」と概念規定し，操作的に「社会的役割や帰属組織の種類の数」と定義している．この定義によれば，役割理論や役割葛藤の面から理論的に社会的統合の健康影響を説明することが可能となる．

3）社会関係の機能的側面

　機能的側面として多く研究されているのが社会的支援であり，これは社会関係を通じて交換される支援と定義されている（Heaney & Israel, 2002）．社会的支援の機能は以下3つの視点から評価される．第1の視点は機能の違いに着目するものであり，①情緒，②手段，③情報，④同伴，⑤承認などに区分される．第2の視点は，認知的な支援か，実際の支援かに区分するものであり，認知的支援は

さらに，利用可能性と利用満足度に分けられる．第3の視点は，支援の方向性に関するものであり，支援の受領と支援の提供に分類される．

　社会的支援の健康影響の経路としては，ストレッサーを概念に加えたストレス緩衝モデルが考えられている．これは，社会関係を通じてストレスに対処するために必要な心理的・物理的資源が提供されることで，健康への効果が軽減されるというものである．さらに，ストレッサーが健康に与える効果の経路のどこに社会的支援が影響を及ぼし，その効果を軽減するかについても，いくつかの機序が示されている．Cohen, Goodlieb, & Underwood（2000）は，①出来事の深刻さと適応能力に対する低い評価，②ストレッサー経験の否定的認知・情動的反応，③身体的・行動的反応，という各段階に対する社会的支援の効果を説明している．①の段階においては，社会的支援を利用できるであろうという利用可能性への認知が，出来事の深刻さへの認知を低くし，それへの適応の能力への評価を高める．さらに，ストレッサーを経験した後において社会的支援を受けることで，②の段階のストレッサー経験に対する否定的な認知を低め，情動的な反応を軽減するとともに，③の段階の身体的・行動的な反応を軽減する．

　ここで重要なのは，社会関係の機能的側面は肯定的関係だけでなく，否定的な関係も概念化される必要があることである（Krause, 2001）．その内容は，①批判，②拒絶，③競争，④プライバシーの暴露，⑤互酬性の欠如などで特徴づけられる他者との不快な接触，非効果的な支援，過度な支援などがある．⑤に追随するものとして，支援を受けることへの心理的負担も無視できない．以上のような側面は関係上のストレインと定義することができる．

4）社会関係の資源的側面

　社会関係の資源的な側面に着目している研究者には，社会学者のLin（2001）がいる．資源的側面を表す概念を社会関係資本と名付け，「人々が何らかの行為を行うためにアクセスし，活用する社会的ネットワークに組み込まれた資源」と定義している．その定義は，先に示した社会的支援と概念的に重複しており，独自の側面として位置づける必要があるか否かについては議論の余地がある．しかし，社会学分野の研究においては，個人の社会関係を評価する際に，関係を取り結ぶ他者の社会的地位を反映させた指標を用いる．具体的には，Linによって提

起された個人の社会関係資本は，資源の保有者とその利用者の社会的地位を視野に納め，それを客観的に測定することを試みており，社会的支援の定義とは異なる内容を含んでいる．

　他方，公衆衛生分野では，社会関係資本については社会的ネットワーク，互酬性，信頼という3次元で構成される地域特性として概念化し，健康影響を分析する研究系譜がある．さらに，地域特性に限定せず，これらの構成概念を個人レベルにおける社会関係資本として同じように定義し，健康影響を分析する研究も行われている．このような公衆衛生分野での研究動向は，社会関係資本の構成概念である社会的ネットワークと互酬性に関しては，先に示した社会関係の下位の概念であるネットワークおよび社会的支援と概念的な区別が明確でない．現象を理解し，説明するための道具として概念が存在していることからすれば，社会関係資本の中でも個人レベルの概念については，その独自性を明確にすることが必要である．

5）社会関係を表す概念間の関係

　社会関係の健康影響を検討した研究の多くは，構造的側面と機能的側面をそれぞれ別々に取り上げており，この両者の関係をモデル化した研究は少ない．Berkman & Glass（2000）とSong（2009）は両者の関係のモデル化を試みた少ない例である．図2に示したように，Berkmanらは，社会的ネットワークという構造的側面が心理社会的な機能（社会的支援，社会的影響，人的接触など）の発現につながり，さらにそれらが3つの経路（①保健行動的経路，②自己効力感・自尊感情などの心理的経路，③免疫システム機能などの身体的経路）を介して健康に影響するというモデルを示している．さらに，特徴的であるのが，社会的

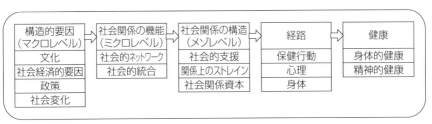

図2　社会関係の健康への影響のパスモデル

注：Berkman & Glass (2000) のモデルを参考に杉澤（2012）が作成．

ネットワークに影響する社会構造的な状態（文化，社会経済的要因，社会政策，社会変化など）をもモデルに位置付け，それによって健康に影響する要因のレベルを，マクロレベル（社会構造的状況），メゾレベル（社会的ネットワーク），ミクロレベル（心理社会的機能）の3段階に区分している点である．

2. 高齢期の社会関係を理解するための理論

　高齢期の社会関係を理解するための理論として，次の2つが提案されている．ライフコースの視点を導入し高齢者が役割から離脱しているにもかかわらず，安定した社会関係をなぜ継続できているのか，その理由を示したコンボイモデルと，社会関係に対する嗜好性の加齢変化に関する心理モデルから高齢期の社会関係の特徴を把握しようという情緒的選択理論の2つである．

1）コンボイモデル

　KahnとAntonucciによるコンボイモデル（Kahn & Antonucci, 1981）は，ライフコースの視点から高齢期の社会関係を理解しようとした理論的な枠組みである．このモデルの特徴は次の点にある．①ライフコースを役割の視点から捉える．すなわち，個人の生活は遂行している役割によって決定されており，ライフコースは長年にわたる役割の連続的な変化パターンである．②パーソナルネットワークは，個人が担う役割との関係で形成・維持されると同時に，例えば，職場の同僚との友人関係が退職後も継続する，あるいは仕事の役割からくるストレスへの対処を配偶者が手助けするというように，役割の境界線を越えて時間的・空間的に広がりをもつ．③役割はストレスの原因となるとともに，社会的支援を得るための機会や資源を提供する．④慢性的なストレスへの対処には，ストレスそのものを減らすことと，ストレスの影響を緩衝する2つがあるが，このモデルでは特に緩衝効果のある社会的支援に着目する．⑤ネットワークの概念をコンボイの概念に適用する場合，一般の社会関係ではなく，社会的支援の面から「愛情」「肯定」「援助」を一つ以上含むものとしてネットワークの定義を明確にし，測定可能なものとする．⑥ネットワークを静態的にとらえるのではなく，役割移行との関連で社会的支援の構造がダイナミックに変化する点に着目する．

　このようなコンボイの性質が老化のパターンに重要な意味をもつ．役割喪失は

年齢と結びついたものが多く，繰り返し起こるものもある．社会的支援が全体として役割関係に依存しているため，高齢者の場合役割を喪失する機会が多いことから，それに伴って社会的支援が弱体化し，結果として悲惨な状況に陥る可能性が高い．しかし，コンボイの中心部に役割以外の親密な関係にある人が位置付けられている場合，役割喪失は社会的支援の喪失とはならず，ウェルビーイングは維持される．コンボイモデルに基づく実証研究では，高齢期におけるコンボイのシステムをその親密性の程度を考慮して空間的に図示する方法がよく用いられている．その方法については，浅川（2003），藤崎の論文（1998）を参照すること．

2）社会情動的選択理論

　この理論は，Carstensen が生涯発達の枠組みに基づき提唱した理論である（Carstensen, 1991, 1992）．その問題関心は，高齢者の場合，社会的ネットワークの規模が小さくなっているにもかかわらず，マイナスの感情の増幅がなぜ起こらないかを理解することにあった．この現象を理解するため，社会情動的選択理論では社会的ネットワークの選択動機と時間認識の2つが重要な概念として位置づけられている（Carstensen, Lsaacowitz & Charles, 1999）．

　社会的ネットワークの選択動機については，「知識の獲得」と「感情規制」の2つある．「知識の獲得」は，他者を観察する，他者から指導を受けるなどして，生活に必要な言語や価値，文化などを習得することである．「感情規制」も他者との交流を通じて得られるものであるが，マイナスの感情をできるだけ避けプラスの感情を得るとともに，人生の意味を見出したり，他者と一体感を感じたり，社会の一員としての感覚を得たりするなどの内容が含まれる．社会的ネットワークの選択基準は，このような社会的ネットワークからの「知識の獲得」や「感情規制」のベネフィットを最大にすることにあり，その目的を達成するため社会的ネットワークを戦略的・順応的に選択する．

　時間認識とは，人々が社会的ネットワークを選択する際の動機として残された時間がどの程度あるかという認識であり，社会的ネットワークの選択動機に次のような影響を与える．すなわち，社会的ネットワークの選択に際しては，時間的に余裕があると考える場合には，他者との交流を通じて今後の生活に必要な言語や価値を習得しようとするため，「知識の獲得」を優先して選択する．他方，残

された時間に限りがあると考える場合には，他者との交流を通じて人生の意味を見出したり，他者と一体感を感じたりしようとするため，「感情規制」を優先して選択する．

以上の理論に基づき，若い学生と高齢者の社会的ネットワークの選択の違いをみると，学生の場合には，人生はこれからであり，残された時間がどれくらいあるかを意識することはほとんどない．そのため，社会的ネットワークの選択に際しては，将来を展望して就職の際に役立つ知識や技術，人脈の獲得を目指して，「知識の獲得」に比重を置く．これを達成するために，「感情規制」を犠牲にして，ストレスを感じながらも一面識もない人との接触を試みる．他方，高齢者の場合，周囲の同年代の人で死亡する人も少なくなく，自分に残された時間に限りがあるという意識をもつ．そのため，未来志向よりも現在志向をもち，現在をより楽しく，満足して生きることを追求する．あえて自らストレスを感じるような知らない人に接近し，無理に人間関係を広げようとはしない．つまり，社会的ネットワークを気心の知れた家族や親密な友人などに限定することで，精神的な安寧を図り，自分の居場所を見出そうとする．以上のように，社会情動的選択理論では，高齢者が自ら選択的に情緒的に親密なネットワークに限定することを明らかにしている．この選択動機に基づき，社会的ネットワークの規模が小さくなっているにもかかわらず，高齢者はマイナスの感情の増幅が少ないという現象の説明が可能となる．

以上の2つのモデルは，高齢期における社会的ネットワークが情緒的に親密なものに限定されるという点では共通しているものの，その原因についてはコンボイモデルでは役割喪失があっても社会的ネットワークが継続するという社会学的なモデル，社会情緒的選択理論では「感情規制」という心理メカニズムに着目している点で異なっている．

3. 高齢期の家族・友人

1）家族形態の変化

近年，日本の高齢者の家族形態には，次のような変化が生じていることが官庁統計や調査などから明らかになっている．第1に，夫婦のみとひとり暮らしの割

合の増加が著しい．65歳以上の高齢者のいる世帯の中で夫婦のみとひとり暮らしの世帯の合計の割合は，2018年では59.7％と2000年の割合（46.8％）と比較しても10ポイント以上増加している．他方，三世代世帯の割合は2018年では10.0％と，2000年の26.5％の約3分の1に減少している（内閣府，発行年未記載）．第2に，以前は子供の結婚と同時に同居することが一般的であったが，最近では晩年型同居が多くなっている．高齢者の子どもとの同別居の経過を直近の2015年調査でみると，85歳以上の高齢者では別居が37.1％と最も多いものの，次いで再同居が32.8％であり，この割合は継続同居の17.2％の2倍であった（国立社会保障・人口問題研究所2016）．第3には，65歳以上の配偶関係をみると，未婚と離別という理由で無配偶である高齢者の割合が増加している．未婚と死別による無配偶の割合は2000年ではそれぞれ2.6％と2.9％であったが，2015年にはそれぞれ4.6％，5.0％とほぼ倍増している（総務省統計局，2016）．日本ではその数は詳細には把握されていないが，同性婚なども世帯として一定の割合を占めつつある．このように，結婚し，子どもをもつというこれまで多かった世帯以外のいくつかの形態も一定の割合でみられるようになり，高齢者世帯の形態が様々に分散化する傾向にある．

2）配偶者との関係

　日本では夫婦関係に関する研究が少ない．その理由として，袖井は親子関係，とりわけ家長と家督相続人との関係が重視され，夫婦間の情愛は二次的なものに過ぎなかったこと，寿命が短く，出生数も少なく，さらに既婚子との同居が多かったなどの事情から，高齢期に夫婦のみで暮らす期間がほとんどなかったこと，などを指摘している（袖井，1999）．以下では，配偶者との関係について，婚姻の有無，結婚満足度，離死別の影響の3課題を取り上げ説明する．

　先の例で示したように，高齢者の中で未婚の割合が増加している．50歳時点で一度も結婚経験のない人の割合（生涯未婚率）は，2000年では男性12.6％，女性5.8％であった（厚生労働省，発行年記載）．この人たちが現在，配偶者と子供をもたないまま，高齢の年齢になっていると思われる．生涯未婚率は2035年には男性29.0％，女性19.2％と予測されており（国立社会保障・人口問題研究所，2018），未婚のまま高齢者になる人の割合は今後増加すると予想される．婚姻に

影響する要因の分析は，配偶者の有無や子供の有無が高齢期の私的な支援態勢の多寡に大きな影響をもっていることから，高齢者支援を考える上で重要な情報を提供する．研究の結果によれば，男性の場合には特に就業形態が影響し，非正規では婚姻の確率が低くなることが明らかにされている（趙・水ノ上，2014）．すなわち，高齢期の未婚者というのは，個人の自由な判断だけで未婚になっているとはいいがたく，若年期における不安定就業が高齢期における未婚者を増加させているというライフコース上の要因が影響している可能性もある．

結婚満足度については，2つの課題が取り上げられている．一つが結婚後の変化に関する研究である．すべての研究で支持されているわけではないが，多くの研究では，結婚満足度のパターンとして結婚直後では結婚満足度が高いものの，中年期では低下し，その後子どもが離家すると上昇するというU字カーブを描く（Atchley & Barusch, 2004）．その理由としては，次のような説明が加えられている．結婚当初は満足しているものの，中年期にはチャレンジングな出来事（例えば，子育て，キャリアの開発，介護問題など）を経験し，それへの対処に追われる．その結果として，夫婦のかかわりが減ることになるため結婚満足度が低下する．しかし，高齢期には結婚満足度の低い夫婦は離婚するなどの選択が働き，また中年期のストレスが軽減されることで結婚満足度が回復する．加えて，高齢夫婦は長く生活を共にすることで，経験が共有され，生活史も蓄積される．そのことによって人間としてのつながり，親密さ，さらに夫婦としての自己同一性が強まり，中年期と比較して結婚満足度が高くなる（Markson, 2003）．日本における研究は，1時点での調査では結婚満足度と婚姻年数との関連はU字カーブを示すものの，パネル研究では，婚姻年数が長くなると低下傾向にあることが示されている（永井，2011）．しかし，研究事例が少なく，結論を出せる状況にはない．

他の一つが結婚満足度の関連要因の研究である．日本の研究をレビューした袖井は，性のよる関連要因の違いが大きいことを明らかにしている（袖井，1999）．すなわち，結婚満足度は性別比較では男性の方が高いこと，性による関連要因の違いについては，女性では配偶者との会話時間や一緒の行動が満足度に強く影響していたものの，男性ではこれらの要因の影響が弱いこと，夫婦の規範に関わる

要因としては，「妻は夫につくすべき」という伝統的な夫婦関係の意識は夫の満足度を高めるものの，妻の満足度を低めることが示されている．

　死別・離婚の影響については，死別の影響が深刻であることが明らかにされている．工藤（1999）が日本における研究をレビューし，これまでの知見を次のようにまとめている．①死別者では老年期うつ病や認知症の発症，不眠，腰痛，倦怠感，疲労感，孤独感，あるいは寂寥感など精神的・身体的に問題を多く抱える．さらに，死亡率，経済的困難にまでその影響が及ぶ．②精神的・身体的な面での影響は死別後1年くらい以内に回復する．③死別後の生活適応には，良好な家族関係以外に友人ネットワークが重要である．④死別による経済的影響は女性に顕著であるものの，精神的な問題や幸福感，社会関係に対する影響は男性の方が深刻である．

3）子どもとの関係

　子どもと同居していない高齢者世帯の増加が著しい．このような高齢者世帯の変化は，子供世代が親と交流しない，あるいは親の面倒を見ないなど親子関係の希薄化の現れといえるのか．以下では，この問いに回答しつつ，同別居の要因，別居の子どもとの接触，子どもとの社会的支援の授受に関する研究を紹介する．

　同別居の要因については，直井によれば，次のような要因が同居の確率を高めることに貢献していたと指摘している（直井，2010）．①高年齢，無配偶，不健康・要介護，低所得などの高齢者側の要因，②持ち家などの高齢者の資源的要因，③共働き，低所得などの子ども側のニーズ要因，④長男，男子のいない長女などの家規範．

　別居の子どもとの接触については，内閣府による2015年の調査では別居子との交流頻度が週1回以上の割合は日本では51.2％であり，ドイツ（62.5％），アメリカ（78.6％），スウェーデン（78.1％）と比較して低いものの，半数の高齢者では別居の子どもとの交流を継続している（内閣府，発行年未記載）．別居子との交流頻度はこの15年間大きな変化はみられていない．2015年の調査については同居子の有無別に別居子との交流頻度もみている．分析の結果では週1回以上の交流頻度の割合は，同居子がいない人で56.1％といる人よりも高いものの（42.4％），欧米には及ばないということであった（藤崎，発行年未記載）．つま

り，高齢者の間での単身や夫婦のみの世帯の増加は，子どもとの交流が減少していることを意味しているわけではないが，親子関係の緊密さは欧米よりも弱い可能性がある．日本の高齢者の子どもとの関係は，「同居子との濃密接触と，別居子との疎遠な交渉」（湯沢・岡堂，1982）といわれているが，この傾向はかなり弱まっていることがうかがえる．

　社会的支援の授受については，白波瀬が4つの仮説を示し，それぞれの妥当性を検討している（白波瀬，2005）．その仮説とは，①勢力仮説，②男系型直系家族規範仮説，③利他的仮説，④世代間交換仮説である．各仮説がどのような結果が得られた場合に支持されるかについては，次のように説明されている．①については，支援を提供するか否かは高齢者ではなく子ども側の要因によって規定される，つまり親と子の勢力が逆転する場合にこの仮説が支持される．②については，家父長的な家族制度の下では長男であったり，あるいは妻に男の兄弟がいることが親への支援を左右することになる．このような結果が得られた場合にこの仮説が支持される．③については，支援を受ける側の利得が優先されるということであり，親の健康状態が悪い，あるいは一人ぐらしの場合に支援を提供することが多い場合にこの仮説が支持される．④については，高齢者への支援がこれまで高齢者が提供してくれた支援の有無によって影響される場合に，この仮説が支持される．分析の結果では，支援の内容と支援の提供先（夫の父か，母か，妻の父か，母かの4種類）によって支持される仮説が異なり，いずれの支援提供先にも共通して支持される仮説は見いだせなかった．他の研究においても，④に関連した仮説に基づき遺産相続と親子の支援の多寡との関係に着目した研究があるが，妥当性が十分に検証されなかったと指摘されている（直井，2010）．

4）非親族との関係

　非親族との関係については，配偶者や同居家族の有無が非親族との関係にどのような影響を与えるかを分析した研究が多い．その際の仮説としては，非親族との関係が特有の課題に対応する機能をもっているか（課題特定モデル），それとも代替性あるいは補完的な関係にあるか（階層的補完モデル）という2つが示されている．課題特定モデルは，Litwakらによって提案されたものであり（Litwak & Szelenyi, 1969），社会的支援の内容によって支援の提供者が決まって

いるというモデルである．階層的補完モデルは，社会的支援の提供者と社会的支援の内容の適合性よりも，その社会的支援の提供者間に序列が存在し，社会的支援の内容とは無関係に，その序列に基づいて社会的支援の提供者の決定がされるというものである．このモデルはCanterによって提案された（Canter, 1979）.

　小林による研究レビューでは（小林，2010），次のように要約されている．配偶者や同居家族がいない場合，非親族との交流頻度は多くなるものの，非親族とのネットワーク数には有意な差がないこと．さらに，非親族との接触頻度が多くなるのは，幅広い人々との交流によるよりも，特定の友人や近隣の人との交流が増すからではないかとみられること．社会的支援の種類別にみた場合，情緒的支援については，配偶者がいない人では配偶者からの支援に代替するレベルで，友人や近隣からの支援を受けることができていること．しかし，手段的支援については，配偶者や同居家族が優位であるとともに，家族がいない場合でも近所や友人から配偶者からの支援を代替できるほどには支援を受けることができていないこと．以上のように，親族と非親族との間の接触頻度や社会的支援については，実証研究においては課題特定モデルと階層的補完モデルのいずれも限定的な支持が得られているのみであり，結論に至っているとみなすことはできない．

引用文献

浅川　達人（2003）．高齢期の人間関係　古谷野　亘・安藤　敏孝（編著）新社会老年学—シニアライフのゆくえ—（pp. 109-139）ワールドプランニング

Atchley, R. C., & Barusch, A. S. (2004). *Social forces and aging: an introduction to social gerontology* (10th ed., pp. 193-194). Belmont: Wadsworth/Thomson Learning.

Berkman, L. F., & Glass, T. (2000). Social integration, social network, social support, and health. In L. F. Berkman, & I. Kawachi (Eds.), *Social epidemiology* (pp. 137-173). New York: Oxford University Press.

Canter, M., H. (1979). Neighbors and friends: an over looked resources in the formal support system. *Research on Aging, 1*, 434-463.

Carstensen, L. L. (1991). Selectivity theory: social activity in life-span context. In K. W. Schaie, & M. P. Lawton (Eds.), *Annual review of gerontology and geriatrics* (vol.11, pp. 195-217). New York: Springer Publication.

Carstensen, L. L. (1992). Social and emotional patterns in adults: support for socioemotional selectivity theory. *Psychology and Aging, 7,* 331-338.

Carstensen, L. L., Isaacowitz, D. M., & Charles, S. T. (1999). Taking time seriously: a theory of socioemotional selectivity. *American Psychologist, 54,* 165-181.

趙　彩・水ノ上　智邦（2014）．雇用形態が男性の結婚に与える影響　人口学研究, *37,* 75-89.

Cohen, S., Gottlieb, B. H., & Underwood, L. G. (2000). Social relationships and health. In S. Cohen, L. G. Underwood, & B. H. Gottlieb (Eds.), *Social support measurement and intervention.* (pp. 3-25). New York: Oxford University Press.

Heaney, C. A., & Israel, B. A. (2002). Social networks and social support. In K. Grantz, B. K. Rimer, F. Lewis (Eds.), *Health behavior and health education* (Third ed., pp. 185-209). San Francisco: Jossey-Bass.

George, L. K. (1996). Social factors and illness. In R. Binstock, L. K. George (Eds.), *Handbook of aging and the social sciences* (Forth ed., pp. 229-252). San Diego: Academic Press.

藤崎　宏子（1998）．高齢者・家族・社会的ネットワーク 培風館.

藤崎　宏子（未記載）．高齢者と子どもの交流―意識と実態にみる日本の特徴，内閣府　平成27年度第8回高齢者の生活と意識に関する国際比較調査結果（全文）（pp. 232-237）.

小林　江里香（2010）．友人・近隣関係　大内　尉義・秋山　弘子（編集代表）新老年学（第3版，pp. 1684-1693）東京大学出版会

Kahn R. L., & Antonucci T. C. (1981). Convoys of social support: a life course approach. In J. G. March (Ed.), *Aging: social change* (pp. 383-405). New York: Academic Press.

国立社会保障・人口問題研究所（2016）．第7回世帯動態調査　現代日本の世帯変動.

国立社会保障・人口問題研究所（2018）．日本の世帯数の将来推計（全国推計）.

厚生労働省（未記載）．平成29年版厚生労働白書：社会保障と経済成長.

Krause, N. (2001). Social support. In R. Binstock, & L. K. George (Eds.) *Handbook of aging and the social sciences* (Forth ed., pp. 272-294). San Diego: Academic Press.

工藤　由貴子（1999）．老年期の死別と離別 折茂　肇（編集代表）新老年学（第2版，pp. 1436-1444）東京大学出版会.

Markson, E. W. (2003). *Social gerontology today: an introduction* (p. 240). Los Angels: Roxbury Publishing.

Lin, N. (2001). *Social capital: a theory of social structure and action.* New York: Cambridge University Press.

Litwak E., & Szelenyi, I. (1969). Primary group structure and their functions: kin, neighbors, and friends. *American Sociological Review. 34*, 465-481.

永井 暁子 (2011). 結婚生活の経過による夫婦関係満足度の変化 社会福祉. *52*, 123-131.

内閣府 (未記載). 令和 2 年版高齢社会白書 (全体版).

内閣府 (未記載). 平成 27 年度第 8 回高齢者の生活と意識に関する国際比較調査結果 (全文).

直井 道子 (2010). 家族・親族関係 大内 尉義・秋山 弘子 (編集代表) 新老年学 (第 3 版, pp. 1675-1683) 東京大学出版会.

白波瀬 佐和子 (2005). 少子高齢社会のみえない格差：ジェンダー・世代・回想のゆくえ (pp. 135-160) 東京大学出版会

袖井 孝子 (1999). 老年期の夫婦関係 折茂 肇 (編集代表) 新老年学 (第 2 版, pp. 1429-1447) 東京大学出版会

Song, I. (2009). *Your body knows who you know*: Social capital and health inequality. Dissertation, Duke University.

総務省統計局 (2016). 平成 27 年国勢調査・人口等基本集計 (男女・年齢・配偶関係, 世帯の構成, 住居の状態など).

湯沢 雍彦・岡堂 哲雄 (1982). 家族と社会 (NHK 市民大学) 日本放送出版協会

参考文献

小林 江里香 (2010). 友人・近隣関係. 大内 尉義・秋山 弘子 (編集代表) 新老年学 (第 3 版, pp. 1684-1693) 東京大学出版会

杉澤 秀博 (2012) 健康の社会的決定要因としての社会関係：概念と研究の到達点の整理. 季刊社会保障研究, *48*, 252-265.

直井 道子 (2010). 家族・親族関係. 大内 尉義・秋山 弘子 (編集代表) 新老年学 (第 3 版, pp. 1675-1683) 東京大学出版会.

Cohen, S., Underwood, L. G., & Gottlieb, B. H. (Eds.) *Social support measurement and intervention*. New York: Oxford University Press.

アクティブ・ラーニング

＊独居高齢者を高齢者施策の対象とすることについての考えを述べよ.

＊高齢の男性と女性とでは，結婚満足度に差がある．その原因について考察せよ.

（杉澤　秀博）

4節　高齢期の就業と就業からの引退

1. はじめに

　就業は，老年社会学の研究が取り組まれるようになった最初の段階から主要な課題の一つであった．それは就業の継続よりも就業からの引退に着目した議論であった．すなわち，当時，老年社会学の理論として活動理論と離脱理論の2つが提唱されており，いずれも高齢期における就業からの引退を不可避なものととらえていたものの，活動理論では就業に替わる新しい地位や役割を確保し，活動を継続すること，離脱理論では活動から引退することが高齢者にとってプラスに働くという正反対の仮説を提示していた．

　しかし，現在，これらの理論が提唱された1960年当時とは大きく社会の様相が異なっている．高齢化が著しく進展する中で高齢者の就業の位置づけが大きく変化している．すなわち，就業からの引退を不可避と見るのではなく，高齢者の側から見れば「生涯現役」というように自分の能力と意欲が続く限り就業を継続する，社会の側もそれを可能とする「エイジフリー社会」の実現が目指されている．したがって，本章では，個人の適応の面から退職の影響を説明することにとどめず，昨今の政策動向との関連で重要な退職の決定や行動に関する要因の研究も紹介する．

2. 退職の定義

　まずは退職とは何か，その定義を示したい．Feldman（1994）は，「かなり長期にわたり維持された組織的な地位やキャリアから離脱することであり，中年以後の人によって経験され，それによって仕事へのコミットメントを減らすこと」と定義している．しかし，この定義は実証研究にそのまま使用することはできない．Ekerdt & DeViney（1990）は，これまでの研究をレビューし，退職の定義としてどのようなものが利用されているかを整理している．それによると，

「キャリアからの離職」「就業の完全な停止」「就業時間や稼働所得の大幅な減少」「年金をもらい始めた時点」「退職者であるとの自己評価」が退職の定義として用いられている．Beerhr, Glazer, Nielson, & Farmer (2010) は，時期，完全性，自発性の観点から退職を分類している．以上，様々な定義があるが，いずれがよいかは一概に言えるものではなく，問題関心によって選択する必要がある．

3. 退職の影響

1）仮説

　退職をイベントとしてみた場合，個人のウェルビーイングに与える影響は，以下のような3つの理論や視点に基づき仮説を立てることができる．第1が「役割理論」に基づく仮説であり，この理論から2つの相反する仮説が立てられる．役割強化からすれば，退職による役割からの離脱は危機として認識されることから，退職後にウェルビーイングが悪化する．この仮説は「活動理論」と整合的であり，古くから取り上げられているものである．他の一つは，役割緊張の立場に立つものであり，役割遂行に伴うストレスからの解放に注目している．ストレスからの解放の結果として，退職はウェルビーイングの改善をもたらす．第2の理論は「継続性理論」であり，この理論では役割に変化があったとしてもそれに対処する方略が維持されていることから，退職後もウェルビーイングに変化が生じないという仮説が立てられる．第3は「ライフコースの視点」であり，この理論に基づき2つの仮説が立てられる．ライフコースは，状態の変化を意味する移行と相対的に安定した生活という2つの軌跡に区分できる．ライフコースの中でも退職後の生活の軌跡に着目するならば，退職後の安定した生活は他者に対する責任を負うことなく，自分の楽しみを追求できることから，退職後ではウェルビーイングが改善あるいは変化なしということになる．他方，退職という移行に着目するならば，退職の影響を緩和するための資源が乏しい，退職に過度な期待をもっていた場合には不適応を起こし，ウェルビーイングが低下することになる．

　健康状態が悪いことが原因で退職することもあることから，因果の方向性が明らかな縦断的調査を用いた実証研究をレビューした結果では，退職のウェルビーイングへの効果は，悪化する，改善する，影響がないというように，一致した結

果が得られていない（杉澤，2010）．なぜ，一致した結果がえられないのか．その理由を明確にする必要はあるものの，巷間言われているような退職が否定的な影響をもっているという結果を一般化することはできない．

2）退職の高齢者への影響の多様性

退職の影響に関する研究の結果が一定の方向で収束しない理由として，Jonsson はある人に対しては改善する，ある人に対しては悪化する効果があるからと指摘している（Jonsson, 1993）．この指摘を裏づけるように，質的・量的な実証研究では退職の影響のパターンが複数あることが明らかにされている．Hornstein & Wapner (1985) による質的研究では，退職の意味づけが個人によって異なり，大きく「老化への通過点」「新しい活動・意識」「以前の活動の継続」「活動の衰退」という4パターンに分類できることが明らかにされている．Pinquart & Schindler（2007）と Wang（2007）の量的な研究では，退職前後に実施した複数回の縦断的調査に基づき退職の影響のパターンを分析している．分析の結果，いずれの研究とも「悪化後改善」「改善」という2つのパターンがあること，加えて Pinquart & Schindler は「改善後悪化」，Wang（2007）は「一定」という独自のパターンがあることを明らかにしている．以上の結果は，変化のパターンが「継続性理論」「役割理論」「ライフコースの視点」からそれぞれ導き出された特定の仮説を支持するのではなく，各仮説に適合的な人たちが混在していることが示唆されている．

では，どのような要因が影響の多様性をもたらしているのであろうか．分析モデルがいくつか紹介されているが，その一例として Moen によって示されているモデルを紹介する（Moen, 1996）．Moen はライフコースの重要な要素である「過程」「時期」「背景」を用いて，退職とウェルビーイングとの関係をモデル化している．それによれば，退職のウェルビーイングへの影響は，「過去の経験（就業，労働環境など）」「退職の時期（早期退職など）」「構造・状況（雇用情勢など）」が直接的に，あるいは「退職後の行動」（退職後の再就職など）「主観的な意味づけ」「経済的良好さ」を介して間接的に影響する，さらに「時期」や「過程」の影響は性によって異なるというモデルを示している．以上のモデルの要因すべてを全面的に取り上げ分析した研究はないものの，その一部を取り上げ，

それによる退職の影響の違いを実証的に明らかにした研究が行われている.

4. 退職行動

1）分析モデル

　経済状況と健康に着目した研究が多く行われている. 以下では, 日本ではあまり取り上げられていない職業要因, 家族要因, 構造的・文化的要因との関連で, 退職行動や意識に関連する要因を明らかにした研究を取り上げる. それぞれの要因に関する研究を紹介する際には, 最近注目されているライフコースの視点, すなわち「以前の経験」を分析枠組みに位置づけた研究も併せて紹介する.

2）職業の影響

　退職前の仕事の特質や仕事への態度という心理的要因が, 退職の志向性や時期に影響するか否かを分析した研究は数多く行われている. 研究レビューを行ったBeehrらによれば, 仕事に関連する心理的要因は退職の志向性に関しては有意な影響をもつものの, 実際の退職時期に対してはそれほど大きな影響がないと指摘している（Beehr et al., 2000）. ライフコースの視点から職歴が退職に与える影響を評価した研究は少ない. 数少ない例ではあるが, Hayward, Friedman, & Chen は, 中年期までのキャリア（最長職の仕事の特質, 転職・失業の回数）と直近の職業要因（仕事の特質）のいずれも退職年齢に有意に影響することを明らかにしている（Hayward, Friedman, & Chen, 1998）.

3）家族の影響

　家族要因としては, 経済状況, 健康, 要介護者の存在, 配偶者の就業状況が取り上げられてきた. 家族の経済状況については, 文献レビューに基づき, 退職の可能性が本人の年金給付額だけでなく配偶者の年金給付額によって影響を受けること, 家族に対する経済的な扶養義務の有無によっても左右される可能性があることが示されている（Szinovacz, & Deviney, 2000）. さらに, 配偶者の年金給付の影響は女性の方が, 扶養義務については男性の方が大きいという性差の可能性が指摘されている. 家族の健康や家族介護の影響についても, 性により異なり, これらの要因は男性では退職に影響しないが, 女性では退職を促すように作用するという研究が多い（Szinovacz, & Deviney, 2000）. 加えて, 女性については,

介護役割を引き受けることと就業の継続とが相反する関係にあるとみられがちであるが，多くの女性が就業しながらも介護役割を引き受けていること，一般的な退職年齢に近い場合には就業を中止し，介護役割のみを引き受ける可能性が高いという結果も得られている（Moen, Robinson, & Fields, 1994）．最近，日本では男性の介護者も増加していることから，以上の研究の一般化については，男性を対象に追試が必要である．

家族関係，中でも配偶者の就業が退職に影響するか否かを分析した研究が多い．初期の研究では，夫婦のうち一方の退職が他方の退職を促進するか否かが中心的な課題であった．その後，配偶者の退職の影響に性差があるかなど性役割規範や勢力関係を意識した研究が行われるようになった．その中では，夫婦間の年齢に大きな開きがない場合には男性の退職の方が女性のそれよりも相手の退職に大きな影響があること（Szinovacz & Deviney, 2000）が明らかにされている．

4）構造的・文化的要因

退職行動は，高齢者に対する国の就業政策や労働市場というマクロな社会的環境の影響を受けている．しかし，個人の退職行動にこのようなマクロな要因がどのような影響があるかを分析した研究は少ない．数少ない研究例として，失業率やインフレーション率が個人の退職行動に影響するか否かを分析した研究（Hayward et al., 1998），オーストリアと米国を対象に早期退職の容易さや退職時期を延長する機会の国による違いが，共働きの退職行動に違いを生じさせるか否かを分析した研究（Szinovacz, 2002）がある．

文化的要因については，退職の年齢や退職のパターンのコホートによる差が個人の特性によって説明されないことから，何らかの文化的・時代的要因が影響している可能性を示唆した研究（Elder, & Pavalko, 1993），さらに，退職時期を決める際年齢を基準として考える規範が弱くなっているか否かを分析した研究がある（Settersten, 1998），

5）性差

Szinovacz, & Deviney は，退職の関連要因の性差に関する仮説を以下のように示している（Szinovacz, & Deviney, 2000）．第1に，職歴の影響の違いであり，女性の場合子育てなど家庭内の役割が職業の中断につながり，そのことが高齢期

の退職にも影響しているというものである．すなわち，職業中断は賃金における性差別も加わり，年金額も低くなることから，女性の退職年齢が延びたり，退職時期が配偶者の年金に依存する傾向が強まる．第2に，伝統的な家族規範の影響である．家庭内労働が主に女性の役割であるという伝統的な規範は，中心的な稼ぎ手である男性の発言力を強くしていることから，夫の退職は配偶者である女性の継続就業を制約する．第3は，性役割規範の夫の退職への影響である．第2で示した伝統的な規範をもつ夫は退職後において家庭の役割を担うことを躊躇し，家庭の役割を女性が担うことを期待するとともに，退職に伴う経済的な担い手がいなくなるという不安から退職を延期する．研究例としては，Pienta（2003）による研究がある．この研究では，女性の場合男性と比較して，伝統的な家族規範の影響から配偶者の退職が就業継続により強く関連するという仮説が支持されるか否かを検証しており，これを支持する結果を得ている．職業要因の退職への影響の性差についての研究も行われている．この研究では，職歴や仕事へのコミットメントが退職に与える影響に性差がないという結果に基づき，退職の決定に関わる職業要因は性によりかなり共通しているのではないかと考察している（Reitzes, Mutran, & Fernandez, 1998）．

5. 退職後の再就職

　高齢者が就業継続を考えた場合，同じ企業で継続して就業する以外にも他の職場に再就職する選択肢もある．しかし，他の職場への再就職の道はかなり狭く，困難であることから，退職後の再就職に影響する要因の分析は焦眉の課題となっている．

　最長職を退職した後の再就職に影響する要因については，Feldman & Kim が研究のレビューをしており，年齢が若い，健康である，退職前の賃金が低く貯蓄が少ない，就業年数が長いという個人的特性が再就職の可能性を高くすると指摘している（Feldman & Kim, 2000）．構造的要因に着目した研究には，Beck の研究がある（Beck, 1985）．この研究では，最長職を退職する前に属していた産業やその時期の失業率が退職後の再就職に影響するか否かを分析している．仮説としては，基幹産業でない産業で働いていた人では雇用のルールも弱いため再就職

の機会が多いというものであった．研究ではそれを支持する結果が得られている
ものの，その影響は個人特性（収入と健康）と比較してかなり小さい．

引用文献

Beck, S. H. (1985). Determinants of labor force activity among retired men. *Research on Aging, 7*, 251-280.

Beehr, T. A., Glazer, S., Nielson, N. L., & Farmer, S. (2000). Work and nonwork predictors of employees' retirement ages. *Journal of Vocational Behavior, 57*, 206-225.

Elder, G. H. Jr., & Pavalko, E. K. (1993). Work careers in men's later years: transitions, trajectories, and historical change. *Journal of Gerontology, 48*, S180-S191.

Ekerdt D. J., & DeViney, S. (1990). On defining persons as retired. *Journal of Aging Studies, 4*, 211-229.

Feldman, D. C. (1994). The decision to retire early: A review and conceptualization. *Academy of Management Review, 19*, 285-311.

Feldman, D. C., & Kim, S. (2000). Bridge employment during retirement: a field study of individual and organizational experiences with post-retirement employment. *Human Resources Planning, 23*, 14-25.

Hayward, M., D, Friedman, S., & Chen, H. (1998). Career trajectories and older men's retirement. *Journal of Gerontology: Psychological Sciences and Social Sciences, 53B*, S91-S103.

Hornstein, G. A., & Wapner, S, (1985). Models of experiencing and adapting to retirement. *International Journal of Aging and Human Development, 21*, 291-315.

Jonsson, H. (1993). The retirement process in an occupational perspective: a review of literature and theories. *Physical and Occupational Therapy in Geriatrics, 11*, 15-34.

Moen, P. (1996). A life course perspective on retirement, gender, and well-being. *Journal of Occupational Health Psychology, 1*, 131-144.

Moen, P., Robinson, J., & Fields, V. (1994). Women's work and caregiving roles: a life course approach. *Journal of Gerontology: Social Sciences, 49*, S176-S186.

Pienta, A. M. (2003). Partners in marriage: an analysis of husbands' and wives' retirement behavior. *Journal of Applied Gerontology, 22*, 340-358.

Pinquart, M., & Schindler, I. (2007). Changes of life satisfaction in the transition to retirement:

A latent-class approach. *Psychology and Aging, 22*, 442-455.

Reitzes, D. C. Mutran, E. J., & Fernandez, M. E. (1998). The decision to retire: a career perspective. *Social Science Quarterly, 79*, 607-619.

Settersten, R. A. (1998). Time, age, and the transition to retirement: new evidence on life-course flexibility. *International Journal of Aging and Human Development, 47*, 177-203.

Szinovacz, M. E., & Deviney, S. (2000). Marital characteristics and retirement decisions. *Research on Aging, 22*, 470-498.

Szinovacz, M. E.(2002). Couple retirement patterns and retirement age: a comparison of Austria and the United States. *International Journal of Sociology, 32*, 30-54.

杉澤　秀博（2010）退職行動　大内　尉義・秋山　弘子（編集代表）新老年学（第3版，pp. 1720-1726）東京大学出版会.

Wang, M. (2007). Profiling retirees in the retirement transition and adjustment process: examining the longitudinal change patterns of retirees' psychological well-being. *Journal of Applied Psychology, 92*, 455-474.

参考文献

杉澤　秀博（2010）退職の影響　大内　尉義・秋山　弘子（編集代表）新老年学（第3版，pp. 1709-1720）東京大学出版会

杉澤　秀博（2010）退職行動　大内　尉義・秋山　弘子（編集代表）新老年学（第3版，pp. 1720-1726）東京大学出版会

山田　篤祐（2010）就業　大内　尉義・秋山　弘子（編集代表）新老年学（第3版，pp. 1697-1709）東京大学出版会

（　アクティブ・ラーニング　）

＊高齢者の職業生活上のストレスとそれが健康や生活満足度に与える影響について調べよ.

＊定年退職制度は維持する方かよいか，廃止した方がよいか，その理由も合わせて意見を述べよ.

（杉澤　秀博）

5 節　高齢期における格差

1. 高齢者の間の格差

　現在の高齢者の定義としては，65 歳という暦年齢を用いる場合が圧倒的に多い．最近では，高齢者の定義を見直し，75 歳以上を高齢者と定義する提案が日本老年学会と日本老年医学会から出された．その理由は，前期高齢者では心身の健康状態が保たれており，活発な社会活動が可能な人も多人数を占めること，さらに 70 歳以上あるいは 75 歳以上を高齢者と考える意見が人々の間で多いからというものであった（日本老年学会・日本老年医学会，2018）．たしかに，全体としてみれば，高齢者の心身の老化は遅延している．しかし，経済面でみると，経済的に豊かで健康や生きがいのために就業をしている人もいれば，年金額が少ないため，身体的には厳しいものの生活費を稼ぐために就業せざるを得ない高齢者もいる．健康の面でみても，心身ともに健康で生産的な活動に従事している高齢者もいれば，認知機能が衰え，日常生活に支援が必要な人もいる．不平等や格差は，社会的に望ましい資源が人々の間や集団間で偏って分布している状態を指している（佐藤，2014）．したがって，上記のような高齢者における所得や健康状態の分布の違いは，「格差」「不平等」として理解することができる．以下では，高齢期における格差について，特に経済と健康に焦点をあて，明らかにされていることを紹介したい．

2. 高齢期の経済格差

1）高齢者の所得の推移

　シニアビジネスといわれるように，高齢者はその量的な増加から商品販売の対象者としてクローズアップされるようになった．このようなマーケットの対象とする高齢者像は，経済的に安定し，活発な活動を行い，消費意欲も高い人たちである．かつての高齢者に対する「経済的な弱者」というレッテルからは想像でき

ない．高齢者世帯（65歳以上の者で構成されるか，またはこれに18歳未満の未婚の者が加わった世帯）の等価所得の推移をみると，直近の2017年の国民生活基礎調査のデータでは235.2万円で全世帯のそれ（290.9万円）の80.9％である（内閣府　発行年未記載）．高齢者世帯の所得は全世帯を比較して平均には低いものの，2000年の数値（高齢者世帯243.9万円，全世帯358.5万円）の68％と比較すると，かなりの改善がみられている．高齢者の所得が相対的に増加したのは，高齢者世帯の所得が上昇したのではなく，全世帯の所得が低下した結果であるとはいえ，全体としてみれば「経済的な弱者」とみなすことはできないかもしれない．

2）国際比較から見た日本の高齢者の貧困

　では，高齢者の中での所得格差はどうであろうか．経済協力機構（Organisation for Economic Co-operation and Development: OECD）に加盟している国々の高齢者（66歳以上）における相対的貧困率を直近の2016年のデータでみると，日本は19.6％で，アメリカ（23.1％）ほどではないものの，フランス，ドイツ，ノルウエーなど（これらの国では10％未満）と比較するとかなり高い（OECD, date unknown）．ここでいう相対的貧困率とは，世帯収入を世帯員数で調整した等価可処分所得の中央値の50％を相対的貧困線とし，その基準未満の人口割合である．以上の傾向はこの20年間で大きな変化はなく，日本はOECDの中では高齢者の貧困の割合が高い国の一つに数えられる．

3）若い層と比較した高齢者の所得格差

　年齢階級別の等価再分配所得（当初所得から税金，社会保険料を控除し，社会保障給付（現金，現物）を加えたもの）のジニ係数は，2017年では65〜69歳が0.32，70〜74歳が0.30，75歳以上が0.35であり，これらの値は30〜54歳までの年齢階級の約0.3と比較して大きな差はない（厚生労働省政策統括官，2019）．ジニ係数とは，分布の集中度あるいは不平等度を示す係数で，0に近づくほど平等で，1に近づくほど不平等であることを意味している．2001年においては，65〜69歳が0.35，70〜74歳が0.36，75歳以上が0.39と，それ以下の年齢層では同じく0.3程度であったことから，この20年間でみると，高齢者の所得格差はそれ以外の年齢層と比較してむしろ縮小している．

4）高齢者における所得格差の原因

　これまで高齢者の所得格差で着目されてきたのが，世帯構成であった．阿部（2020）は，国民生活基礎調査のデータを用いて，高齢者の世帯構成別に相対的貧困率を計算している．その結果によると，高齢者の相対的貧困率は2015年では単独世帯が29.2％，ひとり親と未婚子のみが21.3％，三世代が8.5％で，特に単独世帯の割合が高い．しかし，2003年では，それぞれの割合が34.6％，27.9％，9.1％と，最近になるにしたがってその差は縮小している．性別にみると，女性については，高齢者の相対的貧困率は単独世帯で46.1％，ひとり親と未婚子のみで24.8％であった．高齢女性の単独世帯の相対的貧困率は三世代（10.6％）の5倍で，高齢男性よりも貧困者の割合が多く，深刻である．なぜ，高齢女性の単独世帯で貧困率が高いのか．高齢期の貧困の要因に関する山田の指摘（山田，2010）を参考にするならば，次のようなことが関係していると思われる．①高齢期の場合でも就労が所得を引き上げる割合が高いが，女性の場合非正規雇用が多く，貧困リスクの軽減効果が弱い，②単身になる可能性が高い女性の離別経験は女性高齢者の所得を下げ，貧困リスクを高める．

　ライフコースの視点から高齢期の所得格差の要因にアプローチした研究もある．それは山田（2010）による研究であり，ライフコース上の非正規雇用の影響を分析している．分析に際して，雇用の非正規化が高齢期の相対的貧困に悪影響を及ぼすパスを2つ想定している．その一つが未婚の子どもと同居することによるマイナスの影響である．平均的な結婚年齢に当たる30歳代では非正規は婚姻率が低く，さらに経済的に漸弱であることから，親と同居することで経済的な問題に対応しようとする．そのことが高齢期における貧困の可能性を高める．第2は，本人が受給できる公的年金額に反映されることによるマイナス影響である．雇用の非正規化は国民年金の未納率を押し上げ，将来的には低年金・無年金者として顕在化し，高齢期における貧困の原因となる．山田は，この2つの仮説が妥当であるか否かをデータに基づき検証し，この2つの仮説がいずれも支持されることを明らかにしている．この研究は，最近，その割合が増加している中年期までの非正規雇用が高齢期の所得格差につながる可能性を示唆している．しかし研究事例が少ないことから，今後蓄積が望まれる．

3. 高齢期の健康格差

1）日本の研究の歴史

　欧米においては1990年以降に本格的な取組が始まったが，日本においても2000年以降，学歴，職業，収入といった社会階層による健康格差に関する研究が本格的に取り組まれるようになった．しかし，研究の多くは幼少期，中年期あるいは職域の人々を対象としており，高齢者を対象とした研究は，日本では2000年を前後して行われるようになったものの，日本だけでなく欧米においても研究蓄積が少ない（杉澤，2018）．高齢者の介護予防・健康づくりについては，個人の健康的なライフスタイルを支える地域や自治体レベルの支援策の構築が強調されている．しかし，社会階層による健康格差に関する研究蓄積を踏まえるならば，健康の社会的な決定要因を視野に収めた対策の構築が必要である．以下では，高齢期の健康格差の特徴，健康格差のメカニズム，さらに，ライフコースの視点からの高齢期の健康格差の要因の解明についての研究の概要を説明する．

2）高齢期における健康格差：若い人との比較

　2つの正反対の仮説が示されている（Dupre, 2007）．一つが蓄積的不利仮説（the cumulative disadvantage hypothesis）であり，この仮説に基づくならば，健康のリスク要因への曝露時間が加齢に伴い長期化することから格差が拡大する．他の一つは年齢が格差の解消に貢献（age-as-leveler hypothesis）するというものであり，社会階層が低い人ではより若い年齢で健康悪化が始まり，高齢期までに死亡する確率が高くなる，つまり選択的死亡によって健康格差が解消する．欧米における研究では中年期以降では加齢に伴って格差が解消される傾向にあることが示されている．日本では，Liang et al. (2002), Sugisawa, Harada, Sugihara, Yanagisawa, & Shinmei (2018) が死亡，健康度自己評価，日常生活動作という健康指標を用いて社会階層の格差が年齢によってどのような影響を受けるかを分析している．分析の結果，高齢期では社会階層による健康格差が減少すること，さらに80歳前後で階層差が逆転し，それ以降では社会階層が低い人で健康度が良好であることを明らかにしている．この現象は，選択的死亡によるものと推察されている．すなわち，階層が低い場合には健康度の低下が死亡に結びつき，分析

の対象から除外されるが，階層が高い場合には健康度が低下しても長く生きることができ，その結果として分析の対象者として分析に加えられることから，階層が高い人で健康状態が低いという結果が生じる．

3）社会階層が健康格差を生じさせるメカニズム

　社会階層による健康格差発生のメカニズムとして，①唯物論的メカニズム，②行動学的メカニズム，③心理認知メカニズム，④政治動学的メカニズムなどが示されている（橋本・盛山，2015）．①の唯物論的メカニズムについては，教育や医療・福祉などに充てる資源の絶対量が健康に影響することから，社会階層の低い人ではこれらの資源に対するアクセスが制限されるため，健康格差が生じるとみている．②の行動学的メカニズムとは，社会階層の低い人では健康維持や悪化防止のために必要な生活習慣や健康行動をとることが困難であることから，その結果として疾患に罹患しやすく，健康状態の悪化を招きやすいという見方である．③の心理認知メカニズムについては，社会階層による心理的ストレスへの曝露の違いによって健康格差が生じる，あるいは社会階層によって自尊感情など心理的な資源の分布が異なり，それによって健康格差が生じるという見方である．④の政治動学的メカニズムは，社会階層が低い集団では政治的発言力や行動機会が乏しいことから，その結果として社会政策上の利益を享受しにくく，健康に関する資源へのアクセスも制限されるというものである．

　高齢者だけでなく，他の年齢層や就業者を対象とした研究においても，社会階層が健康格差を生じされているメカニズムを解明した研究は少ない．数少ない例として，③の視点からの研究があげられる．健康行動である運動や食生活などのリスク要因が社会階層によって異なること，さらに健康行動の階層差が自己効力感，周囲からの支援，時間的な展望といった心理的要因によって説明されることを明らかにした研究がある（Sugisawa, Nomura, & Tomonaga, 2015; Sugisawa, Harada, Sugihara Yanagisawa, & Shinmei, 2020a; Sugisawa, Harada, Sugihara Yanagisawa, & Shinmei, 2020b）．

4）ライフコースの影響

　高齢期の社会階層が健康格差に関連しているだけでなく，高齢期に至るまでのライフコース上の社会階層の軌跡が高齢期の健康に影響している可能性が指摘さ

れている．社会階層の軌跡が高齢期の健康に影響するモデルについては，①即時効果モデル，②経路効果モデル，③蓄積効果モデル，④潜在効果モデル，⑤変化効果モデル，の5種類ある（Glymour & Ertel, 2009）．図1では，それぞれのモデルの違いを理解しやすいように各モデルを図に示している．①即時効果モデルは，直近の中年期の社会階層が高齢期の健康に影響するというモデルである．②経路効果モデルは，小さい時の社会階層がその後の社会階層や生活習慣に次々に影響し，高齢期の健康格差がもたらされる．③蓄積効果モデルは，高齢期までに低位な社会階層に属する期間や回数が多いほど高齢期の健康度が低くなるというものである．④潜在効果モデルは，高齢期以前の特定の時期に低位な社会階層に属すること（図では少年期）が健康に影響するというものである．最後の⑤変化効果モデルについては，高齢期までに帰属する社会階層の変化のパターンによって高齢者の健康に格差が生じるというものである．

　欧米においても高齢者の健康に対してライフコース上の社会階層の影響を分析

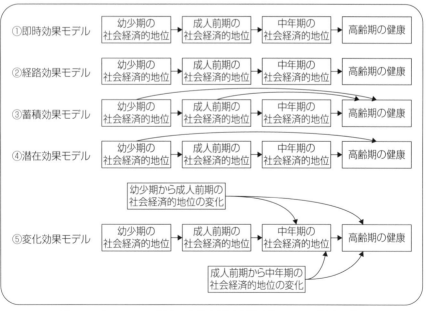

図1　ライフコースの視点から見た暴露時期の違いによる病因モデル

注：Glymour et al. (2010) を参考に杉澤が作成

222

した研究は少ない（Kahn & Pearlin, 2006）．日本でも数は少ないが，潜在効果モデルの妥当性（Fujiwara, Kondo, Shirai, Suzuki, & Kawachi, 2014; Tani, et al., 2016），モデル間の妥当性の比較（Sugisawa, Sugihara, Kobayashi, Fukaya, & Liang, 2019）を試みた研究が行われている．

引用文献

阿部　彩（2020）．相対的貧困率の長期的動向：1985-2015. 首都大学東京　子ども・若者貧困研究センター.

Dupre M. E. (2007). Educational differences in age-related patterns of disease: reconsidering the cumulative disadvantage and age-as-lebeler hypothesis. *Journal of Health and Social Behavior, 48*, 1-15.

Fujiwara, T., Kondo, K., Shirai, K., Suzuki, K., & Kawachi, I. (2014). Association of childhood socioeconomic status and adulthood height with functional limitations among Japanese old people: results from the JAGES 2010 Project. *Journal of Gerontology: Biological Sciences and Medical Sciences, 69*, 852-859.

Glymour, M. M., Ertel, K. A., & Berkman, L. F. (2009). What can life-course epidemiology tell us about health inequalities in old age? *Annual Review of Gerontology and Geriatrics, 29*, 27-56.

橋本　英樹・盛山　和夫（2015）社会階層と健康　川上　憲人・橋本　英樹・近藤　尚己（編）社会と健康：健康格差解消に向けた総合科学的アプローチ（pp. 21-37）東京大学出版会

Kahn, J. R, & Pearlin, L. I. (2006). Financial strain over the life course and health among older adults. *Journal of Health and Social Behavior, 47*, 17-31.

厚生労働省政策統括官（2019）．平成 29 年所得再分配調査報告書.

Liang, J., Bennett, J., Krause, N., Kobayashi, E., Kim, H., Brown, J. W., …Jain, A. (2002). Old age mortality in Japan: does socioeconomic gradient interact with gender and age. *The Journals of Gerontology Series B: Psychological Sciences and Social Sciences, 57*, S294–307.

内閣府（未記載）．令和 2 年版高齢社会白書（全体版）.

日本老年学会・日本老年医学会（2018）．高齢者に関する定義の検討ワーキンググループ報告書.

OECD (date unknown). *Pensions at a glance: income and poverty of older people*. OECD.Stat.

OECD (2019). *Pensions at a glance 2019: OECD and G20 indicators*. Paris: OECD publishing.

OECD (2011). *Pensions at a glance 2011:retirement-income systems in OECD and G20 countries*. Paris: OECD publishing.

佐藤　嘉倫（2014）不平等・格差　社会調査協会（編）社会調査事典（pp. 376-377）丸善出版社

杉澤　秀博（2018）．高齢者における健康格差研究のリサーチ・クエスチョン：社会階層に着目して．老年社会科学, *40*, 59-66.

Sugisawa, H., Nomura, T., & Tomonaga, M. (2015). Psychosocial mediators between socioeconomic status and dietary habits among Japanese older adults. *The Journal of Nutrition, Health and Aging, 19*, 130-136.

Sugisawa, H., Harada, K., Sugihara, Y., Yanagisawa, S, & Shinmei, M. (2018). Socioeconomic status disparities in late-life disability based on age, period, and cohort in Japan. *Archives of Gerontology and Geriatrics, 75*, 6-15.

Sugisawa, H., Sugihara, Y., Kobayashi, E., Fukaya, T., & Liang, J. (2019). The influence of lifecourse financial strains on the later-life health of the Japanese as assessed by four models based on different health indicators. *Ageing and Society, 39*, 2631-2652.

Sugisawa, H., Harada, K., Sugihara, Y., Yanagisawa, S, & Shinmei, M. (2020a). Time perspectives as mediators of the associations between socio-economic status and health behaviours in older Japanese adults. *Psychology and Health, 35*, 1000-1016.

Sugisawa, H., Harada, K., Sugihara, Y., Yanagisawa, S, & Shinmei, M. (2020b). Health, psychological, social and environmental mediators between socio-economic inequalities and participation in exercise among elderly Japanese. *Ageing and Society, 40*, 1594-1612.

Tani Y, Fujiwara T, Kondo N, Noma, H., Sasaki, Y., & Kondo, K. (2016). Childhood socioeconomic status and onset of depression among Japanese older adults: the JAGES Prospective Cohort Study. *American Journal of Geriatric Psychiatry, 24*, 717-726.

山田　篤裕（2010）．高齢期の新たな相対的貧困リスク．季刊社会保障研究, *46*, 111-126.

参考文献

近藤　克則（編）．（2007）検証「健康格差社会」　医学書院

川上　憲人・橋本　英樹・近藤　尚己（編）（2105）．社会と健康：健康格差解消に向けた総合科学的アプローチ　東京大学出版

＊高齢者が経済的な貧困に陥る要因について調べ，その対策としてどのようなものがあるかを示せ．

＊高齢期における健康格差をどのように解消することができるか，その方法と根拠を示せ．

（杉澤　秀博）

6節　エイジズム

1. 日本における研究

　Butler（1989）は，人種に伴う差別・偏見をレイシズム，性に伴う差別・偏見をセクシズムと称するというように，年齢に伴う差別・偏見に対してエイジズムと名付けた．その時期は1969年であった．日本において，エイジズムに類似の概念である老人観に関する記述は，1891年と1916年に発刊された穂積陳重による「隠居論」にみられる（副田，1986）．そこでは，高齢者の社会的地位の位置づけの習俗は，食老俗，殺老俗，棄老俗，そして退老俗と推移したとされている．ただし，副田によれば，穂積は中世までの日本において，それらが一般化した習俗として存在したか否かについては判断資料を示していないとしている（副田，1986）．とはいえ，最後の退老俗については，中国からの儒教の影響に基づき，武家時代に制度化されたとされ，その高齢者像の特徴は，①老衰者，②引退者，③親族による扶養の対象，④敬愛の対象，⑤経験による尊敬の対象，であったとされている．④については，親への愛⇒老年への敬愛⇒敬老道徳という過程で規範が成立してきたのではないかと推察している．副田は，④⑤の高齢者像の特徴については，実像への認識や能力主義的人間観，青年文化である若さを無条件に肯定する意識から創出される高齢者への蔑視などのホンネとの対比で，タテマエの位置に置かれていたとみている（副田，1978）．

　このような指摘は見られたものの，日本では高齢者に対するエイジズムに関する実証研究はほとんど行われていなかった．1990年以降，エイジズムという言葉を提唱したButlerやエイジズム研究を発展させたPalmoreの研究などを参考に，日本においてもエイジズムの測定とその関連要因に関する研究が行われるようになった．しかし，その後の展開は，看護・福祉分野における学生や現場職員を対象としたエイジズムの研究が多く（朴，2018），一般の人々や就業の場を対象とした研究が少ない．そのため，以下では，欧米のエイジズム研究を中心に，

概念，測定方法，広がり，エイジズムの影響，エイジズムの要因について説明する．

2. 概念

エイジズムという言葉を造語したButlerは，エイジズムを「人種差別，性差別が肌の色や性に対してなされるように，高齢という理由による人々に対する系統だったステレオタイプや差別の過程」と定義している（Butler, 1989）．これまで，この概念も含めいくつかの概念が示されているが，Iversenはこれまでの定義をレビューし，以下の4つの視点から概念を整理している（Iversen, Larsen, & Solem, 2009）．第1は，エイジズムを構成する下位概念はステレオタイプ，偏見，差別の3概念である．ステレオタイプとは高齢者に対する認知であり，たとえば高齢者は社会の重荷になっているという考えである．偏見とは感情の次元であり，例としては高齢者との会話は楽しくないなどがある．差別は行動の次元の概念であり，その例には高齢者と交流したくないなどがある．第2は，Butlerはエイジズムを否定的なものとしかとらえていないが，肯定的なものも位置づける．第3は，顕在的なものか，潜在的なものかである．顕在的なエイジズムとは，意識的な思考や感情のことであり，「あなたは，高齢者と比較して若い人を好みますか」など自己申告の質問で把握できる．潜在的なエイジズムとは，意識や意図することなく存在するステレオタイプや偏見のことであり，潜在的連合テストやプライミング法により測定される．第4はエイジズムが存在するレベルであり，ミクロである個人レベル，職域や医療組織における差別などのメゾレベル，マクロレベルでの制度的・文化的なエイジズムに区分される．文化におけるエイジズムとは，文学，歌，マスメディアに見られるエイジズムである．加えて，Iversenの視点にはないが，第5として方向性を位置付けたい．その一つは，他者に向かうものであり，他の1つは自分に向かうものである（Ayalon, & Tesch-Romer, 2018）．

3. エイジズムの測定

Ayalon et al. (2019) はエイジズムを測定するスケールのレビューを行っている．

その結果，ステレオタイプを測定するスケールが最も多く，古くから作成されて
きたと指摘している．ステレオタイプを測定するスケールについて，作成時期の
古い順に示すと，Tuckman and Lorge questionnaire（1954年）（カッコ内は開
発　年　），Kogan's attitudes towards older people scale（1961年），Aging
semantic differential（1969年），Facts on aging quiz（1977年），Reactions to
aging questionnaire（1994年），Expectation regarding aging（2001年）の順と
なる．この中で同時に偏見も測定できるスケールは，Kogan's attitudes towards
older people scale と Reactions to aging questionnaire である．最近では，ステ
レオタイプ，偏見，差別の3次元を同時に評価できるスケールも作成されている．
具体的には，Anxiety about ageing questionnaires（1987），Fraboni scale of
ageism（1990），Attitudes to aging questionnaire（2007），Aging perceptions
questionnaire（2007）がある．Ayalonらは，Expectation regarding aging 以　外
はきちんとした基準に合致した尺度が少ないという問題を指摘している
（Ayalon et al., 2019）．

　日本においては，欧米で作成されたスケールに基づき，エイジズムのスケール
が作成されている．具体的には，Tuckman and Lorge Scale を参考にした「老
人観スケール」（中谷，1991），Aging semantic differential（保坂・袖井，1986），
Palmore の FAQ スケール（奥山，1999），Fraboni のエイジズムスケール日本語
版（原田・杉澤・杉原・山田・柴田，2004）などである．

4．エイジズムの広がり

1）一般の高齢者に対するエイジズム

　Kite, Stockdale, Whitley, & Johnson (2005) は，2000年までの研究をレビュー
し，高齢者に対する人々の認知を次のように要約している．高齢者は若い人と比
較して魅力や能力に乏しいと評価されていること，行動の意図や感情についても
高齢者の方が低いと認知されているものの，その差は魅力や能力に乏しいという
評価と比べて小さいこと．

　近代化理論に基づき，産業化が進んだり，経済的に豊かな国では，高齢者の社
会的な地位が低く，その結果として高齢者に対する否定的な態度が強いのではと

いう仮説が示されている．しかし，実証研究ではこれを支持する研究はなく，この仮説の妥当性が低いことが示唆されている（Löckenhoff et al., 2009）．さらに，日本を含む東アジアの集団主義傾向の強い国では儒教の影響もあり，個人主義傾向の強い欧米の国よりも高齢者に対する肯定的な見方が強いという仮説も示されている．しかし，大学生を対象とした実証研究では，東アジアと欧米で共通して，高齢者に対して温かいという評価が多い一方で，非効率との評価も多いという結果が得られていることから，この仮説についても支持される結果が得られていない（Cuddy, Norton, & Fiske, 2005）．

　では，日本では諸外国と比較して高齢者に対するエイジズムの特徴はあるのだろうか．古い研究ではあるが，日本，米国，イギリス，スウェーデン，ギリシアの大学生を対象に，高齢者に対するステレオタイプを比較した研究がある（Arnhoff, Leone, & Lorge, 1964）．この研究では，日本では他の国と比較して，否定的な記述に同意する人が多く，逆に肯定的な記述に同意する人が少ないことが明らかにされている．つまり，日本の若者の間では高齢者に対する否定的なステレオタイプが強いことが示唆されている．

2）高齢就業者に対するエイジズム

　高齢就業者に対するエイジズムに関しては，Harris, Krygsman, Waschenko, & Laliberte Rudman (2018) がレビュー論文で次のように知見を要約している．ステレオタイプについては，肯定的な側面として対人スキルや信頼性，さらに組織へのコミットメントや忠誠心が高いことを明らかにした研究が多いものの，他方では，新規技術の活用能力や身体的・精神的な能力が低いという否定的なステレオタイプが広範囲にみられることを示した研究も多い．就業の際の高齢者差別については，採用を控える，訓練の機会を少なくするなどを明らかにした研究が欧米で多く報告されているが，アジア諸国における研究でも，報告例は少ないが同じような傾向がみられると指摘している．就業者に対するステレオタイプに関するBal, Reiss, Rudolph, & Baltes (2011) のレビュー論文では，能力開発の可能性，仕事に対する適応や適正，対人関係，信頼性さらに全般評価の各次元で，若い就業者と高齢就業者を比較した場合，信頼性を除いてすべて若い就業者の方が肯定的に評価されている要約されている．

3） 保健医療従事者の間におけるエイジズム

　保健医療サービスを提供する側である保健医療従事者の間におけるエイジズムに関しては，文献レビューがある（Wyman, Shiovitz-Ezra, & Bengel, 2018）．そのレビューでは高齢者に対する否定的な態度が強いことを明らかにしたとの報告がある半面，肯定的あるいはいずれとも判断ができないとの報告もあり，一定の結論が得られる状況にはないと指摘されている．

5. エイジズムの影響

　否定的なステレオタイプへの暴露が高齢者の様々な領域のパフォーマンス，たとえば，記憶，認知と身体能力，スキルの獲得に悪影響をもたらすことが明らかにされている（Lamont, Swift, & Abrams, 2015）．加齢についての否定的な自己認識が精神的・身体的な健康の悪化に関連することも明らかにされている（Wurm & Bentyamini, 2014）．さらに，職域については，雇用者の高齢就業者に対する否定的なステレオタイプが雇用者における高齢就業者の採用意向に有意な影響をもたらしていると報告されている（Gringart, Helmes, & Speelman, 2005）．医療・福祉サービスの担い手などのサービス提供者のエイジズムがもたらす患者への影響についても研究が進められている．

6. エイジズムの要因

　高齢者に対するエイジズムの要因については，個人のレベルでは，主に恐怖管理理論（Terror management theory），集団間接触理論（Intergroup contact theory），社会的アイデンティティ理論（Social Identity theory）に基づき解明が進められている．

　恐怖管理理論は，死の否定や自分の死についての恐怖からエイジズムが生じるというものである．高齢者は死というものを思い起こさせることから，高齢者から物理的・心理的に距離を置くことで，その恐怖に対処しようとする．このような死への恐怖が死を象徴的に表している高齢者に対する拒否につながるというものである（Loe, Sherry, & Chartier, 2016）．集団間接触理論は，高齢者と接触することによって，高齢者に対する見方・考え方に変化が生じ，否定的態度が解消

されていくというものである（Ayalon et al., 2018）．ただし，接触の仕方については，否定的な態度を解消するための条件があると指摘されている．社会的アイデンティティ理論は，自分を望ましい存在であり，自尊感情を高めるために，自分が帰属する集団をそれ以外の集団との相対比較の中で優位な立場にあるとみなすという心理機序のことを指している．この理論に基づくと，若い人の高齢者に対する否定的な認知には，高齢者よりも若い集団を優位とみなすことでそこに属する自分の自尊感情を高めようとする心理的機序が作用しているとみることができる（Loe, Sherry, & Abrums, 2016）．

　他にいくつかの仮説が示されている（Green, Glaser, & Rich, 1998）．その１つには欲求不満仮説がある．目標の達成を阻害され，不満に陥ると攻撃衝動が高まる．その衝動を充足させるため，攻撃を向けても安全な他集団や少数者の集団，エイジズムとの関連では高齢者を標的としてみなすことになる．第２は権威主義的パーソナリティである．権威主義的パーソナリティは，力への服従と弱者に対する加虐性を中核的特徴としており，このような心性は懲罰的で専制的な療育環境の下で形成しやすく，脆弱な自我を脅威から守るための心理的機制の所産とみなされる．このような心性も高齢者を弱者とみなし，差別的な行動につながるといわれている．

引用文献

Arnhoff, F. N., Leone, H. V., & Lorge, I. (1964). Cross-cultural acceptance of stereotypes towards aging. *Journal of Social Psychology, 63*, 41-58.

Ayalon, L. & Tesch-Römer, C. (2018). Introduction to the section agism-concept and origins. L. Ayalon, C. & Tesch-Röme (Eds.). *Contemporary perspectives on ageism* (pp. 1-10). Cham, Switzerland: Springer International Publishing.

Ayalon, I., Dolberg, P., Mikulioniene, S., Peyek-Biatas, J., Rapolień, G., Stypinska, J., ...de la Fuente-Núñez, V. (2019). A systematic review of existing ageism scales. *Ageing Research Reviews, 54*, 100919.

Bal, A. C., Reiss, A. E, Rudolph, C. W., & Baltes, B. B. (2011). Examining positive and negative perceptions of older workers: a meta-analysis. *The Journals of Gerontology, Series B:*

Psychological Sciences and Social Sciences, 66, 687-698.

Butler, R. N. (1989). Dispelling ageism: The cross-cutting intervention. *Annals of the American Academy of Political and Social Science, 503,* 138-147.

朴　薫彬（2018）．日本のエイジズム研究における研究課題の検討：エイジズムの構造に着目して．評論・社会科学, *124,* 139-156.

Cuddy, A. J. C., Norton, M. L., & Fiske, S. T. (2005). This old stereotype: the pervasiveness and persistence of the elderly stereotype. *Journal of Social Issues, 61,* 267-285.

Green, D.P., Glaser, J., & Rich, A. (1998). From lynching to gay bashing: the exclusive connection between economic conditions and hate crime. *Journal of Personality and Social psychology, 75,* 82-92.

Gringart, E., Helmes, E., & Speelman, C. P. (2005). Exploring attitudes toward older workers among Australian employers: an empirical study. *Journal of Aging and Social Policy, 17,* 85-103.

原田　謙・杉澤　秀博・杉原　陽子・山田　嘉子・柴田　博（2004）．日本語版 Fraboni エイジズム尺度（FSA）短縮版の作成；都市部の若年男性におけるエイジズムの測定．老年社会科学, *26,* 308-319.

Harris, K., Krygsman, S., Waschenko, J., & Laliberte Rudman, D. (2018). Ageism and the older worker: a scoping review. *The Gerontologist, 58,* e1-e14.

保坂　久美子・袖井　孝子（1986）．大学生の老人観．老年社会科学, *8,* 103-116.

Iversen, T. N., Larsen, L., & Solem, P. E. (2009). A conceptual analysis of ageism. *Nordic Psychology, 61,* 4-22.

Kite, M. E., Stockdale, G. D., Whitley, B. E. Jr., & Johnson B. T. (2005). Attitudes toward younger and older adults: an updated meta-analytic review. *Journal of Social Issues, 61,* 241-266.

Lamont, R. A., Swift, H.J., & Abrams, D. (2015). A Review and meta-analysis of age-based stereotype threat: negative stereotypes, not facts, do the damage. *Psychology and Aging, 30,* 18-183.

Loe, M., Sherry, A., & Chartier, E. (2016). Ageism: stereotypes, causes, effects, and countermovements. M. H. Meyer, E. A. Daniele (Eds.) *Gerontology: changes, challenges, and solutions. Vol1. Social and life course issues.* (pp. 57-82) Santa Barbara: Praeger.

Löckenhoff, C. E., De Fruyt, F., Terracciano, A., McCrue, R. R., De Bolle, M., Costa Jr, P. T…Yik,

M. (2009). Perceptions of aging across 26 cultures and their cultural-level associates. *Psychology and Aging, 24,* 941-954.

中谷　陽明 (1991).　SD 法を用いた老人イメージ—加齢に関する知識について，社会老年学，*34,* 13-22.

奥山　正司 (1999).　エイジズム—高齢者へのステレオタイプ　岡　隆・佐藤　達哉・池上　知子（編）偏見とステレオタイプの心理学（現在のエスプリ　No. 384, pp. 109-118）至文堂

副田　義也 (1978).　主体的な老年像を求めて　副田　義也（編）老年—性愛・労働・学習（現代のエスプリ 126 号，pp. 5-24）至文堂

副田　義也 (1986).　現代日本における老年観　伊東　光晴・河合　隼雄・副田　義也・鶴見　俊輔・日野原　重明（編）老いのパラダイム　老いの発見（pp. 83-110）岩波書店

Wurm, S., Bentyamini, Y. (2014). Optimism buffers the detrimental effect of negative self-perceptions of ageing on physical and mental health. *Psychology and Health, 29,* 832-848.

Wyman, M. F., Shiovitz-Ezra, S., Bengel, J. (2018). Ageism in the health care system: providers, patients and systems. L. Ayalon, & C. Tesch-Römer (Eds.) *Contemporary perspectives on ageism* (pp. 193-212). Cham, Switzerland: Springer International Company.

参考文献

Palmore, E. B. (1999). Ageism: Negative and positive, 2nd ed. New York: Springer Publishing. （パルモア，E. B. 鈴木　研一（訳）エイジズム：高齢者差別の実相と克服の展望　明石書店）

辻　正二 (2000).　高齢者ラベリングの社会学—老人差別の調査研究　厚生社厚生閣

Nelseon, T. D. (Ed.) (2002). *Agism: stereotyping and prejudice against older persons.* Cambridge: A Bradford Book.

┌─ アクティブ・ラーニング ─┐

＊エイジズムを解消するためにどのような方法が考えられるか，その方法とその方法が有効であると思われる理由も併せて述べよ．

＊シルバーパス，高齢者割引など高齢者に対する優遇政策への賛否とその理由を述べよ．

(杉澤　秀博)

7節　社会参加・社会貢献

1. 社会参加の概念と定義

　高齢者の社会参加（social participation）については，1960 年代から幸福感や孤独感等の心理的 well-being との関連が実証的に研究されており（Graney, 1975; Kivett, 1979; Phillips, 1967），1980 年代以降は死亡率，身体障害，認知機能との関連も示されている（Bassuk, Glass, & Berkman, 1999; Fabrigoule et al., 1995; House, Robbins, & Metzner, 1982; Mendes de Leon, Glass, & Berkman, 2003; Sugisawa, Liang, & Liu, 1994; Young & Glasgow, 1998）．社会参加は高齢者の心身の健康維持に有効であることから政策的にも重視されており，高齢者の社会参加の実態を把握するための調査が内閣府（旧総務庁）等により定期的に行われ，高齢社会白書等でも報告されている．

　このように学術的にも政策的にも高齢者の社会参加への関心は高く，多くの調査・研究が行われているにも関わらず，その概念化や操作的定義は多様で，統一されていない．参加（participation），社会的活動（social activity），社会的関与（social engagement），社会的統合（social integration），社会的ネットワーク（social network），社会的役割（social role），社会／地域貢献（social/ community involvement）等の類似する概念と互換的に用いられている場合も多い．研究によって概念や測定尺度が異なると，結果の比較や統合が難しくなり，研究蓄積を図る上で課題となっている．

　先行研究を整理すると，社会参加の概念や定義について，概ね以下の点を指摘できる．

1）社会参加は，「社会的統合」や「社会的ネットワーク」と同様に社会関係の構造的側面に関する概念であり，これらの概念の中に包含されるが，何らかの社会活動に実際に参加・関与する「行動面」に焦点化した概念である．

　社会関係を構造面と機能面に分けると，社会参加は社会活動への参加頻度で測

定されるため，社会関係の構造的側面に関する概念である．社会関係の構造的側面に関する概念には「社会的統合」や「社会的ネットワーク」があり，社会参加もこれらの概念の中に包含される．しかし，社会参加は何らかの社会活動に参加する行動に着目した概念なので，「社会的統合」「社会的ネットワーク」よりも射程が限定される．Brissette, Cohen, & Seeman (2000) は，「社会的統合」を「個人が幅広い社会関係に参加している度合い」と定義し，その測定方法を「役割に基づく測定」「参加に基づく測定」「知覚された統合の測定」「複合指標」に分類している．このうち「参加に基づく測定」は，「個人が様々な活動に関与する頻度」で評価されることから，社会参加は社会的統合の度合いを「活動への関与」の面から測定しようとするアプローチといえる．

2）社会参加はフォーマルとインフォーマルに大別され，組織や集団に属して行う活動への参加は前者に，友人等との交流のように組織的でない社会関係への参加は後者に該当する．社会参加の狭義の定義はフォーマルな活動に限定されるが，研究の目的や対象者の状況によってはインフォーマルな活動も社会参加とみなす場合がある．

組織的・集団的に行われる社会活動への参加はフォーマルな社会参加と称され，ほとんどの研究で社会参加の指標として用いられていることから，社会参加の狭義の定義といえる．一方で，親族や友人等との交流のように組織的・集団的でないインフォーマルな形式の活動も，社会参加の指標に含める研究も散見される（Ang, 2018; Donnelly & Hinterlong, 2010; Utz, Carr, Nesse, & Wortman, 2002）．インフォーマルな社会参加も含めて定義を拡大すると，「社会的統合」や「社会的ネットワーク」等の概念との区別が曖昧になり，各々の概念に関する先行研究の到達状況や課題を整理する際に混乱や煩雑さが増すため，定義の拡大は慎重に検討すべきである．

しかし，社会参加を「意味のある社会的文脈への参加」と考えると（Berkman, Glass, Brissette, & Seeman, 2000），親族や友人との交流も社会参加とみなせる．1980 年～2009 年までの社会参加に関する論文の内容分析を行った Levasseur, Richard, Gauvin, & Raymond (2010) も，社会参加を「社会やコミュニティにおける他者との交流を提供する活動への関与」と定義し，「社会への貢

献」「他者への支援」「他者と一緒に活動」「他者との交流（特定の活動を一緒に
行うわけではない）」に分類した．このように社会参加を広義に捉えることは，
活動への参加に制約が生じやすい高齢者や障害者にとって重要な意味を持ちうる．
活動能力が低下した人にとって他者との交流は，社会やコミュニティへの帰属意
識や参加意識を高める機会となりうるからである．

　対象者のライフステージ，健康状態，社会文化的状況等によって適切な社会参
加の指標が異なる可能性があり，それが社会参加の定義を多様化させる理由の一
つである．社会参加のどの側面が，誰に対して，どのような理由で意味があるの
かを理論的根拠に基づいて考え，類似の概念との共通性や差異に留意した上で社
会参加の指標を選択する必要がある．

3）フォーマルな社会参加としては，組織・集団の中で他者と一緒に行うボラン
　　ティア活動，地域活動，趣味・スポーツ・学習等の活動が主に取り上げられ
　　ている．これらの活動は，目的によって「社会貢献性の高い活動」と「自己
　　完結的な活動」に分類できる．

　組織的・集団的な活動への参加をフォーマルな社会参加とする共通理解はある
ものの，具体的にどの活動を測定するかは研究によって異なる．一般的に，組織
・集団の中で行うボランティア活動，自治会や住民協議会等の地域活動，趣味・
スポーツ・学習等のグループ活動，宗教団体や政党の活動への参加が，多くの研
究で取り上げられ，これらの活動への参加頻度をフォーマルな社会参加の指標と
して測定する場合が多い．

　就労（有償労働）をフォーマルな社会参加に含めるか否かは研究によって異な
る．2000年以前の国内外の研究では，社会参加を「集団で行う諸活動への自発
的な参加」と定義している点では概ね一致しており（杉原，2010），自発的な動
機に基づく参加であることが社会参加の条件となっていた．就労は自発的という
より義務的な面もあるため，就労を社会参加に含めない研究も多かった．しかし，
2000年以降は自発的か否かに関わらず，実態として何らかの社会活動や社会関
係に継続的に参加していることが重視される傾向にある．加えて，高齢者の有償
労働や無償労働が社会や他者に貢献するだけでなく，高齢者自身の心身の健康
にも有効であることが注目され始め，就労を社会参加として取り上げる研究が増え

ている（Bukov, Maas, & Lampert, 2002; Hsu, 2007; Lövdén, Ghisletta, & Lindenberger, 2005）.

　フォーマルな社会参加は，活動の目的によって，さらに分類できる．Young & Glasgow (1998) は，フォーマルな社会参加を「名称と明白な目的をもった地域組織の中での自発的な活動」と定義し，地域志向の目的を持つクラブ，政治活動，ボランティア活動のように「社会貢献性が高い組織活動」と，自分の利益のための「自己完結的な組織活動」に分類した．Bukov ら（2002）は，趣味やスポーツ，学習等のグループのような「集団的な社会参加」，ボランティア活動や有償労働等の「生産的な社会参加」，政党活動等の「政治的な社会参加」に分類した．Levasseur ら（2010）は，「社会への貢献」「他者への支援」「他者と一緒に活動すること」をフォーマルな社会参加とした．分類の命名は異なるものの，基本的には「社会や他者への貢献性が高い」ものと「自己完結的」なものとに大別できる．同じフォーマルな社会参加であっても，活動の目的によって高齢者における意味や効果が異なるため，活動のタイプ別に分析する必要がある．

4）インフォーマルな社会参加としては，親族や友人等との交流が主に取り上げられている．他者とのコミュニケーションや活動への参加の手段として，対面や電話だけでなく，ICT（情報通信技術）の活用も注目されている．

　組織的・集団的な活動以外の場における他者との交流を，インフォーマルな社会参加の指標として取り上げる研究が散見される．その他にも，必ずしも他者と交流するわけではない個人で行う「社会文化的な活動」（例：映画や芸術等の鑑賞，レジャー活動，スポーツ，投票等）や，テレビ，ラジオ，新聞等の「メディアの利用」を社会参加とみなす研究もある（Levasseur et al., 2010）．社会文化的な活動やメディアの利用は，社会に自発的に関わろうとする行動や態度として，広い意味で社会参加とみなす考えもあるが，「社会活動」等の他の概念との区別が不明瞭になる．Levasseur ら（2010）は，「他者とつながるための準備となる活動」や「他者と一緒にいること（単独での活動だが周りに人がいる状態）」は，WHO（2001）の国際生活機能分類（ICF）における「参加」の概念には含まれるが，「社会参加」の概念とは区別すべきとの考えを示している．

　近年は，他者との交流や活動への参加の手段として，電子メールやビデオ通話，

ソーシャルメディア等のICTを活用したオンライン社会参加も増えている．ICTの活用が，高齢者の孤立や孤独感に及ぼす効果や，認知症高齢者の社会参加を促進する効果等が検討され始めている（Chen, & Schulz, 2016; Pinto-Bruno, García-Casal, Csipke, Jenaro-Río, & Franco-Martín, 2017）．

　上述の社会参加の概念と定義の要約を図1に示した．

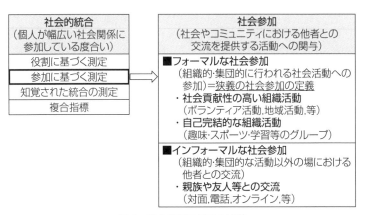

図1　社会参加の概念と定義

出典：著者作成

2.　高齢者の社会貢献：プロダクティブ・エイジング

　現在，多くの先進国において人口の高齢化への対応が重要な政策課題となっている．高齢者人口の増大により年金，医療，介護等の社会保障費の増大が懸念されているが，一方で，高齢者の能力を社会的にもっと活用しようという考えも広がっている．この考えの嚆矢となったのは，Robert Butlerによって唱道された「プロダクティブ・エイジング」の概念である（Butler & Gleason, 1985）．プロダクティビティ（生産性）というと有償労働を想起しやすいが，Butlerらはボランティア活動や家庭内の無償労働も生産性の概念の中に含めた．高齢者が行っている無償だが重要な貢献を「生産的な活動」として評価することで，高齢者の能力を過少評価するエイジズム（高齢者差別）を批判し，高齢者が増えると社会の負担が増すという悲観的な考え方から，高齢者の能力を社会的に活用しようと

いう積極的な考え方へのパラダイムシフトを促すことを彼らは目指したのである．

　さらに，Rowe & Kahn (1997) が示した「サクセスフル・エイジング」の構成要素の中にも「プロダクティブな活動への関与」が位置づけられた．プロダクティブ・エイジングは，エイジズムに反論し，高齢者が能力を発揮できる機会の拡大を訴えたものだが，それは社会への貢献になるとともに，高齢者自身のサクセスフル・エイジングにもつながる効果が期待できる．そのため，人口の高齢化への対応策として，プロダクティブ・エイジングの推進は政策的にも重要視されている．

3.　プロダクティブ・エイジングの操作的定義

　1980 年代後半以降，プロダクティブ・エイジングに関する実証研究が行われるようになると，どのような活動をプロダクティブとみなすべきか，その操作的定義が提案されるようになった．操作的定義は一致した見解を得ているわけではないが，概観すると実証研究では Herzog, Kahn, Morgan, Jackson, & Antonucci (1989) が示した定義に準ずるものが多い．彼らは「報酬があるか否かにかかわらず，物財やサービスを生産する活動」をプロダクティブな活動と定義し，具体的な活動として「有償労働」「ボランティア活動」「親族や友人，近隣に対する無償の支援提供（家事，介護，子供の世話等）」を挙げている．この定義は，フォーマルかインフォーマルかに関わらず経済的な価値につながる活動をプロダクティブとみなしており，プロダクティブな活動の定義の中では狭義だが，コンセンサスが得られた定義である．

　広義の定義としては，上記のような経済的価値につながる活動に加えて，学習活動やトレーニングといった「プロダクティブな活動を行う能力の向上に資する活動」(Caro, Bass, & Chen, 1993)，セルフケアや日常生活活動のように「自立／自律を維持する活動」(Butler & Schechter, 2001) もプロダクティブな活動に含めるべきとの指摘がある．これらの定義は，将来的に人的資源として活用できる可能性，あるいは社会や家族にかかる介護等の負担軽減に役立つ可能性を高める活動も，プロダクティブなものとして評価しようとする考えに基づくものである．

実証研究では，測定の妥当性や定義へのコンセンサスが求められるため，Herzog らの狭義の定義が用いられる場合が多い．しかし，プロダクティブ・エイジングを理念として社会に浸透させようとすると，その思想を様々な文脈に肯定的にあてはめようとして定義が拡大していった．プロダクティブ・エイジングへの批判として，高齢者が経済的な意味で生産的かどうかという価値基準で判断され，その基準に合わない人の価値が下げられる危険性が指摘されている（Holstein, 1993）．このような批判への対応として，高齢者が行う様々な活動をプロダクティブなものとみなすよう，定義が広範化したと考えられる．

プロダクティブ・エイジングは人口の高齢化に対するパラダイムシフトを目指したスローガンであるため，実証研究で用いられる狭義の操作的定義の範疇に収まる概念ではない．しかし，定義が過度に広範化すると，他の概念との混乱が生じ，本来の趣旨とは異なるものになる可能性もある．知見の蓄積と発展を図るためにも，狭義の定義に焦点化することが推奨されている（Morrow-Howell & Wang, 2013）．

4. 実証研究のための概念枠組

「社会参加」は，概念が多様化しているため，統一的で明確な概念枠組の構築が困難になっている．他方，プロダクティブな活動への関与については，「社会参加」より概念が限定されているため，活動の規定要因や効果の分析に役立つ概念枠組が提案されている．これらの概念枠組はプロダクティブな活動を想定したものだが，組織的・集団的に行われるフォーマルな社会参加にも適用可能である．

Sherraden, Morrow-Howell, Hinterlong, & Rozario (2001) は，プロダクティブな活動の「規定要因」から「結果」までの流れをまとめた概念枠組を示した（図2）．この枠組では，「社会人口学的特性（教育，ジェンダー，居住地等）」が「個人の能力（身体・認知機能，知識・技能等）」に影響し，「公共政策やプログラム（施策，法規等）」が「組織の能力（情報，誘因等）」に影響し，これらによって，どのような活動に，どの程度関与するかが規定される．さらに，プロダクティブな行動が，高齢者個人だけでなく，家族や社会に及ぼす効果も位置づけ，多元的な効果を想定した概念枠組となっている．

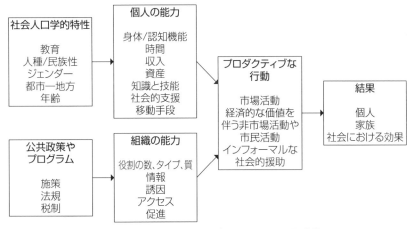

図2　高齢者のプロダクティブな行動に関する概念枠組

出典：Sherraden, Morrow-Howell, Hinterlong, & Rozario (2001, p.227.)

　Bass & Caro (2001) は，プロダクティブな活動への参加レベルを規定する要因を整理した概念枠組を示した．この枠組では，参加レベルの規定要因として，「環境要因」（経済や文化等），「状況要因」（役割や組織の状況，個人の健康や経済状況等），「個人要因」（動機や適性，人種やジェンダー等），「社会政策要因」（雇用や年金政策等）が位置づけられている．

　プロダクティブな活動と異なり，社会参加については，多様な活動への参加を統一的に説明できる概念枠組は示されていない．しかし，社会参加の規定要因を調べた先行研究を概観すると，(1) 社会人口学的特性，(2) 個人が保有する資源，(3) 地域環境・組織要因，(4) ライフイベントに伴う役割の喪失やライフコースに分類できる．これらの要因はプロダクティブな活動の概念枠組に概ね含まれているため，社会参加の規定要因や効果を分析する際に，プロダクティブな活動の概念枠組を援用可能である．しかし，職業からの引退や配偶者との死別に伴う役割の喪失や，過去のライフコースの影響は，Sherraden らや Bass らの概念枠組に示されていない．高齢者の社会参加やプロダクティブな活動に関する研究をさらに進める上で，役割の変化やライフコースの影響も位置づけた概念枠組の改良を検討する余地がある．

5. 実証研究のための理論的視座

　高齢者の社会参加や社会貢献を規定する要因やその効果を検討する際に，以下の理論が活用されている（Morrow-Howell & Greenfield, 2016）．

(1) 社会情動的選択理論：高齢者は人生の残り時間が限られていると認識すると，情動的に意味のある目標や活動，関係を志向する（Carstensen, Isaacowitz, & Charles, 1999）．この理論に基づくと，高齢者は情動的に満足できる活動や関係に参加し，そうでないものからは離脱すると考えられるので，社会参加の促進策を検討する上で参考になる．

(2) 社会，人的，文化資本：個人レベル（社会的ネットワーク等）や地域レベル（信頼，互酬性の規範等）の社会関係資本，人的資本（知識，技能等），文化的資本（文化的教養，価値観等）が，高齢者の社会参加や社会貢献に影響を及ぼすと考えられる．McNamara & Gonzales (2011) は，ボランティア活動に影響する人的，文化的，社会関係資本について報告している．

(3) ライフコース・パースペクティブ：過去の人生経験やマクロな社会変動，社会文化的文脈が，高齢者の行動パターンにどのような影響を及ぼすのかを理解する上で役立つ理論である．マクロな社会変動や社会文化的文脈の影響は，主に出生コホートごとの分析により検討されてきたが，近年は高齢期の健康格差の要因を，個人のライフコースの視点から解明しようとする研究が増えつつある．例えば Ko & Yeung (2019) は，幼少期の健康状態や恵まれた家庭環境，幼少期に培われた他者を助ける価値観が，高齢期のプロダクティブな活動に影響を及ぼすことを報告している．

(4) 役割理論：役割とは，特定の地位を占めた人に対して社会や集団が期待する行動様式である．役割に関しては，役割認知，役割期待，役割喪失，役割効力，役割葛藤等の多くの概念が提示されており，これらの概念を用いて，有償労働やボランティア活動，介護等の役割への関与や喪失が，高齢者の well-being に及ぼす影響が分析されている．例えば日本の調査結果では，職業からの引退は男性高齢者の抑うつ傾向を強めるが，ボランティア活動をしている人では退職によるネガティブな影響が緩衝されたことから，ボランティア活動が高齢期における役

割喪失を補填する可能性が指摘されている（Sugihara, Sugisawa, Harada, & Shibata, 2008）.

(5) **ストレスとコーピング**：社会やコミュニティ，家族等への貢献になるとしても，介護，家事，仕事，孫の世話等は，時に高齢者にとってストレスになる場合もある．ストレッサーになる役割を担わなければならない場合に，そのネガティブな影響から自身を保護するためのコーピング・ストラテジー（対処方略）やサポートについては，特に介護や仕事に関して多くの研究が行われている．コーピングはネガティブな影響の抑制という観点から主に検討されてきたが，ストレスフルな経験から得られる成長（stress-induced growth）や利得（gain）等のポジティブな影響をもたらすコーピング・ストラテジーに関する研究も求められている（Folkman & Moskowitz, 2000）.

6. 今後の課題

今後の課題は様々なレベルのものがあるが，ここでは政策との関連を踏まえて，以下の点を指摘したい．

第1の課題は，身体的または認知的な障害を有する人や，介護予防の観点から活動に参加して欲しい人の社会参加を促進する方策について検討が不足している点である．身体的・認知的な機能障害があったとしても，環境を整えることで「参加」を促進できることが，国際生活機能分類（ICF）の概念枠組にて示されている．ICT（情報通信技術）等のツールの活用や周囲の人の理解やサポート，居住・地域環境の整備等によって，機能障害があっても社会参加を促進できる可能性がある．

さらに，高齢者の社会参加を促進するための取組が各地で行われているものの，介護予防の観点から参加して欲しい人が参加していないという課題もある．社会参加は，本来は自発的な動機に基づく参加を原則とする．しかし，社会活動や社会関係への継続的な参加が，高齢者の心身の健康維持に効果的であることが示されているため，介護や医療に要する社会的コストの削減のためにも，虚弱な高齢者の社会参加を支援するための方策が求められている．これらの方策を検討する上で，社会情動的選択理論や社会関係資本等の理論や知見，Sherraden らの概念

枠組も参考になるであろう.

　第2の課題は，高齢者の社会参加レベルを規定する要因の中でも，制度・政策や環境要因に関する研究蓄積が不足している点である．概念枠組では政策や環境要因が位置づけられているものの，実証研究では個人レベルの要因に関する分析が多く，制度・施策の影響や，地域の物理的または文化社会的な環境要因が社会参加レベルに及ぼす影響については，まだ検討が不足している．これらの知見が蓄積されると，高齢者の社会参加やプロダクティブ・エイジングを推進するための施策やまちづくりの方策を検討する上で有用な情報となる.

　第3に，社会参加やプロダクティブ・エイジングを推進するための施策や事業が国や多くの自治体で実施されているが，それらの施策や事業の効果を検証した事業評価が少ない点も課題である．例えば，ボランティア・ポイントの導入がインセンティブになるとして多くの自治体が導入し，国もそれを推奨しているが，その効果は検証されないまま，他の自治体もやっているからとか，国が推奨しているからといった理由で事業が実施されている．事業の実施回数や参加人数等のアウトプット評価は行われているが，限られた財源を有効に活用するためには，事業評価を適切に行い，高齢者にとって本当に必要な政策を考えなければならない.

　第4に，社会参加は高齢者の心身の健康に良い影響をもたらすことが指摘されているが，高齢者の社会参加が，地域や社会全体に与える影響についても今後さらに検討する必要がある．高齢者の社会参加が促進されることによって，高齢者全体の健康レベルが良くなり，医療や介護費用の上昇が抑制されるのか，地域住民の信頼や助け合いの意識，犯罪率等にどのような影響が生じるのかといった多角的な評価が望まれるが，これらの効果評価には時間を要し，交絡要因の調整も複雑であるため，評価は十分に行われていない.

　第5に，高齢者が行う活動の中には介護や仕事のように社会貢献性が高い反面，高齢者にとってストレスになり得る活動もある．近年，高齢者就労が増えているが，それに伴い，高齢者の労働災害も増加している．高齢者の能力を社会的に活用するにあたり，心身の負担を抑制し，ポジティブな効果を高めるようなサポートや環境整備に関する施策の検討も大きな課題である.

引用文献

Ang, S. (2018). Social participation and health over the adult life course: Does the association strengthen with age?. *Social Science & Medicine, 206*, 51-59.

Bass, S. A., & Caro, F. G. (2001). Productive aging: A conceptual framework. In N. Morrow-Howell, J. Hinterlong, & M. Sherraden (Eds.), *Productive aging: Concepts and challenges* (pp. 37-78). Baltimore: Johns Hopkins University Press.

Bassuk, S. S., Glass, T. A., & Berkman, L. F. (1999). Social disengagement and incident cognitive decline in community-dwelling elderly persons. *Annals of Internal Medicine, 131* (3), 165-173.

Berkman, L. F., Glass, T., Brissette, I., & Seeman, T. E. (2000). From social integration to health: Durkheim in the new millennium. *Social Science & Medicine, 51* (6), 843-857.

Brissette, I., Cohen, S., & Seeman, T. E. (2000). Measuring social integration and social networks. In S. Cohen, L. G. Underwood, & B. H. Gottlieb (Eds.), *Social support measurement and intervention: A guide for health and social scientists* (pp. 53–85). New York: Oxford University Press.

Bukov, A., Maas, I., & Lampert, T. (2002). Social participation in very old age: Cross-sectional and longitudinal findings from BASE. The *Journals of Gerontology Series B: Psychological Sciences and Social Sciences, 57* (6), P510-P517.

Butler, R. N., & Gleason, H. P. (1985). *Productive aging: Enhancing vitality in later life*. New York: Springer.

Butler, R. N., & Schechter, M. (2001). Productive aging. In G. L. Maddox (EiC.), *The encyclopedia of aging* (pp. 824-825). New York: Springer.

Caro, F. G., Bass, S. A., & Chen, Y. P. (1993). Introduction: Achieving a productive aging society. In S. A. Bass, F. G. Caro, & Y. P. Chen (Eds.), *Achieving a productive aging society* (pp. 3-25). Westport: Auburn.

Carstensen, L. L., Isaacowitz, D. M., & Charles, S. T. (1999). Taking time seriously: A theory of socioemotional selectivity. *American Psychologist, 54* (3), 165-181.

Chen, Y. R. R., & Schulz, P. J. (2016). The effect of information communication technology interventions on reducing social isolation in the elderly: A systematic review. *Journal of Medical Internet Research, 18* (1), e18.

Donnelly, E. A., & Hinterlong, J. E. (2010). Changes in social participation and volunteer activity among recently widowed older adults. *The Gerontologist, 50* (2), 158-169.

Fabrigoule, C., Letenneur, L., Dartigues, J. F., Zarrouk, M., Commenges, D., & Barberger-Gateau, P. (1995). Social and leisure activities and risk of dementia: A prospective longitudinal study. *Journal of the American Geriatrics Society, 43* (5), 485-490.

Folkman, S., & Moskowitz, J. T. (2000). Positive affect and the other side of coping. *American Psychologist, 55* (6), 647-654.

Graney, M. J. (1975). Happiness and social participation in aging. *Journal of Gerontology, 30* (6), 701-706.

Herzog, A. R., Kahn, R. L., Morgan, J. N., Jackson, J. S., & Antonucci, T. C. (1989). Age differences in productive activities. *Journal of Gerontology, 44* (4), S129-S138.

Holstein, M. (1993). Productive aging: A feminist critique. *Journal of Aging & Social Policy, 4* (3-4), 17-34.

House, J. S., Robbins, C., & Metzner, H. L. (1982). The association of social relationships and activities with mortality: Prospective evidence from the Tecumseh Community Health Study. *American Journal of Epidemiology, 116* (1), 123-140.

Hsu, H. C. (2007). Does social participation by the elderly reduce mortality and cognitive impairment?. *Aging & Mental Health, 11* (6), 699-707.

Kivett, V. R. (1979). Discriminators of loneliness among the rural elderly: Implications for intervention. *The Gerontologist, 19* (1), 108–115.

Ko, P. C., & Yeung, W. J. J. (2019). Childhood conditions and productive aging in China. *Social Science & Medicine, 229,* 60-69.

Levasseur, M., Richard, L., Gauvin, L., & Raymond, É. (2010). Inventory and analysis of definitions of social participation found in the aging literature: Proposed taxonomy of social activities. *Social Science & Medicine, 71* (12), 2141-2149.

Lövdén, M., Ghisletta, P., & Lindenberger, U. (2005). Social participation attenuates decline in perceptual speed in old and very old age. *Psychology and Aging, 20* (3), 423-434.

McNamara, T. K., & Gonzales, E. (2011). Volunteer transitions among older adults: The role of human, social, and cultural capital in later life. *Journals of Gerontology Series B: Psychological Sciences and Social Sciences, 66* (4), 490-501.

Mendes de Leon, C. F., Glass, T. A., & Berkman, L. F. (2003). Social engagement and disability in a community population of older adults: The New Haven EPESE. *American Journal of*

Epidemiology, 157 (7), 633-642.

Morrow-Howell, N., & Wang, Y. (2013). Productive engagement of older adults: Elements of a cross-cultural research agenda. *Ageing International, 38* (2), 159-170.

Morrow-Howell, N., & Greenfield, E. A. (2016). Productive engagement in later life. In L. K. George, & K. Ferraro (Eds.), *Handbook of aging and the social sciences 8th edition* (pp. 293-313). Academic Press.

Phillips, D. L. (1967). Social participation and happiness. *American Journal of Sociology, 72* (5), 479-488.

Pinto-Bruno, Á. C., García-Casal, J. A., Csipke, E., Jenaro-Río, C., & Franco-Martín, M. (2017). ICT-based applications to improve social health and social participation in older adults with dementia. A systematic literature review. *Aging & Mental Health, 21* (1), 58-65.

Rowe, J. W., & Kahn, R. L. (1997). Successful aging. *The Gerontologist, 37* (4), 433-440.

Sherraden, M., Morrow-Howell, N., Hinterlong, J., & Rozario, P. (2001). Productive aging: Theoretical choices and directions. In N. Morrow-Howell, J. Hinterlong, & M. Sherraden (Eds.), *Productive aging: Concepts and challenges* (pp. 260-284). Baltimore: Johns Hopkins University Press.

Sugihara, Y., Sugisawa, H., Shibata, H., & Harada, K. (2008). Productive roles, gender, and depressive symptoms: Evidence from a national longitudinal study of late-middle-aged Japanese. *The Journals of Gerontology Series B: Psychological Sciences and Social Sciences, 63* (4), P227-P234.

杉原　陽子. (2010). 社会参加と健康長寿　折茂　肇・大内　尉義・秋山　弘子（編）　新老年学 第3版（pp. 1881-1890）東京大学出版会

Sugisawa, H., Liang, J., & Liu, X. (1994). Social networks, social support, and mortality among older people in Japan. *Journal of Gerontology, 49* (1), S3-S13.

Utz, R. L., Carr, D., Nesse, R., & Wortman, C. B. (2002). The effect of widowhood on older adults' social participation: An evaluation of activity, disengagement, and continuity theories. *The Gerontologist, 42* (4), 522-533.

World Health Organization. (2001). *International classification of functioning, disability and health (ICF)*. WHO, Geneva, Switzerland.

Young, F. W., & Glasgow, N. (1998). Voluntary social participation and health. *Research on Aging, 20* (3), 339-362.

参考文献

Levasseur, M., Richard, L., Gauvin, L., & Raymond, É. (2010). Inventory and analysis of definitions of social participation found in the aging literature: Proposed taxonomy of social activities. *Social Science & Medicine, 71* (12), 2141-2149.

Morrow-Howell, N., & Greenfield, E. A. (2016). Productive engagement in later life. In L. K. George, & K. Ferraro (Eds.), *Handbook of aging and the social sciences* (8th ed., pp. 293-313). Sam Diego: Academic Press.

Sherraden, M., Morrow-Howell, N., Hinterlong, J., & Rozario, P. (2001). Productive aging: Theoretical choices and directions. In N. Morrow-Howell, J. Hinterlong, & M. Sherraden (Eds.), *Productive aging: Concepts and challenges* (pp. 260-284). Baltimore: Johns Hopkins University Press.

⸺ アクティブ・ラーニング ⸺

＊高齢者の社会参加や社会貢献（プロダクティブな活動への関与）が，高齢者の心身の健康に及ぼす効果を調べた研究では，性別によって効果が異なることが指摘されている．どのような活動について，どのような性差があるのか，その理由は何か，考えてみましょう．

＊高齢者の社会参加や社会貢献（プロダクティブな活動への関与）を促進・阻害する要因として，どのようなものが報告されていますか．概念枠組や理論を踏まえて整理してみましょう．

（杉原　陽子）

8節　介護問題

1. 家族介護の問題

　介護は家族に身体的，精神的な負担とともに，仕事や社会活動の制約，親族間の軋轢，経済的負担等の生活上の問題ももたらし，個人や家庭だけでなく，社会的にも大きな問題となっている．家族介護の問題については，1960年代から精神疾患患者の家族の問題が報告されるようになり（Grad & Sainsbury, 1963），1980年にZaritらが認知症高齢者の家族の介護負担を測定する尺度を発表すると（Zarit, Reever, & Beach-Peterson, 1980），家族介護者の負担やストレスに関する研究が国際的に多数行われるようになった．

　日本では，1963年制定の「老人福祉法」にて特別養護老人ホームや家庭奉仕員等の介護施策が実施されるようになったが，基本的には介護は家族が担うことが前提となっており，家族内の介護問題を社会問題として捉える認識は低かった．しかし，1972年に有吉佐和子の小説『恍惚の人』が出版されると，認知症介護をめぐる様々な問題が社会的に広く知られるようになり，研究面でも武田（1972）が家族の介護負担の実態と医療・福祉職からの支援不足を実証的に明らかにする等，家族介護の問題への社会的関心が高まっていった．1980年代に入ると，日本でも家族の介護負担を測定する尺度が開発され（中谷・東條，1989; 山岡他，1986），家族介護の実態と負担やストレスの規定要因に関する知見の蓄積が図られていった．

　その後，政策面では急増する高齢者介護の需要に対応するため，1989年に居宅及び施設介護サービスの整備目標数値を示した「高齢者保健福祉推進十カ年戦略（ゴールドプラン）」が策定され，2000年度からは介護に対応するための社会保険制度として「介護保険制度」が創設された．介護保険制度の実施により居宅サービスの供給量が拡大し，国民の介護サービス受給に対する権利意識も高まって，「介護の社会化」が大きく進展したといえる．しかし，介護保険制度の発足

後すぐに財政的持続可能性への懸念が高まり，2005年に要支援認定者を予防給付に切り替え，2015年度からは介護老人福祉施設（特別養護老人ホーム）への新規入所を要介護3以上に制限する等，給付の適正化・効率化を図るための措置が執られている．

　この間，訪問介護や通所介護の供給量は増大したが，施設サービスや短期入所のように家族の代替となる介護サービスの供給量は依然として不足しており，基本的には家族を「含み資産」とする介護サービス供給体制が続いている．さらに近年は，単身世帯や老々介護の増加，男性介護者や別居介護の増加等，「私的介護力の低下と多様化」が進み，家族介護の状況は厳しさが増した面もある．介護保険制度施行前から施行後10年間の変化を調べた研究でも，毎日かかりきりで介護している人の割合，介護者の身体的・精神的・社会的負担，特養入所希望者の割合は介護保険施行前と比べて改善していない実態が報告された（杉原・杉澤・中谷，2012）．介護を社会問題として捉え，様々な支援が実施されているものの，家族の介護負担は現在も尚，大きな問題となっている．

2. 介護が家族に及ぼす影響の測定

1）負担

　1980年以降，介護が家族に及ぼす影響を測定する尺度が国内外で開発された．中でも代表的な尺度は，Zarit Burden Interview（ZBI）である（Zarit, et al.,1980）．ZBIは認知症高齢者の家族介護者の負担を定量化するために開発され，介護者の健康，心理，経済，社会生活，被介護者との関係性に関する問題の頻度を測定するものである．現在では，認知症以外の疾患や障害に起因する介護負担の測定にも汎用されている．当初は29項目であったが，22項目版（Zarit, Orr, & Zarit, 1985）が多用されており，短縮版（ZBI-12, ZBI-8, ZBI-7, ZBI-6, ZBI-4, ZBI-1）も複数提案されている（Higginson, et al., 2010）．日本でも荒井らが日本語版と短縮版（J-ZBI_8）を開発した（Arai, et al., 1997; 荒井・田宮・矢野, 2009）．ZaritらはZBIを一次元の尺度として作成したが，2～5因子の多次元構造であることが報告されており，東洋と西洋等の文化的価値観や介護状況の違いによって介護負担感の構成概念が異なる可能性が指摘されている（Lin, Wang,

Pai, & Ku, 2017).

　ZBI を始めとする「介護負担」の測定尺度は各国で開発・活用されているが，概念定義が曖昧なものも多く，客観的負担と主観的負担の区別や，ストレッサーとストレス反応の区別がなされていないものも散見される．中谷・東条（1989）は，介護負担尺度の概念定義の曖昧さに関する指摘を踏まえ，被介護者の身体・精神状態や介護態勢上の支障といった第三者によって観察可能なものを「客観的負担」とし，客観的負担に対する介護者の主観的な解釈を「主観的負担」として整理した．

2）ストレス

　介護が家族に及ぼす影響は，「負担」の概念に基づく測定だけでなく，「ストレス」の概念に基づく測定も行われている．「負担」は介護者が経験する客観的・主観的な問題を指すが，「ストレス」は介護に伴う様々な負担の結果，介護者の心身に生じる不調を指す．上述のように「負担」は概念定義が曖昧なものがあり，ストレッサーとストレッサーに対する認知的評価，その結果生じるストレス反応が混在している場合もあるが，「ストレス」に関しては，これらの概念を区別してストレスの発生機序を説明する理論モデルがいくつか提示されている．「負担」も，「ストレス」の発生機序を説明するモデルの中で，ストレッサーもしくはストレッサーに対する認知的評価として位置づけることができ，これにより介護がストレスにつながる機序の理論的説明が可能となる．

　ストレスの測定指標は，バーンアウト（燃え尽き症状）のように介護に特化した指標もあるが，抑うつ等の心理的ディストレス（CES-D, GDS, GHQ 等），QOL（SF-36, SF-12, WHOQOL-Bref 等），健康度自己評価や疾病罹患等の介護に特化しない一般的な指標も多用されている．一般的な測定指標は，介護者が経験する負担や困難を具体的に把握するには限界があり，介護に特化した指標よりも回答の分散が小さいため，他の要因との関連性を見出しにくいという欠点がある．しかし，介護者でない人との比較ができる点や，介護負担感とストレス反応を区別できるという利点がある．そのため，介護に特化した指標と一般的な指標を両方用いた多角的な測定が望ましい．

3. 家族介護者のストレスに関する理論モデル

1）ストレスの認知的評価・対処理論

　家族介護者のストレスの発生機序を説明する理論モデルとしては，Lazarus & Folkman (1984) のストレスの認知的評価・対処理論と，Pearlin, Menaghan, Lieberman, & Mullan (1981) のストレスプロセスモデルが広く活用されている．

　Lazarus & Folkman (1984) の理論は，人は環境からの刺激（ストレッサー）を受けると，それが自分にとってどれくらい脅威または重大かを評価（一次評価）し，どのように対処するかを検討（二次評価）する認知的評価の過程を経て，何らかの対処（コーピング）を行うが，対処に失敗するとストレス反応が強まるというものである．介護負担をこのモデルに当てはめると，被介護者の障害や介護ニーズ等の客観的負担は「ストレッサー」に，介護に起因する状況を介護者が負担に感じる主観的負担は「認知的評価」として位置づけることができる．

　この理論に基づく介護者研究は，コーピングに着目したものが多い．Lazarus & Folkman (1984) は，コーピングを「その人の資源に負担をかけたり，それを超えると評価された特定の外的・内的要求を管理するために，絶えず変える本人の認知的・行動的努力」と定義し，ストレスに感じる情動を調整しようとする「情動焦点型コーピング」と，問題となる環境を変えようとする「問題焦点型コーピング」に大別した．家族介護者のコーピングについても様々な類型が提案されているが，「情動焦点型」と「問題焦点型」の他に，ストレス状況の意味を肯定的に変容させる「評定焦点型」コーピングも指摘されている（岡林・杉澤・高梨・中谷・柴田，1999）．

2）ストレスプロセスモデル

　Pearlin ら（1981）のストレスプロセスモデルは，ストレスフルな出来事が，慢性的な生活上の困難を引き起こし，それが心理的な問題へと拡散して，ストレス症状につながる過程をモデル化したものである．この過程で社会的支援やコーピングは，ストレス症状やその前段階の問題を和らげるものとして位置づけられている．その後，Pearlin, Mullan, Semple, & Skaff (1990) は，介護者のストレスプロセスモデルを示した．このモデルは「背景・状況要因」「ストレッサー」「媒

介要因」「アウトカム」の4領域で構成されている（図1）.

　「背景・状況要因」は，介護者の社会・経済的特性，介護者と被介護者の続柄や過去の関係性，介護期間，家族を含む社会的ネットワークの構成や交流の質と頻度，地域における介護サービスやプログラムの利用可能性（費用，時間帯，交通手段等も含む）等である．これらの要因の中でPearlinらは特に，介護者の社会・経済的特性を重視した．社会・経済的特性は，年齢，ジェンダー，エスニシティに加え，教育，職業，経済的な達成状況で測定され，これらの特性は，報酬，特権，機会，責任の不平等な配分をもたらす階層化された序列のどこに人が位置するかを表す．この社会階層上の地位は，曝されるストレッサーの種類と強度，ストレッサーに対処するために利用できる個人的・社会的資源，発現するストレス状態等，ストレスプロセス全体に影響を及ぼすと考えられている.

　「ストレッサー」は，一次ストレッサーと二次ストレッサーに分けられている．「一次ストレッサー」は，介護のニーズとディマンズに関するもので，被介護者の身体・認知機能障害や問題行動等の客観的指標と，介護者の過剰負担感や被介

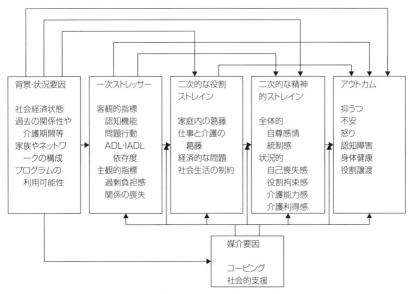

図1　介護者のストレスプロセスモデル

出典：Pearlin, Mullan, Semple, & Skaff (1990, p. 586.)

護者との関係喪失等の主観的指標によって測定される．「二次ストレッサー」は，一次ストレッサーに次いで生じる問題や苦悩に関するもので，役割ストレインと精神的ストレインに分けられている．「二次的な役割ストレイン」は，家庭内の軋轢，仕事や社会生活の制約，経済問題等，介護と他の役割との葛藤に関するものである．「二次的な精神的ストレイン」は，自尊感情や統制感といった全体的な心理状態と，役割拘束感や介護利得感等の介護状況に関する心理状態で測定される．

　「媒介要因」は，ストレッサーやストレインを軽減したり，ある問題が次の問題へと拡散するのを防ぐ効果を有するもので，社会的支援とコーピングが重要な媒介要因とされている．媒介要因がストレスを抑制する機序として，ストレッサーやストレインを直接軽減する「直接効果」，ストレッサーが次の問題につながる経路に媒介することで間接的に問題を軽減する「間接効果」，ストレッサーの深刻度が大きいほど問題を軽減する効果を発揮する「緩衝効果」が考案されている．

　「アウトカム」は，上記のプロセスの結果，顕在化するストレス状態で，精神的・身体的な健康問題や社会的役割の継続困難等の問題が現れる．このようにストレスプロセスモデルは介護者の社会・経済的特性，一次・二次ストレッサー，心理・社会的資源に因果的な序列を設定してストレスが発生する機序を理論的に説明するとともに，社会的支援やコーピングにより介護者のストレスを軽減する介入への示唆も示した．

4. 保健・医療・福祉サービスの利用に関する理論モデル

　保健・医療・福祉サービスを利用することで，家族の介護ストレスが軽減する効果が期待できる．サービスがストレスを軽減する効果は，ストレスプロセスモデルの媒介要因で述べた「直接効果」「間接効果」「緩衝効果」に加えて，サービス単独ではなく私的支援と組み合わせることで双方の効果を補い高め合う「補完効果」や，在宅介護を行いやすくする条件がある場合にサービスを利用すると効果が高まる「促進効果」が提案されている（Newman, Struyk, Wright, & Rice, 1990）．さらに，在宅介護時に介護者が十分なサービスや支援を受けていた場合

は，被介護者との死別後に生じる問題が少なく，生活の再調整を図りやすいといった「遅発効果」も指摘されている（Bass, Bowman, & Noelker, 1991）.

　保健・医療・福祉サービスの利用の規定要因を説明する理論モデルとして国際的に多用されているのは，Andersen の行動モデルである（Andersen & Newman, 1973; Andersen, 1995）. Andersen らは，保健・医療サービスの利用を規定する要因を，技術や規範等の「社会的要因」，医療サービスに関係する人的・物的資源や組織のあり方等の「サービスシステム」，サービスの受け手となる人々の「個人要因」に分類した.「社会的要因」は直接あるいは「サービスシステム」を介して間接的に「個人要因」に影響を及ぼし，「個人要因」がサービス利用に直接的に影響する. サービス利用に影響を及ぼす個人要因は，「素因」「利用促進要因」「ニード要因」に分類され，これらによってサービスの利用が規定される過程を「行動モデル」は示している.

　素因は，発症前から個人が持っている特性で，年齢，性別，婚姻状況等の「人

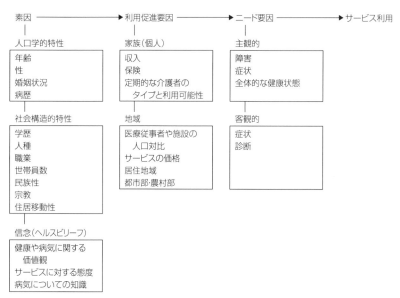

図2　保健・医療サービスの利用を規定する個人的要因：Andersen らの行動モデル

出典：Andersen. & Newman (1973, p. 107) および Andersen (1995, p. 2)

口学的特性」，学歴，人種，職業等の「社会構造的特性」，健康・病気・サービスに対する態度，価値観，知識等の「信念（ヘルスビリーフ）」に細分される．利用促進要因は，サービス利用を可能にする資源のことで，収入や保険等の「家族（または個人）資源」と，居住地の医療従事者数や施設数等の「地域資源」に分けられる．ニード要因は，直接かつ中心的にサービス利用に影響する要因で，健康状態の自己評価等の「主観的ニード」と，専門家によって診断された症状等の「客観的ニード」がある（図2）.

　行動モデルは，当初は保健・医療サービスの利用を説明する理論モデルとして考案されたが，今日では介護・福祉サービスの利用にも適用されている．しかし，サービスの種類によって各要因の影響が異なり，例えば入院のように深刻な症状に対応するサービスの利用に関してはニード要因の影響が最も大きいが，歯科受診のように任意性が比較的高いサービスの利用に関しては，社会構造的特性やヘルスビリーフ，利用促進要因の影響が強まると考えられている（Andersen, 1995）.

　Bass & Noelker (1987) は，行動モデルを在宅での介護サービス利用に適用するにあたり，高齢者だけでなく介護者の素因，利用促進要因，ニード要因も加えた「拡張行動モデル」を提案した．介護者の素因と利用促進要因は，行動モデルと同様の指標を適用しているが，介護者のニード要因には，介護によって生じる負担やストレスが指標として含まれている.

5. 今後の課題

　介護保険制度が施行されて20年以上経過し，介護保険は介護ニーズの顕在化とサービス供給の普遍化に一定の成果をあげた．しかし，家族による虐待，介護・看病疲れを原因とする自殺や殺人，介護離職等の問題は未だ続いている．近年は家族のあり方が大きく変わり，老々介護や認認介護，男性介護者，シングル介護，おひとり様認知症，ヤングケアラー等も増えている．介護サービスを担う介護人材の確保も深刻な課題である．介護サービスの基盤整備は進みつつあるが，そもそも家族を「含み資産」とするサービス供給体制で，その家族の介護力が低下している現状においては，家族の介護負担やストレスは未だ大きな社会問題の

ままである.

　本節では，家族の介護負担やストレス，サービス利用を研究する際に国際的に広く活用されている尺度や理論モデルを紹介したが，家族の介護負担やストレスを軽減するための方策については，まだ解明できていない点が多く残っている. 社会的支援やサービス利用が，家族の負担やストレスを軽減する効果が期待できるが，どのような支援やサービスが，どのような人に対して効果的なのか，支援やサービスへのアクセスを阻害する要因は何か，サービスの効果だけでなく効率や効用の評価等に関する実証的な検証は不足している. 支援やサービス，介入策に関する知見が蓄積され，科学的なエビデンスに基づいた介護施策の立案・実施，並びに介護サービス供給体制の検討が求められている.

引用文献

Andersen, R. M., & Newman, J. F. (1973). Societal and individual determinants of medical care utilization in the United States. *Milbank Memorial Fund Quarterly. Health and Society, 51*, 95-124.

Andersen, R. M. (1995). Revisiting the behavioral model and access to medical care: Does it matter? *Journal of Health and Social Behavior, 36*, 1-10.

Arai, Y., Hosokawa, T., Washio, M., Miura, H., & Hisamichi, S. (1997). Reliability and validity of the Japanese version of the Zarit Caregiver Burden Interview. *Psychiatry and Clinical Neurosciences, 51* (5), 281-287.

荒井　由美子・田宮　菜奈子・矢野　栄二（2003）. Zarit 介護負担感尺度日本語版の短縮版（J-ZBI_8）の作成：その信頼性と妥当性に関する研究. 日本老年医学会雑誌, *40* (5), 497-503.

有吉　佐和子（1972）. 恍惚の人　新潮社

Bass, D. M., & Noelker, L. S. (1987). The influence of family caregivers on elder's use of in-home services: An expanded conceptual framework. *Journal of Health and Social Behavior, 28*, 184-196.

Bass, D. M., Bowman, K., & Noelker, L. S. (1991). The influence of caregiving and bereavement support on adjusting to an older relative's death. *The Gerontologist, 31*, 32-42.

Grad, J., & Sainsbury, P. (1963). Mental illness and the family. *The Lancet, 281* (7280), 544-547.

Higginson, I. J., Gao, W., Jackson, D., Murray, J., & Harding, R. (2010). Short-form Zarit Caregiver Burden Interviews were valid in advanced conditions. *Journal of Clinical Epidemiology, 63* (5), 535-542.

Lazarus, R. S., & Folkman, S. (1984). *Stress, appraisal, and coping.* New York: Springer publishing company.

Lin, C. Y., Wang, J. D., Pai, M. C., & Ku, L. J. E. (2017). Measuring burden in dementia caregivers: Confirmatory factor analysis for short forms of the Zarit Burden Interview. *Archives of Gerontology and Geriatrics, 68,* 8-13.

中谷　陽明・東條　光雅（1989）．家族介護者の受ける負担―負担感の測定と要因分析―. 社会老年学, *29,* 27-36.

Newman, S. J., Struyk, R., Wright, P., & Rice, M. (1990). Overwhelming odds: Caregiving and the risk of institutionalization. *Journal of Gerontology, 45,* S173-183.

岡林　秀樹・杉澤　秀博・高梨　薫・中谷　陽明・柴田　博（1999）．在宅障害高齢者の主介護者における対処方略の構造と燃えつきへの効果．心理学研究, *69* (6), 486-493.

Pearlin, L. I., Menaghan, E. G., Lieberman, M. A., & Mullan, J. T. (1981). The stress process. *Journal of Health and Social behavior, 22* (4), 337-356.

Pearlin, L. I., Mullan, J. T., Semple, S. J., & Skaff, M. M. (1990). Caregiving and the stress process: An overview of concepts and their measures. *The Gerontologist, 30* (5), 583-594.

杉原　陽子・杉澤　秀博・中谷　陽明（2012）．介護保険制度の導入・改定前後における居宅サービス利用と介護負担感の変化：反復横断調査に基づく経年変化の把握．厚生の指標, *59(15),* 1-9.

武田　恭子．（1972）．在宅要介護老人に関する社会医学的調査研究．日本衛生学雑誌, *27* (6), 573-588.

山岡　和枝・大井　玄・深井　智代・武長　修行・甲斐　一郎・木内　とき子…寺尾　浩明（1986）．ねたきり老人の介護人の負担度―1次元尺度構成の試み―．日本公衆衛生雑誌, *33* (6), 279-284.

Zarit, S. H., Reever, K. E., & Bach-Peterson, J. (1980). Relatives of the impaired elderly: Correlates of feelings of burden. *The Gerontologist, 20* (6), 649-655.

Zarit, S., Orr, N. K., & Zarit, J. M. (1985). Understanding the stress of caregivers: Planning an intervention. *The hidden victims of Alzheimer's disease: Families under stress* (pp. 69-86). New York: New York University Press.

参考文献

Pearlin, L. I., Mullan, J. T., Semple, S. J., & Skaff, M. M. (1990). Caregiving and the stress process: An overview of concepts and their measures. *The Gerontologist, 30* (5), 583-594.

⎛ アクティブ・ラーニング ⎞

＊家族の介護負担やストレスとその規定要因に関する研究論文の中から量的研究と質的研究をそれぞれ1つずつ選び，内容を要約してください．その知見を踏まえ，介護負担やストレスを軽減するために，どのようなアプローチを考えることができますか．

＊高齢者介護に関して近年指摘されている問題の中から1つ選び，その問題の現状を調べ，対応策を考えてみましょう．

（杉原　陽子）

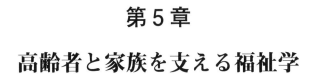

第5章

高齢者と家族を支える福祉学

1節　老年学分野における福祉の政策・制度

「福祉学」や「社会福祉学」がどのような学問であるのかを，簡潔に説明することは難しい．学問ではなく，学際的に取り扱うべき「領域 (field)」であるという意見もある．著名な社会福祉学者の岩田（2016）によれば，「社会福祉は，異形の目的や手法をもつ寄せ木細工のようなもの」と表現される．したがって本章では，高齢者・高齢社会分野の「社会福祉」的な側面を，「寄せ木細工」的に概観していくことになる．ここではとりあえず，わが国の社会福祉学において最もよく使われる分類軸である「政策・制度論」と「実践・方法論」に分けて，老年学分野での福祉学の学びを紹介する．

1. 高齢者の福祉政策の歩み

　政策・制度的な学びを進めるには，まずこれまでの政策・制度の変遷を理解する必要がある．なぜなら，政策・制度の立案及び実施は，その時代に表出している社会問題の解決を目指しており，時代の変遷や社会問題の質・量の変遷に応じて，常に修正・改廃を繰り返しているからである．つまり，現在の政策・制度を理解するには，歴史的な連続性や必然性の理解が不可欠となるのである．ただしここでは，制度上の手続きやサービス内容の詳細な知識を学ぶのではなく，主として政策に明示あるいは包含されている理念の変遷をみていく．

1）老人福祉法制定以前

　1963 年に老人福祉法が制定される以前は，高齢者のみを対象にした福祉分野の政策は存在せず，救貧施策の中で，低所得者として救護の対象とされていた．明治政府によって制定されたわが国の福祉施策の始まりである恤救（じゅっきゅう）規則においては，「家族の扶養を受けられない 70 歳以上の老衰者」という規定で対象とされた．大正時代に制定されたわが国初の公的救済立法である救護法においても，「65 歳以上の老衰者で労働に従事することが困難であり，なおかつ貧困で生活できない者」として対象とされた．第二次大戦後の新憲法の下で制定された生活保

護法では，各地で開設されていた養老院が，公費で運営される保護施設として取り入れられ，利用者は生活保護の対象者となった．以上のように，これらの時代においては，いわゆる「老人福祉」という理念は未だ確立されず，「高齢者」はあくまで貧困者の属性の1つとしてとらえられているにすぎなかった．

2）老人福祉法の制定

1950年代に入ると，いくつかの自治体において現在のホームヘルパーの前身である老人家庭奉仕員の活動が始まり，高齢者の孤独解消や安らぎの場としての老人クラブが各地で自然発生的に発足していたことを受けて，1963年に老人福祉法が制定された．老人福祉法の理念としては，「敬老と生活保障」「高齢者自身による健康維持と社会参加への努力および高齢者への社会参加の機会保障」「国および地方公共団体の高齢者福祉増進の責務および福祉等の事業に携わる事業者の努力」が示されている．旧民法にみられるように，戦前は高齢者への支援をほぼすべて私的扶養に任せていた．制定当時世界でもあまり例のない高齢者の福祉に特化した法であった老人福祉法により，高齢者の福祉の第一義的責任が「私」から「公」にあると明確に記されたことは，高く評価されるべきものである．

高齢者のための単独立法として画期的である反面，1960年代のわが国ではまだ高齢化問題が顕著ではなかったこともあり，現代の視点からみるといくつかの問題を有している．たとえば法に示されている「敬老」は，「多年にわたり社会の進展に寄与してきた者として，かつ豊富な知識と経験を有する者として敬愛される」と表現されており，ある種条件付きの敬老と読み取れないこともない．また，老人福祉法の理念には広く高齢者の生活保障を目指すことが示されているのだが，当初は措置制度による施設サービスが中心となっていた．つまり，サービス提供の目標は，最低限度の衣食住を確保することであり，その意味では救貧的な政策としての側面が存続していた．

3）老人医療費無料化制度と老人保健法

順調な高度経済成長を背景に，1973年から老人医療費無料化制度が開始された．この制度は，老人福祉法の改正により実施されたものであり，既に制度化されていた国民皆保険である健康保険制度の自己負担分を公費で賄うものであった．70歳以上のすべての高齢者を対象としたこの制度は，広く高齢者の生活保障を

目指すという老人福祉法の理念を具現化したものであり，国民やマスメディアからも，「高福祉・高負担の福祉元年」であると大いに期待された．

ところが皮肉なことに，老人医療費無料化制度開始の1973年に，わが国は，オイルショックとドルショックという高度経済成長を妨げる大きな危機に見舞われた．そして景気が後退していくにつれて，高騰する医療費の総額の象徴として，病院のサロン化や乱診乱療といった老人医療の負の側面が強調され，称賛から一転して無駄な公費負担であると指摘されるようになった．そのような指摘に応えるために，1982年に老人保健法が成立した．この法律は，新たに老人保健の施策を展開していく目的を持つものであったが，その財源を確保するために，老人医療費の一部自己負担を導入するものであった．つまりは，無料化の廃止を目的とした法律であったともいえる．

4）ゴールドプラン策定と高齢社会対策基本法の制定

1980年代になると，わが国の高齢化率は10％に達し，高齢者福祉のサービスは，対象者が限られた救貧的なサービスではなく，より広い対象者をターゲットにした一般的な施策として展開することが必要になってきた．1982年に，老人家庭奉仕員（ホームヘルパー）の所得制限が撤廃となり有料化されることになったのも，そのような流れの1つである．そして1989年には，高齢者保健福祉推進十ヵ年戦略（ゴールドプラン）が策定され，老人ホームなどの施設サービスやホームヘルプなどの在宅サービスが，大幅に増やされることになった．

一方この時期には，世界各国で高齢化問題への取り組みが課題となりつつあり，国連は1982年に「世界高齢者問題会議」を開催し，加盟各国に高齢者社会への対応策を立案するよう求めた．さらにそのガイドラインとして「高齢者のための国連原則」定め，原理となる理念として，「自立（independence）」「参加（participation）」「ケア（care）」「自己実現（self-fulfilment）」「尊厳（dignity）」を提唱した．わが国もこの要請に応えるべく，1995年に国としての高齢社会対策の姿勢を示す高齢社会対策基本法を制定した．つまり，高齢者への社会的なサービスは，「福祉」という枠組みを超えて，社会全体で総合的に取り組むべきものとして位置づけられたわけである．

5）介護保険法の成立と拡大

　当初 10 年間の計画であったゴールドプランは，「ゴールドプラン 21」として 5 年間延長され，通算して 15 年間にわたって高齢者の福祉サービスが拡大された．1990 年代のわが国の経済は低成長期ではあったが，そのような状況下でも着実にサービスの整備が行われたゴールドプランは，非常に高く評価されるべき政策ではあろう．しかしながらゴールドプランは，あくまでもサービスを整備するための費用であったので，そのようにして整備されたサービスを運用していく費用を確保する必要があった．そのため 1997 年に，社会保険方式で高齢者の介護サービスを運用していく介護保険法が成立し，2000 年度より介護保険制度が始まった．この制度の開始により，わが国の高齢者向けの保健福祉サービスは，救貧的な「老人福祉サービス」から，広く国民一般が利用する「介護サービス」になった．実際に，老人福祉法で実施されてきた介護を提供する老人福祉サービスのほぼ全部が，新しい介護保険法の下で実施されることになった．

　介護保険法の条文においては，「これらの者が尊厳を保持し，その有する能力に応じ自立した日常生活を営むことができるよう（中略），国民の共同連帯の理念に基づき」と記されている．「個人の尊厳の保持」「自立支援」「共同連帯」が，介護保険法で示されている基本理念であり，これらは前述した高齢者の国連原則でも提唱されていたものでもある．また老人福祉法の基本理念である「敬老」と比較すると，衣食住の確保といった生活保障のレベルから，より高次な精神的活動のレベルの保障までを含む拡大された理念である．実は 1997 年の制定当初は，「個人の尊厳の保持」は条文には入っていなかったが，2005（平成 17）年の改正において，第 1 条に追加された．さらに，法改正に先立つ行政の研究会の報告書には，個人の尊厳保持は自立支援と並行して追加されるものではなく，むしろ自立支援をめざす根底には尊厳の保持があると記されている（老人保健福祉法制研究会，2003）．つまり介護保険法による施策の展開の第一義的な理念は，個人の尊厳の保持にあると言ってよい．

　介護保険制度の創設以降，介護サービスの利用者数は着実に伸びてきており，2020 年 4 月で 494 万人と 2000 年 4 月（149 万人）と比べて約 3.3 倍に増えている．もはや介護サービスは，単なる救貧的サービスではなく，国民にとって不可

欠なサービスとなったのである．加えて創設時には3.6兆円であった総費用も，2019年度には10.8兆円と3倍に増加している．さらに今後，団塊の世代が後期高齢者となることもあり，引き続き介護サービス利用者は増加する見込みであり，2040年度には，居宅サービス利用者は2018年度比で1.4倍，施設サービス利用者は同1.6倍になると見込まれている（令和3年版厚生労働白書）．このため現時点では，介護保険制度を将来にわたって持続可能なものとして維持していくことが最優先の課題となっている．

2. 高齢者と家族を支える諸制度

1）高齢社会対策基本法

　老人福祉法が高齢者のみを対象とした法律であったことから，福祉関連の施策だけでなく，住宅政策や生きがい施策などの他の分野の高齢者向けの施策も老人福祉法を根拠にして行われてきた．しかし少子高齢化が加速し，より総合的な高齢化対策の法制度が必要になってきたことから，1995（平成7）年に高齢社会対策基本法が制定された．この基本法には，3つの基本理念が記されている．1つ目の理念は，「社会的活動に参加する機会が確保される公正で活力ある社会」と記され，老人福祉法と同じ社会参加の保障が示されている．2つ目の理念では，「社会を構成する重要な一員として尊重され」という表現になっており，老人福祉法の条件付き敬老とは異なり，国連原則の理念に近いものになっている．またこの項目では，「地域社会が自立と連帯の精神に立脚して形成される社会」という理念が示され，国や地方公共団体からの公助だけではなく，自助や共助の理念が加わっている．3つ目の理念は，「健やかで充実した生活を営むことができる豊かな社会」であり，広く生活保障を目指すことが示されている．なお，国および地方公共団体の責務，高齢者側の努力も記されている．

　高齢社会対策基本法では，この3つの理念のもとに，4つの分野（就業及び所得，健康及び福祉，学習及び社会参加，生活環境）において，それぞれ個別の法令を制定して少子高齢社会に対応した施策を展開していくこととなっている．基本法の理念が，目指すべき高齢社会のあり方を示す，どちらかといえば抽象度の高いものであるのは，それら分野別の法令において，より具体的な施策を展開す

る理念が示されているからである．以下に，4つの分野別に代表的な法令・制度をみていく．

2）就業及び所得分野の制度

(1) 公的年金制度

　わが国の公的年金制度は，1941 年の労働者年金保険法の成立によって広く国民を対象とした制度になったが，自営業者等はその対象とはなっていなかった．その後 1959 年に国民年金法が制定されたことによって，国民皆年金が実現されたが，先行する公的年金制度との調整や通算が大きな課題となって近年までそのための改正が続いていた．高度経済成長期には，給付水準の引き上げが実施されてきたが，1980 年代以降は，低成長と急速な高齢化を背景に，制度再編や給付水準および保険料負担の見直しが続いている．

　現在の公的年金制度は，図 1 にあるように 2 階建ての体系であるとされており，基本的には，日本国内に居住するすべての成人（20 歳以上）が国民年金に加入し，被用者のほとんどが，それに加えて厚生年金にも加入することになっている．ただし，国民年金の加入要件や保険料は職種別に異なっており，第 1 号被保険者（主に非被用者，保険料定額），第 2 号被保険者（被用者，保険料は厚生年金とあわせて報酬に比例），第 3 号被保険者（被用者の被扶養配偶者，保険料なし）といった三本立ての仕組みになっている．

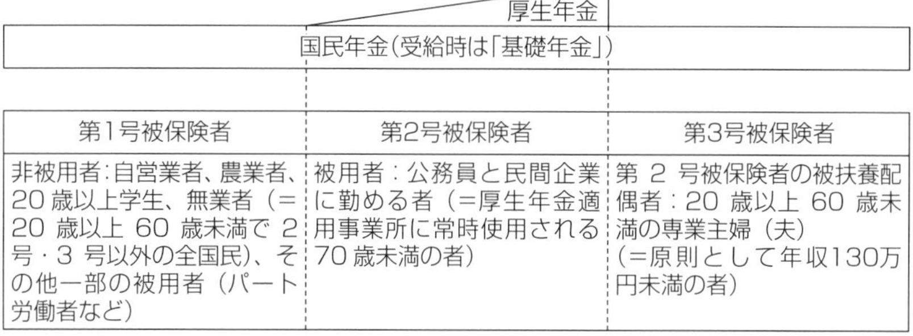

	厚生年金	
国民年金（受給時は「基礎年金」）		
第1号被保険者	第2号被保険者	第3号被保険者
非被用者：自営業者、農業者、20 歳以上学生、無業者（＝20 歳以上 60 歳未満で 2号・3 号以外の全国民）、その他一部の被用者（パート労働者など）	被用者：公務員と民間企業に勤める者（＝厚生年金適用事業所に常時使用される70 歳未満の者）	第 2 号被保険者の被扶養配偶者：20 歳以上 60 歳未満の専業主婦（夫）（＝原則として年収130万円未満の者）

図 1　公的年金制度の体系

出典：西村（2021）

(2) 高年齢者雇用安定法

　高年齢者雇用安定法は，1971年に「中高年齢者の雇用の促進に関する特別措置法」として制定され，1986年に現在の法律名に改称された．当初は，中高年齢者を雇用する事業者への助成金の支給が中心の施策であったが，その後数回の改正時に，年齢による応募や採用の差別の原則禁止，段階的に65歳までの雇用確保などが義務付けられた．2012年には，事業主が，「定年の引き上げ」「希望者全員を対象とする継続雇用制度の導入」「定年の廃止」のうちいずれかの措置を実施することが義務化された．また今後は，70歳までの就業機会確保へ向けた法改正が進められることとなっており，定年延長に加えて他企業への再就職の実現や起業支援などが検討される予定である．

3）健康及び福祉の制度

(1) 高齢者医療確保法

　1982年に制定された老人保健法は，高齢者への保健事業を総合的に実施するとともに，無料化であった高齢者医療を有料化する法律であった．ところが，同法の下で実施されていた訪問看護や老人保健施設の療養費支給などが，介護保険法の施行によって介護保険制度によって担われることになり，事実上老人保健法は廃止され，2006年に新たに高齢者医療確保法として改正された．この法律の目的は，「国民の高齢期における適切な医療の確保を図るため，医療費の適正化を推進するための計画作成及び，保険者による健康診査などの実施に関する措置を講ずると共に，前期高齢者にかかる保険者間の費用負担の調整，後期高齢者に対する適切な医療の給付を行うために必要な制度を設け，もって国民保険の向上及び高齢者福祉の増進を図ること」となっている．つまり，「高齢者への保健事業」と「高齢者の医療費適正化の事業」の二本立てとなっている．

(2) 後期高齢者医療制度

　70歳以上は無料であった老人医療費無料化制度が，老人保健法によって1割の自己負担となり，さらにその後の医療制度改革によって，75歳以上の高齢者は，既存の医療保険制度に加入を継続しつつ，市町村が運営する「老人保健制度」にも加入することになった．しかし，高齢化が加速し現役世代への負担も大きいことから，高齢者医療確保法によって，75歳以上の高齢者は，既存の医療

268

保険制度から切り離して一元化した後期高齢者医療制度に加入することになった. この制度によって，後期高齢者は，医療費の1割負担に加えて，保険料の負担も求められることになった. さらに 2022 年度からは，医療費の2割負担への引き上げが決まっている.

(3) 介護保険法

介護保険法により 2000 年から開始されている介護保険制度は，社会保険方式による高齢者向けの介護サービスの提供の仕組みである（図2）. 制度を運営する保険者は，市町村（特別区含む）であり，複数の自治体が参加する広域連合もある. 被保険者は，65 歳以上の高齢者が第1号被保険者となり，40 歳以上 65 歳未満の医療保険加入者が第2号被保険者となる. 保険の財源は，第1号被保険者の保険料が 50%，国，都道府県，市町村の公費が 50%で賄われる. 保険の給付は，要支援または要介護状態になった場合に（第2号被保険者はその原因が加齢に伴って生じる心身の変化に起因する特定の疾病に起因したものに限られる），要支援者は予防給付サービス，要介護者は介護給付サービスが利用できる. サー

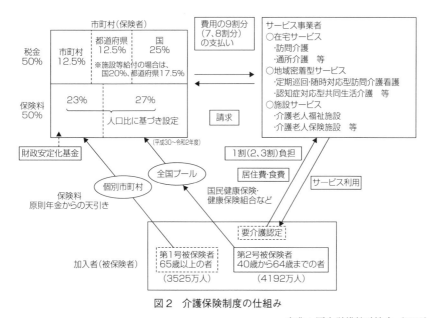

図2　介護保険制度の仕組み

出典：厚生労働統計協会（2020）

ビスの利用にあたっては，介護支援専門員（ケアマネジャー）が，心身の状態の置かれている状況を踏まえ，適切なサービスが受けられるよう必要な支援を行うことになっている．

　被保険者がサービスを利用する際には，市町村の要介護認定を申請する必要がある．申請を受けた市町村は，認定調査を行い，介護認定審査会の判定を経て認定結果を通知する．認定結果を受け取った被保険者は，地域包括支援センターあるいは居宅介護支援事業所の介護支援専門員に相談，ケアプランを作成，指定サービス事業者に申込および契約，といった手順でサービスを利用することになる．

　1997 年に制定され 2000 年から施行された介護保険法は，わが国の社会保障制度の歴史の中でも大きな変革であった．そのねらいは，介護を社会全体で支え，利用者が必要なサービスを選択でき，家族から介護を解放し，介護のための移動や退職が強制されないことであった．しかしながら，制度創設から 20 年を超えた現在でも，老老介護，認認介護，介護離職，介護心中といった，介護にまつわる課題は山積しているようにみえる．今後もさらなる，制度の検証，改革が必要であろう．

4）学習及び社会参加の制度

(1) 生涯学習振興法

　1990 年に，生涯学習の振興のための施策の推進体制等の整備に関する法律（生涯学習振興法）が制定された．その目的は，「学校教育及び社会教育に係る学習（体育に係わるものを含む）並びに文化活動の機会に関する情報を収集し，整理し，及び提供すること」および「地域における学校教育，社会教育及び文化に関する機関及び団体相互の連携に関し，照会及び相談に応じ，並びに助言その他の援助を行うこと」となっており，生涯教育とは，学校教育，社会教育，文化活動という幅広い範囲の事業や活動を含むものと解されている．具体的な施策内容としては，都道府県および政令市に，生涯学習審議会，生涯学習担当部局の設置や生涯学習振興計画の策定を求めている．さらに市町村も含めて，拠点施設としての生涯学習推進センターの整備も求められている．

5）生活環境の制度

(1) 高齢者住まい法

2001 年に制定された「高齢者の居住の安定確保に関する法律（以下，高齢者住まい法）」は，高齢者が安心して快適に暮らせる住環境の整備を，持ち家・賃貸の両市場において推進するための施策が盛り込まれた．わが国の住宅市場の自由契約・競争原理という原則の中に，国として本格的に介入した点において，大きなインパクトを与えた法令であった．さらに 2011 年には，同法の抜本的改正が行われ，それまで実施されていた高齢者向け住宅の諸事業を統合し，「サービス付き高齢者向け住宅（サ高住）」が創設された．サ高住は，順調に増加しており，2012 年から 2020 年の 8 年間では，7 万人分から 26 万人分と 4 倍近くになっている（一般社団法人高齢者住宅協会調べ）．

3. 制度・政策の評価研究

1）評価研究の必要性

近年様々な分野で，政策に基づいて実施される制度やサービスに対して，評価を行うことの必要性が叫ばれるようになってきた．サービスの対象者，サービスが実施される地域の住民，さらには社会全体に対して，アカウンタビリティ（accountability［説明責任］）を示すことが重要になってきたのである．Rossi & Freeman（1993）によると，検証されるべきアカウンタビリティには，少なくとも次のようなものがある．①Coverage Accountability：サービスが提供されるべき対象者をすべて包含しているか，②Service Delivery Accountability：提供されるサービスの質・量は充分なものか，③Impact Accountability：サービスは充分な効果をもたらしているか，④Efficiency Accountability：サービスは効率的に提供されているか，⑤Fiscal Accountability：予算や資源は適切に運用されているか，⑥Legal Accountability：法的な手続きはすべて正しく行われているか．

高齢者への保健医療福祉サービスを提供している組織は，大部分が非営利の組織であり，何らかの公的支援を受けつつサービスを提供している．したがって，上記したアカウンタビリティを明示する必要があり，内部的な自己点検・自己評

価だけでなく，外部からの評価を受け入れる必要がある．実際に近年は，医療機関が病院機能評価による認証を受けたり，福祉施設が第三者評価を受ける例が増加している．

2）評価研究のタイプ

一口に制度・政策の評価といっても，その目的や内容は多岐にわたる．ここでは，評価の持ついくつかの側面に焦点をあてて，評価にはどのようなタイプがあるのかを簡単に説明する．

(1) 結果志向の評価と過程志向の評価

まず評価には，その評価が目指しているものから，「結果志向（summative）の評価」と「過程志向（formative）の評価」がある．結果志向の評価とは，支援や実践の効果や効率，つまり支援や実践によってもたらされた結果を評価することである．過程志向の評価とは，結果ではなく，その結果がもたらされるまでの過程をも評価することである．福祉分野においては，結果を導くための支援や実践そのもの，さらには支援や実践で掲げるべき目標といったものを明確に概念化・操作化できないことが多い．したがって単に結果のみを評価することは，制度による具体的な支援や実践の評価としては十分ではない．つまり，結果がもたらされた前提となるサービス内容，支援や実践の行為そのものも評価の対象とすべきであるということである．

(2) 事例レベルの評価とプログラムレベルの評価

評価は，個々の事例（1人の個人だけでなく，1つの家族，集団，組織，地域などもありうる）における支援や実践がその対象となる場合（「事例レベルの評価」）と，ある特定のニーズを持つ集団をターゲットとして支援や実践を提供している組織や個々のプログラムそのものが対象となる場合（「プログラムレベルの評価」）がある．さらに事例レベルの評価は，フォーマルなものとインフォーマルなものに分けられ，スーパービジョンやコンサルテーション，あるいはケースカンファレンスや事例検討会などで行われる個々の事例についての検討は，インフォーマルな評価であると考えられる．このような事例レベルにおけるインフォーマルな評価は，個々の支援や実践へのフィードバックにおける有効性や即時性という側面においては大変有益であるが，アカウンタビリティの提示や知識

272

の蓄積という側面においては，科学的な正確さや客観性が欠如しているという大きな短所がある．一方フォーマルな事例レベルでの評価においては，その手続きに客観性が重視され，原因（支援や実践）と結果（効果）の関係をより科学的に証明することが追求される．具体的には，シングルシステムデザインなどの効果測定の方法を用いて評価を行うことが必要になってくる．

　プログラムレベルの評価は，特定の政策や事業の評価のことを指す「事業評価（program evaluation）」として，特に欧米において広く普及している．わが国では，これまでこういった政策・事業評価が活発ではなかったが，それでも近年教育や公衆保健といった対人サービスの分野でもその必要性が高まっている．通常プログラムレベルの評価においては，評価の次元として，①インプットの評価：支援や実践を提供するための投入資源（費用や人材など）の評価，②プロセスの評価：支援や実践を提供する過程の評価，③アウトプットの評価：支援や実践の提供によってもたらされた効果の評価，④効率の評価：効果をあげるのに費やしたコストの評価，といった4つの次元の評価が行われることになる．保健医療分野で取り上げられることが多い「ドナベディアンの評価モデル」の「構造（structure）」「過程（process）」「結果（outcome）」といった評価の側面と，ほぼ同じ枠組みである．

(3) 質的な評価と量的な評価

　一般的にリサーチ（調査研究）は，取り扱うデータが数値あるいは数値化された量的なもの（quantitative）とデータが数値でない質的なもの（qualitative）とに分けられ，リサーチの目的が新たな概念や事象を探索しようとするものや事象を詳細に記述しようとする際には質的リサーチが，事象をより客観的に記述しようとするものや既に提唱されている仮説やモデルを検証し因果関係を説明しようとする際には量的リサーチが行われる．したがって評価のためのリサーチは，支援や実践とその結果の因果関係を明らかにすることからいえば，量的な評価が行われるのが望ましく，アカウンタビリティの提示や知識の蓄積のためにも，まず量的な評価の可能性を考えるべきであろう．

　しかしながら，評価研究が，量的なものだけですべての目的が達成できるとは言い難い．特に，支援や実践の効果を見極め今後の方針を決定していくためには，

量的な評価からの情報だけでは不十分なことがありうる．そのようなときには，質的な評価を行い，そこから得られる情報を活用する必要がある．つまり，量的な評価と質的な評価を必要に応じて実施し，両者から得られる情報を総合して最終的な評価の結論を導き出すことが望ましいのである．

引用文献

岩田　正美（2016）．社会福祉のトポス　有斐閣

厚生労働統計協会（2020）．国民の福祉と介護の動向．厚生の指標増刊, *67* (10)

西村　淳（2021）．年金制度の概要　一般社団法人日本ソーシャルワーク教育学校連盟（編）社会保障（pp. 158-194）　中央法規出版

老人保健福祉法制研究会（2003）．高齢者の尊厳を支える介護　法研

Rossi, P. H. & Freeman, H. E. (1993) *Evaluation: A systematic approach (5th. ed.).* Newbury Park, CA: SAGE.

参考文献

岩田　正美（監修）・副田　あけみ（編集）（2010）．リーディングス日本の社会福祉第3巻：高齢者と福祉――ケアのあり方　日本図書センター

直井　道子・中野　いく子・和気　純子（2014）．高齢者福祉の世界・補訂版　有斐閣

───（ アクティブ・ラーニング ）

＊高齢者を社会全体で支えるための費用の負担は，どのような形が望ましいのか考えてみなさい．若年世代が負担？　高齢者世代どうしで負担？　富裕層が負担？

＊高齢者個人の尊厳を尊重するケアとは，具体的にはどのようなものか，考えてみなさい．入所施設におけるケアにおいてはどうか？　在宅での介護サービスによるケアにおいてはどうか？

（中谷　陽明）

2節 老年学分野における福祉の実践・方法

1. 介護福祉

　高齢者分野の福祉の実践としては，直接ケアである介護の実践が量的には顕著であり，わが国には介護福祉士という国家資格もつくられている．福祉分野の教育場面においても「介護福祉」という用語も使われており，介護福祉学会という学術団体も存在している．しかしながら，介護という営みは，長く私的扶養の中で行われ，家族以外の者が介護に携わる，いわゆる介護の外部化・社会化が現れてきたのは，ここ数十年間のことである．また介護の営みの相当の部分が，日常的に反復すればできる行為でもあり，これらは専門的な技術や知識が十分でなくても対応できることも確かである．したがって，普遍的・法則的な原理原則を導き出す研究の蓄積や理論的な裏付けは未だ未成熟なままである．

　ここでは，介護福祉に関する代表的な論者の見解を，いくつか紹介する．介護福祉学会の創設発起人でもある一番ヶ瀬（1993）は，介護の仕事内容は，人間の尊厳とそのプライドを，最後までしかも日常的に生活面から保障するために不可欠な仕事であり，人権保障の総仕上げを担う働きであると述べている．社会福祉分野の研究者である根本（1993）は，介護福祉学の実践をケアワークとし，その概念規定として，ケアワークを「介護」「保育」「養護」「療育」の上位概念として捉え，「介護」「保育」「養護」「療育」は社会福祉の実践方法，技術の一領域と捉えてよいとしている．さらに，「介護は，介助や身の回りの世話（炊事，買い物，洗濯，掃除）を助けることであり，手段的 ADL，機能的 ADL を含む日常生活動作の援助である」とした上で，社会生活機能の支援に重点をおいている．看護学の研究者である中島（2001）は，健康や障害の程度を問わず，衣食住の便宜さに関心を向け，その人が普通に獲得してきた生活の技法に注目し，もし身の回りを整えるうえで支障があれば，「介護する」という独自の方法でそれを補い支援する活動であると述べている．

以上のような見解に共通していることは，高齢者が営む生活の側面に重きが置かれていることである．つまり，単なる生命維持の支援にとどまらず，精神的にも社会的にも自立を目指した生活支援を目標としている点に，その特徴がある．今後は，そのような観点からの介護福祉の理論化および実践の精緻化が望まれる．

2. ソーシャルワーク

1）ソーシャルワークとは

　高齢者福祉分野の実践に従事する代表的な専門職として，ここではソーシャルワークを取り上げる．ソーシャルワークを簡潔に定義づけるとすれば，「社会生活を送る上で何らかの生活課題に直面している人々に対して，人々とそれを取りまく環境の両者に着目し，その課題状況を改善し，人々の社会生活機能を促進する目的として支援を提供する過程の総体」ということができよう．既に百年を超える歴史を有する専門職としてのソーシャルワークではあるが，高齢者をその援助の対象として認識し始めたのは，1970年代に入ってからであった．その理由としては，もちろん現在ほど高齢化が社会的な話題として取り上げられることが少なかったこともあるが，むしろソーシャルワーカー自身が，高齢者は静かに最後を迎えつつある者で，「発達」「自己実現」「最大限の能力活用」といった支援目標が当てはまらないグループであり，そのような目標を掲げるソーシャルワークの範囲外であると考えていたことがあげられる（Lowy, 1979）．しかし現在では，高齢者は，ソーシャルワークがかかわるべき主要なグループのひとつであると考えられている．今では，北米のソーシャルワーカーを養成するほぼすべての教育機関に，高齢者分野ソーシャルワークのコースが設けられるようになっている．

2）ソーシャルワークの理論

　ソーシャルワークの専門性・固有性を説明する理論はいくつかあるが，ここではわが国の代表的な理論として，岡村重夫の社会福祉の対象論を紹介しておく（岡村，1983）．岡村の著書では社会福祉という言葉が使われているが，その中で論じているのが，ケースワーク，グループワーク，コミュニティ・オーガニゼーションというソーシャルワークの主要な3つの方法であるので，ソーシャルワー

クの対象と置き換えて理解しても大きな違和感はない．岡村は，人が社会の中で生活していくには，社会が用意する基本的社会制度を通して充足する，7つの「社会生活の基本的要求」（①経済的安定の要求，②職業的安定の要求，③家庭的安定の要求，④保健・医療の保障の要求，⑤教育の保障の要求，⑥社会参加・社会的協同の機会の要求，⑦文化・娯楽の機会の要求）が充たされなければならないとする．さらに図1に示すように，個人がこれらの要求を充たすために様々な社会制度と取り結ぶ関係を「社会関係」と呼び，この社会関係上の困難こそが，社会福祉固有の対象であると指摘する．

　この社会関係は二重構造となっており，客体的側面と主体的側面を持っているとされる．客体的側面は，ある基本的要求を充たすために専門化された社会制度の側からの，個人に対して何らかの役割を果たすように求める役割期待である（例えば，個人からの教育の要求に応じるために，学校に来校して決められた時間の授業への出席を求める．図1の実線の矢印）．主体的側面は，個人がそのような社会制度からの役割期待に応えて役割を実行することである（学校に行って授業に出る．図1の二重線の矢印）．つまり人は，複数の社会制度からの役割期待に応じて複数の役割を遂行することで，社会生活の要求を充足しているというわけである．

　岡村は，社会関係の主体的側面に立ち位置を定めることにより，社会福祉固有

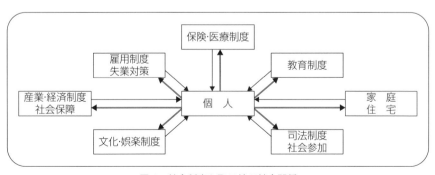

図1　社会制度と取り結ぶ社会関係

（実線は客体的側面・役割期待，二重線は主体的側面・役割実行）

出典：著者作成

の対象がより鮮明になるという．図1をみるとわかるが，社会制度の側からの客体的側面は，個人が複数の客体的側面からの役割に応じていることは勘案しない．したがって，個人は複数の社会制度からの要求に答えるべく対処するのだが，しばしば役割期待が矛盾することがある．たとえば，医師から安静に療養するように指示されている会社勤めの者が，どうしても出社して仕事をしなければならない状況などである．岡村は，このような状況を「社会関係の不調和」と呼んだ．また，ある役割実行を果たすことによって，別の役割実行を放棄しなければならない状況も出現する．たとえば，小学生が治療のために長期入院をすることによって，学校に行けなくなり教育の機会を放棄する状況などで（現在は院内学級などが用意されている），こういった状況を「社会関係の欠損」と呼んでいる．また社会制度は，すべての個人の基本的要求を充たすように用意されているわけではない．主体的側面の側から社会制度を見直したところ，ある要求を充たす制度が存在しないということが起こりうる．こういった状況を，「社会制度の欠陥」と呼んでいる．以上のように，社会関係の主体的側面に立つことによって明らかになる「社会関係の不調和」「社会関係の欠損」「社会制度の欠陥」が，ソーシャルワーク固有の対象であると指摘されている．

3）高齢者分野のソーシャルワークの特徴

　根本（1999）によれば，高齢期になって直面する生活上の困難は，身体的・精神的能力の低下によって自立性を欠くといった「高齢者自身の問題性」と，家族状況や居住環境といった高齢者を取りまき支える「支援システムの問題性」との相互作用によって生じるとされる（図2）．さらに，これまでの人生において未解決のままの，高齢者自身の問題や家族等との関係における問題が，高齢期の困難に多大な影響を与えることも指摘されており，生育歴を知ることの重要性についても示されている．したがって，高齢者の困難を理解するためには，以上のような様々な要因の全体関連性を検討する必要があり，そのための専門職としてソーシャルワーカーが適任であると述べられている．

　白澤（1997）は，高齢者が経験している困難をソーシャルワーク独自の視点でとらえるために，「生活ニーズ」という考え方を提案している．生活ニーズとは，高齢者本人の身体機能状況や精神心理状況，および高齢者を取りまく社会環境状

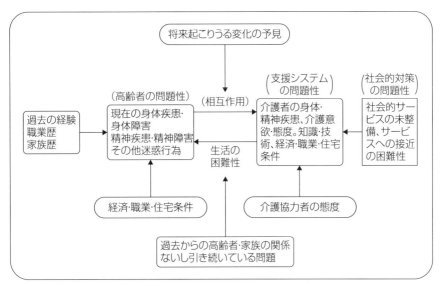

図2　高齢期の生活困難の構造

出典：根本（1999）

況の関連から生じてくる生活を送る上での困ったこと（生活課題）と，その課題
を解決するために設定される目標を合わせたものであると説明される．そしてこ
の生活ニーズをとらえるために，「生活」そのものを理解する観点として，以下
の4つを掲げている．

①生活の全体性：現実の生活は，身体状況，精神心理状況，社会環境状況などの
　様々な状況が密接に関連して成り立っている．生活のある一部分だけを精査し
　たとしても，生活ニーズを把握したことにはならない．

②生活の個別性：身体状況，精神心理状況，社会環境状況は，各個人において異
　なっており，それらが複合して生じる生活ニーズは，極めて個別性の高いこと
　に留意すべきである．

③生活の継続性：生活は過去から未来へ連続しているものであるから，今生じて
　いる困難は，過去の状況からの影響を受けているとともに，未来の状況に影響
　を与えるものでもある．生活ニーズの把握には，高齢者の生きてきた歴史を知
　ることが重要となる．

④生活の地域性：生活は，居住する地域の特性，たとえば社会資源の有無などに
大きく左右される．したがって高齢者の生活ニーズを知るためには，高齢者を
取りまく環境についての情報が不可欠になる．

以上の4つの観点に加えて，高齢者やその環境の問題状況にのみ目を向けるの
ではなく，高齢者の持つ能力や可能性といった強さ（strength）を探り出すこと
も重要視される．そして高齢者の強さを反映した支援目標の設定が行われること
によって，自立支援やエンパワーメントといった理念が具現化される支援が可能
になると指摘されている．

また Greene（2000）は，ソーシャルワーカーがとらえるべき「加齢・老化」
は，「生活機能年齢（functional age)」でなければならないと述べている．生活
機能年齢とは，「生物学的年齢（biological age)」「心理学的年齢（psychological
age)」「社会文化的年齢（sociocultural age)」という3つの側面における加齢・
老化の状況を把握し，それらの相互の関連性から，高齢者の現在の生活への適応
できる能力を把握しようというものである（図3）．これは，ソーシャルワーク
が持つ固有の視点のひとつでもある，対象者の bio-psycho-social な側面への関心
と支援の可能性を検討するという考え方と同様のものである．

以上のようなソーシャルワークの視点からの高齢者へのアプローチに共通する

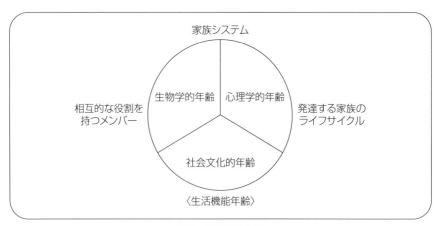

図3　生活機能年齢

出典：Greene（2000）

ものの中で，特に重要だと思われるものは，高齢者自身の多面的な側面のみならず，高齢者を取りまく環境も含めて，高齢者の生活を全体的・総体的に把握することである．このように，高齢者と同じ側の立場に立って，高齢者の生活を吟味し課題を探り出すことによって，ソーシャルワークの支援が必要なニーズを見出すことができるのである．

4）高齢者分野のソーシャルワーク支援の活動

Cox と Parsons（1994）は，彼らの提唱する「高齢者のためのエンパワーメント志向ソーシャルワーク」モデルの中で，ソーシャルワーカーが解決すべき課題や問題のレベルを4つに分け，それぞれのレベルで活用されるであろう活動・技術を，以下のように提示している．

①第1の次元（個人的［personal］な問題・課題）

対象者と信頼関係を築く，緊急かつ具体的なニーズを充たす，既存のサービスを導入する，様々な資源の情報を提供しその活用方法を教える．

②第2の次元（対人的［interpersonal］な問題・課題）

高齢者や高齢化に関する情報を提供し高齢化への適応を促す，アドボカシーや仲介あるいは相互扶助といったスキルを新しく身につけさせる，同じ問題意識の高齢者との交流を促す．

③第3の次元（集団・組織的［micro environment and organizational］な問題・課題）

対象者が属する様々な集団・組織の情報を得る，対象者を支援する専門職や公的なサービスの窓口等とのより良いコミュニケーションを保つ，対象者を支援する組織の意志決定や変化に関与する，セルフヘルプグループに参加あるいは組織する．

④第4の次元（社会・文化的［macro environment and sociopolitical］な問題・課題）

ソーシャル・アクションに従事する，個人的な問題を政治的なものとして位置づけようとする，政治経済的な知識と情報を獲得する，地方レベルあるいは全国レベルの様々な高齢者団体に参加あるいは組織する，政治的交渉術を身につけ政治家とのパイプを創り出す，陳情活動や署名活動など圧力団体としての活

動に従事する.

　このように，ソーシャルワーカーが従事する活動・技術は，非常に多岐にわたっており，そのために修得すべき知識も広範なものになってくる．ソーシャルワーカーは，現在自らが所属する機関・組織において，支援すべき対象者のニーズ・課題を見出し，ソーシャルワークだけでなく近接関連領域も含めた様々な分野から有効である知識や技術を学び取り，活動に従事するのである．

5）高齢者の家族への支援の重要性

　高齢者へのソーシャルワークにおいて，今ひとつの強調されるべき点として，高齢者本人と関わる家族への支援がある．伝統的にソーシャルワークは，対象者の家族への関心を持ち続けてきたが，これは，対象者の生活を部分的に切り取ることなく全体的・包括的に把握するという，ソーシャルワークの重要な視点のひとつに基づいている．このことは，高齢者が対象の場合でもあてはまることであるが，高齢者の家族への支援には，より積極的な意味が付与される．

　たとえば，先に紹介した「生活機能年齢」の考え方を提唱している Greene (2000) は，図3に示すように，高齢者の生活機能という考え方は，家族をシステムとしてとらえ，高齢者はその家族システムの中で機能しているメンバーとしてとらえることによって，より明確になると述べている．つまり高齢者の生活機能は，その高齢者が属する家族がどのような機能を持っているのか，より具体的には，家族の各々のメンバーがどのような役割を果たしているのかに大きく左右されるというわけである．さらに家族の持つ機能は静的なものではなく，人間個人と同様に発達のプロセスを持ち，家族のライフサイクルというべきものを持っていると指摘される．したがって，ソーシャルワーク支援の対象としての高齢者を理解することは，その高齢者の家族システム全体を理解すること，さらには家族が持つニーズを把握することが必要になってくるのである．

　家族システムの持つニーズや課題の解決のために，家族に対するソーシャルワーク支援が提供されることになるが，具体的な支援の知識や技術は，家族療法の分野から数多く動員されることになる．また近年家族への支援においても，エンパワーメント志向が取り入れられることによって，従来の家族療法とは異なった家族への支援のあり方が示されるようになった．和気（1998）は，従来の「伝

表 1　家族支援のアプローチの相違

伝統的モデル	新しい家族支援モデル
・専門家によるコントロール	・家族主導
・家族を機能不全状態にあるとみなす	・すべての家族に強さがあり，学習できることを前提とする
・家族が危機的状況に陥った後に介入する	・機能不全を防ぎ，良好な状態を促進し，危機状態を緩和する
・在宅外への措置に資源を投入する	・家族自体に資源を投入する
・障害のある家族員をクライエントとして注目する	・家族全体をクライエントとみる
・公的なプログラムを重視する	・私的，公的な支援システムを活性化させる
・遠方にある施設に投資する	・地域の力量を養う
・病理を強調する	・適応とスキルの習得を強調し，家族を専門家および協働者とみる
・詐欺や虐待からの保護と避難を重視する	・ニーズに対する柔軟で迅速な対応を強調する
・貧困家族への援助	・すべての階層を対象とする

出典：和気（1998）

統的」な家族支援アプローチと「新しい」家族支援アプローチを比較し（表1），ソーシャルワークの家族支援としては，新しいエンパワーメント志向の家族支援の方が適していると述べている．

　高齢者にとって家族の存在が重要なのは，自らの代わりに様々な情報を収集してくれる者であり，直接家事や介護を提供してくれる者であるからであろう．しかし高齢者にとっての家族は，それ以上の意味を持つ．家族は，高齢者の身体的（bio），心理的（psycho），社会的（social），そして精神信条的（spiritual）な側面に影響を与え，高齢者も家族のそういった側面に影響を与える存在である．そういった家族への関心および支援がまったく欠けているソーシャルワーカーの支援は，高齢者を対象としたソーシャルワークにおいては考えられないのである．

3. ケアマネジメント

　介護保険制度により一般的にも知られるようになったケアマネジメントは，1970 年代頃から精神障害者支援の分野で活用されはじめ，1980 年代には高齢者分野でも活用されるようになった「ケースマネジメント」がその源流であり，ほ

ぼ同義である．わが国では 1990 年代以降は，用語としては「ケアマネジメント」
が使用されることが多くなってきた．

　ケアマネジメントとは，高齢者やその家族が持つ生活上のニーズを，様々な保
健福祉サービスなどのフォーマルな（制度になっている）資源や，家族，近隣，
ボランティアなどのインフォーマルな（制度にはなっていない）資源を，適切に
かつ効果的に利用できるよう支援することである．近年になってわが国でも，高
齢者向けの保健・福祉サービスが多様になり，サービスを提供する事業者の数も
かなり増加してきた．またサービスの受け手である高齢者や家族のニーズも，以
前に比べると，より高度なサービスを，またより多様なサービスを必要とするよ
うになってきた．そこで「ケアマネジャー」と呼ばれる専門家が，高齢者や家族
の立場に立って意向を充分にくみ取りつつ，高齢者や家族のニーズを把握し，そ
のために必要な資源を動員し，それらの提供に向けて連絡調整することが必要に
なってきた．

　ケアマネジメントは，一般的に図 4 に示すようなプロセスで展開される．
「ケース発見・スクリーニング」終了後初回の「アセスメント」を経て「ケアプ
ランの作成」「ケアプランの実施」に至った後は，「再アセスメント」から新たな

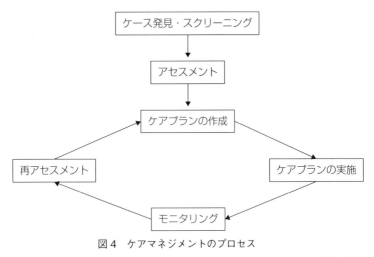

図 4　ケアマネジメントのプロセス

出典：著者作成

「ケアプランの作成」に至り，その後はこのサイクルを繰り返すことになる．なお「モニタリング」とは，ケアプランが決められたとおり実施されているかどうか，あるいは何らかの不都合が生じているのかどうかを，ケアマネジャーが調査し，必要ならケアプランの微調整を行うことである．

わが国では，介護保険制度創設時に，ケアマネジメントの仕組みを「居宅介護支援（ケアマネジメント）」として取り入れた．また，ケアマネジメントを担う専門職として，「介護支援専門員（ケアマネジャー）」を制度化し，国が定めた認定試験と法定化された研修の受講を課している．介護保険制度の開始から 20 年が経ち，ケアマネジメントやケアマネジャーの存在も，広く国民に知られるようになってきた．しかしながら，サービス提供機関・組織からの公正中立な立場でのケアプランの作成，より総合的・包括的視点からの適切なアセスメントの実施，より実効性のある適切なモニタリングの実施など，解決すべき課題が残されている．またケアマネジャーが実践の現場で直面する困難さも，むしろ増加しているようにみえる．たとえば，制度の開始当初から指摘されていた家族への支援の困難さや（和気，2005），近年では一人ぐらし高齢者への支援の困難さも明らかにされている（楊・岡田，2020）．介護保険制度によるサービス提供だけでなく，今後のわが国における保健福祉サービスの利用には，ケアマネジメントのような専門職によるサービス利用支援が不可欠になる．ケアマネジメントに関する研究や実践の報告の蓄積が，より一層必要となってくる．

4. ユニットケア

ユニットケアとは，入所型の施設サービスにおける支援理念及び方法の 1 つである．そのねらいは，自宅に近い環境の介護施設において，他の入居者や介護スタッフと共同生活をしながら，入居者一人ひとりの個性や生活リズムに応じて暮らしていけるようにサポートすることとされている．ユニットケアの要件としては，①ハードウェア（建物・景観）の工夫，②ふつうの（普段と変わらない）暮らし，③自分の居場所を持つ，④他の利用者との交流，⑤地域を感じ地域で活動するといったことが挙げられている．

ユニットケアは，ハード，ソフト，システムの 3 つの要素から構成される．

ハードウェアである環境面においては,「普通の暮らしぶりを多く取り入れる」ことが重要視され,入所施設における居室は,必然的に原則個室となる.ソフトウェアである支援の内容は,今までどんな暮らしをしてきたのかを見つめ,その暮らしのリズムに沿って支援することが求められる.具体的には,起床,身支度,食事,入浴,排泄,昼間の活動,就寝,夜間の状況などの日常生活の諸側面における支援の仕方である.さらにこういったハード,ソフトの展開を支えるシステムとして,運営に対する仕組みづくりや工夫,職員一人ひとりの自立と組織力が必要になる.

ハードウェアの工夫においては,次の4つのゾーニングを設定して整備することが求められる.①プライベート空間:入居者個人の所有物を持ち込み入居者が管理できる空間,②セミプライベート空間:プライベート空間の外にあり,複数の利用者により自発的に利用される空間,③セミパブリック空間:集団的かつ規律的行為が行われる空間,④パブリック空間:外部にも開かれた空間.これらの4つのゾーニングを活用しつつ,身体介護モデルから生活モデルを目指して,寄り添うケア,なじみの関係,その人らしく,いらんことを(余計なこと)しない,さり気なく,できることはしてもらう,などといったソフトウェアの工夫を実現していくことが必要とされている.ユニットケアは,とくに軽度から中等度の認知症の利用者への支援方法として大いに期待されている.

国は特別養護老人ホームの定員について,2025年度までにユニット型を70%以上とすることを目標に掲げているが,2018年度でも50%には到達していない.ユニットケアは,従来型の特別養護老人ホームよりも介護職員を手厚く配置する必要があるが,介護領域全体の人手不足もあり,質の高い人材確保及び人材定着が困難になっている.その打開策の一つとして,2021年度の介護保険による介護報酬の改定において,1ユニットの定員を原則10人の利用者と定めていたのを,1ユニット15人まで拡大し,ユニットケアの推進を図っている.また,人材定着を目指した教育的介入プログラムの成果を報告している研究もみられるようになった(大久保・三浦・大久保・足立,2016).

引用文献

Cox, E. O. & Parsons, R. J. (1994). *Empowerment-oriented social work practice with the elderly.* Belmont, CA: Brooks/Cole.（小松源助監訳（1997）. 高齢者エンパワーメントの基礎——ソーシャルワーク実践の発展を目指して　相川書房）

Greene, R. R. (2000). *Social work with the aged and their families (2nd. ed.).* New York: Aldine de Gruyter.

一番ヶ瀬　康子（1993）. 介護概論　ミネルヴァ書房

Lowy, L. (1979). *Social work with the aging: The challenge and promise of the later years.* New York: Harper & Row.

中島　紀恵子（2001）. 介護概論　中央法規出版

根本　博司（1993）. 介護福祉学とは何か——ケアワークの概念規定　ミネルヴァ書房

根本　博司（1999）. 保健・福祉サービス提供上必要な方法——高齢者・家族のためのソーシャルワーク　折茂　肇（編集代表）新老年学（pp. 1533-1544）　東京大学出版会

岡村　重夫（1983）. 社会福祉原論　全国社会福祉協議会

大久保　幸積・三浦　力・大久保　有慶・足立　啓（2016）. 特別養護老人ホームにおけるユニットケア定着のプロセスに関する一考察——教育的介入とその効果. 厚生の指標, *63* (4), 17-22.

白澤　政和（1997）. ニードとは何か. 保健婦雑誌, *53*, 963-969.

和気　純子（2005）. 高齢者ケアマネジメントにおける困難ケース——ソーシャルワークからの接近　人文学報（社会福祉学）, *21*, 99-121.

和気　純子（1998）. 高齢者を介護する家族——エンパワーメント・アプローチの展開にむけて　川島書店

楊　暁敏・岡田　進一（2020）. 一人暮らし高齢者に対する介護支援専門員の支援困難感の構成要素の構造　社会福祉学, *61* (1), 44–58.

参考文献

白澤　政和（2018）. ケアマネジメントの本質　中央法規出版

外山　義（2003）. 自宅でない在宅——高齢者の生活空間論　医学書院

＊長期入所施設において，ソーシャルワーカーが専門職として果たす役割には，どのようなものがあるか考えてみなさい．

＊ケアマネジャーが常に公正中立な立場でケアプランを作成するには，どのような方策があるか考えてみなさい．

（中谷　陽明）

第6章

老年学とその関連分野

1節　死生学

1．老年学と死生学の関係

1）柴田論文における定義

　日本で最初の老年学講座を設立した桜美林大学の名誉教授であり，医学博士である柴田博は，死生学と老年学の関係について，以下のように記している．

　「Thanatology（死生学）は gerontology（老年学）と共に 1903 年，免疫学者 Ilya Ilyich Metchnikoff により創出された用語である．この 2 つの学問は，科学（自然，社会）および人文学（哲学，宗教，文学など）の双方の分野からなる学際的な学問である．人間の死の問題は生活の質（quality of life：QOL）の問題と統合的に把えなければならない．しかし，学問の進捗としては老年学の方が先行し，死生学は遅れたためそれは不十分にしか成されていない．1980 年代まで死の問題を扱うことは宗教，哲学，生命倫理学以外の分野ではタブー視される傾向にあったのである.」（柴田，2015, p. 9）

2）用語の創出者としての Metchnikoff

　柴田のこの論考の持つ意義は，死生学では言及されることの少ない，老年学と死生学の「父」であるとされる Metchnikoff について明記していることである．Metchnikoff は，ロシア出身のユダヤ系微生物学・免疫学者であるが，その晩年に老化の原因についての研究を行った．当時の Metchnikoff は，再現性があり測定可能な科学（sciences）と，必ずしもそうではない人文学（humanities）の双方を等価としていたとされるが，これについては彼がもともと科学者であるという側面，またポスト世俗化時代と言われる現代とは様相の異なる，当時の科学と宗教（や神学）の関係性などを考慮に入れる必要がある．

　Metchnikoff が科学と人文学を等価と考えようとしたことは，これがいわば学問手法というよりは学問の目的や対象による分類であったと考えれば説明がつく．そしてこの流れは後述する心理学や社会学など，人文社会科学と自然科学などの

特徴が混在する領域をどのように捉えるのかという問題につながっている．公的には科学の側とされる人々は，創出された両分野が医学や生物学，化学などだけでは不十分な部分を補填すると期待した．双方の学問的な進捗の違いとされるものは展開された時期と経路の違いであり，最終的には狭義の科学に寄せることが求められたという意味では双子のような関係にあった．

3）医学史・科学史・心理学史的視点の必要性

　もう一つ Metchnikoff に関連して大事なことは，彼が 19 世紀後半から 20 世紀初頭にロシアからドイツを経由して研究を行い，ノーベル生理学・医学賞を受賞した時には，パリ臨床学派の衰退後，既に「研究室の医学（ポスト臨床学派）」へと移行したフランスで研究を行っていたことである．老年学や死生学の大きな発展は 1930～1950 年代以降，主にアメリカ合衆国を中心に生じたものだとされるが，この場所と時間の大きな違いを架橋して考えるためには，そこに医学史・科学史・心理学史的な視点が必要となる．なぜなら，医学からだけでなく，発達心理学や加齢心理学などからも展開された老年学的領域は，医学や生物学などの影響と共に，19 世紀に主に展開されたドイツの心理学（実験心理学や民族心理学など）の影響を受けているからである．

　19 世紀後半までのアメリカの大学では，スコットランド啓蒙の影響を受けた哲学が多く教えられており，そうした中で初期のアメリカの心理学者には道徳哲学（精神哲学）などの影響を受けたものも多かった．ドイツの実験心理学が，当初「新心理学」と呼ばれたのはこのことに起因している（サトウ・高砂，2003）．後にドイツ心理学は複数のルートを通ってアメリカの心理学に影響を与え，こうしたドイツ心理学とアメリカ心理学との合流を経て，現在私たちが目にする老年学や死生学の研究の礎が形成されていった．

4）Kastenbaum による分類

　アメリカの老年学において大きな役割を果たした Kastenbaum も Metchnikoff をこの両分野の創始者と考えており，人生の後半に多くをもたらすのは死と高齢に関する 2 つの学問であると記している（Kastenbaum, 1987）．

　しかし Metchnikoff の時代との大きな違いは，20 世紀において中心となる心理学は，三大潮流と呼ばれる行動主義，ゲシュタルト心理学，精神分析などへと変

わり，そこには大きなパラダイムシフトが生じていたという点にある．こうした大きな潮流は，従来の心の理解では捉えられないような現象に対して，以前とは異なる研究が求められるようになったことから生じたのであり，こうした動向はその後の老年学や死生学の展開に大きな影響を与えた．

このように考えると，以下の Kastenbaum の老年学の分類が，死生学との関連で様々な気づきを与えてくれるものとして理解出来る．Kastenbaum（1987）の分類によれば，老年学の領域は「1. 加齢の科学的研究（生物学的，心理学的，社会学的）」「2. 人文学的研究（哲学，歴史，文学，宗教等）」「3. 高齢社会の問題の発見と解決のための研究」「4. 1. 2. 3. の応用（産業老年学，教育老年学）」という4つから構成されている（日本語表記は以下の柴田論文より引用：柴田，2015）．

ここでは前述の Metchnikoff のスタンスを踏襲し，科学的研究と人文学的研究は老年学を構成する領域として捉えられているように見え，またあらたに問題解決と応用という領域と共にまとめられている．これは学問手法ということで考えれば，科学的研究と人文学的研究の内訳の細分化と混在が進むとともに，学問の目的や対象の範囲が広がり，その応用と大衆化が進んだことを意味している．

同様の変化は，実は日本の老年学の歴史においてもみられる．日本の老年学の草分けとされる活動は，明治維新後の学問制度の急激な整備と呼応しつつはじまった．明治の後期には，医学の中に小児科が独立して一つの診療科を形成し小児病学という分類が出来たのと同じように，医学の分野から老年学に相当するアプローチが出現したとされ，同時期の他の科と同様に，そこにはフランスやドイツの医学の影響がみられる．そして大正初期には医学的アプローチや心理学的アプローチが混在したのちに分離するかたちで老年医学と老年心理学に分化した．また日本における老年学の関連学会は1950年代から始まっているのであるが，当初は日本でもこのようには分けられていなかったのは興味深い点である（本村，2017）．

5）アメリカと日本の老年学の違い

日本とアメリカの老年学や死生学の違いの検討は，このような視点の検証に大いに参考になる．例えばアメリカの老年学に比べ，日本における近年までの老年

学は人文学的研究とは比較的距離があったようにみえる．アメリカには多くの大学に老年学講座があり，以前より老年学の学位を取得した研究者や実務家が広く産業やビジネスの世界でその知見を活かして活動していた．このようにアメリカの老年学の発展には一種の「大衆化」と「市場化」が大きく寄与していたのであり，医師や研究者だけが関わるわけではない領域としての老年学に，人文学的知見が求められたのはむしろ自然なことだった．

　その一方，現在はアメリカを含む世界的な動向として，研究教育機関等における人文学系分野の予算の削減や規模の縮小が報告されている．これを踏まえて考えると，近年の老年学や死生学分野における人文学的研究との関係性の変化は，以前とは質の異なる新たな「大衆化」と「市場化」が生じていることの所為とも考えられる．日本の老年学研究において，先の分類に5つめの項目「世代間の問題」を加えたのは前述の柴田であり（柴田，2015），これはアメリカの老年学的知見を日本の文脈に導入・移入する際の工夫であると考えられるが，実は上述の「大衆化」や「市場化」の内訳や時期について，日米間では相似と差異が存在することの表れとも考えられるのである．

2. 老年学と死生学——柴田論文と池澤論文の比較から

1）池澤論文に見る「死生学」観

　実は類似の構図が死生学の領域においても見られるのは興味深い．歴史的に見て，科学と人文学の双方の分野からなる学際的領域としての老年学と死生学の間では，こうした異なる "継ぎ目" が双方向的に混在しているのであり（島薗・竹内，2008；清水・会田，2017），これを明確にすることは，死生学とは何かを記述する際に有効な方法の一つである．この点について上述の老年学の定義と，東京大学大学院人文社会研究科死生学・応用倫理センター長である池澤優による死生学の定義とを比較してみることは有意義であろう．

　池澤の専門分野は中国古代宗教研究や祖先崇拝研究であり，中国古代の祖先崇拝と「孝」思想の分析から諸宗教の死生観の比較研究を経て，死生学領域の研究をするに至っており，死生学再考と銘打った論文を，以下のような書き出しで始めている．

「一般によく言われるように，サナトロジー──後述するように，死学，死生学，生死学など，多くの名称がある──という分野の始まりが，1959年のヘルマン・フェイフェル『死の意味するもの』の刊行にあるとするなら，それには約60年の歴史があることになる．もちろん，死ならびに死に関する事象に関する研究はそれ以前から存在したが，現代における死の捉え方と表象を問題視する「死の自覚運動」（death awareness movement）の一部としてサナトロジーが興起したのは正にその時期であり，それ故にサナトロジーは単なる学問ではなく，現代の生と死を反省する思想運動という性格を帯びた．そして，この60年の間にサナトロジーは欧米から東アジアを含む世界に広がってきた．但し，そのように広がったサナトロジーは国によって，あるいは文化によって，違った様相を見せるに至っている．この現象はもちろん，死をめぐる文化の違いがサナトロジーの内容の違いとなって表れたと解釈することは可能なのであるが，実際に各国のサナトロジーの違いを見てみると，そのような単純な問題ではなく，サナトロジーを確立しようとした機関なり個人なりの事情や指向性が微妙にその内容に影響を与えていることが分かる．」（池澤，2018, pp. 41-42, 人名表記は原文ママ）

　このように，池澤が指摘する死生学は明らかに1950年代以降のアメリカにおける死生学の動向を反映させたものとなっており，老年学分野においてはKastenbaumの活動していた時期とほぼ重なってはいるが，その流れを読み取る視点が異なっていると言うことも出来るだろう．池澤はこうした「起源」の年代設定の根拠として，一般に死生学とされる領域（死学，生死学，サナトロジー）が，例えば1940年代から死生学に該当する領域で研究に取り組んできたFranklの場合でも，英訳の出版により多く読まれるようになったのは1960年代であること，Shneidmanによる自殺予防運動の始まりが1958年であること，また心理学者であるFeifelの論文集『死の意味するもの』の慣行が1959年とされること，また上述のいわゆる「古典」が出そろったのが1960年代から70年代にかけてであることをあげている（池澤，2020, pp. 9-10）．

２）「死の認知運動（death awareness movement）」と「死の準備教育（death education）」について
　さらに池澤の論考を読み進めてみると，池澤がここで死生学（サナトロジー）

の「古典」とする研究において，主題化された重要なテーマである死の恐怖や不安が，その後の欧米で展開された初期の死生学の方向性を決定づけたとされている．具体的にはアメリカにおける（上述の Kastenbaum や Feifel をはじめ，Fulton や Neimeyer らによる）死の準備教育（death education：サナトロジーの中で死の不安を除去することを目的として設定された実践的な活動）の興隆が念頭にあると考えられるが，池澤はここで西洋の伝統的な死への恐怖や拒絶，死を受容すべきという通念が突出していたため，1970 年代以降に心理学分野で生じた，調査紙などによる量的手法と組み合わさることで，内容的に大きな混乱をきたしたのが，こうした研究への批判の理由の一つであると考えているのは興味深い点である（池澤，2020, pp. 9-11）．

3）Metchnikoff への言及の仕方の違いについて

　ここで池澤の言う「死の認知運動（または自覚運動）」とは，19 世紀後半から 20 世紀前半にかけての死の様態の変化により，伝統的な宗教的死生観が後退して個人化が進むと共に，公的領域における死の表象が消滅することに対する批判的な運動のことである．死を直視し，恐怖と悲しみを乗り越えて生きることを主張する社会運動のことを指し，死生学はこの一部であるとする池澤の記述の中に，Kastenbaum によって死生学という言葉を創出したとされた Metchnikoff の名前は見当たらない．

　池澤がここで焦点を置くのはあくまで 60〜70 年代の死生学をその「古典」として読むことであるが，ここでは当時のアメリカにおいて，死生学とともに隣接分野の老年学においても中心的役割を担った Kastenbaum 自身の言説とは隔たりがある．老年学と死生学双方からこの分野の権威とされている Kastenbaum，老年学を専門とする柴田，死生学からの立場の池澤の指摘がこのように異なるのは，学問の目的や対象による分類によって，一見はひとまとまりに見えるものの内部において，学問手法による分類の“継ぎ目”が立ち現れてくることの証左である．

4）「誤読」という池澤論文の主張について

　同様の例としては，池澤が死生学の研究史が大幅な誤読の上に成り立っている可能性に言及した上で，死生学という学問の性格を正しく理解するためには，先

述の「古典」の再検討が必要だとしている点が挙げられる．なぜなら，これは果たして池澤が指摘するような「誤読」なのであろうかという疑念が生じるからである．池澤はここでFranklとBeckerを扱うのであるが，その内，後者のBeckerとKastenbaumの興味深い比較を，以下のように行っている．

「ベッカーとカステンバウムの差異は，死生学を証明可能な事実から成り立っている科学とするか，実存的な哲学とするかの違いであろうと思われる．カステンバウムはアメリカの死生学の重要人物であり，その人物が死の不安を実存的問題関心ではなく，事実命題として受け取ったことは，一般にベッカーの主張がそのようなものとして理解された可能性を示唆している．（中略）ただ，それは人間の生き方の問題を論じようとしたベッカーの意図を正確に酌み取るものではなかったのである．」（池澤，2020, pp. 33-34, 人名表記は原文ママ）

5）老年学と死生学の“継ぎ目”としての「トロイの木馬」

BeckerやKastenbaumの時代はMetchnikoffの頃とは異なり，人文社会科学的分野が定着していた．彼ら自身，科学的研究と実存的な人文学的研究を分けて考えており，死生学的研究は人文学的研究に目を配りながら科学的研究として行われるべきであると考えていた．池澤によれば，その流れに乗って評価されたとされるBeckerの著作は，本人の意図としては実存的・人文学的研究として行われているのであり，そこにあるBeckerの本来の意図は酌み取られていないと理解できるという．

1970年代に亡くなったBeckerは自他共に「学際的な社会学者」として認識されていた．またKastenbaumは2013年に亡くなっているが，彼の墓所のホームページによるお悔やみ欄には，業績とともに簡潔に「老いと死の心理学者」と記載されている．心理学や社会学という研究分野自体にもhumanitiesとsciencesが混在しており，社会史や科学史的視点からは比較的新しい領域である．つまりこれは誤読というよりも前述のように，「学問手法による分類」と「学問の目的や対象による分類」の混交による，認知や認識のゆがみやねじれによるものであり，それが大衆化や市場化の影響を受けながら（仮に）定着していく中での「承認をめぐる闘争」の現場として捉える方がより妥当なのである．そこでは概念や名称が「入れ子状態」となり，その是非の判断が再帰的に「政治化」されること

で「再魔術化」の余地が繰り返し生じる．つまりそこにあるのは表面上は有益無害な「トロイの木馬」をめぐる駆け引きであり，送り手や受け手の間にある一種の共犯関係なのである．

3. 老年学と死生学の今後

　このように，老年学と死生学には多くの相似と差異が含まれている．柴田は老年学と死生学を統合的に捉えるためには人文学や人文社会科学（質的研究）における narrative な手法が必要であるとした上で（柴田，2015, pp. 10-11），老年学で扱う QOL と死生学で扱う QOD（quality of death）の統合は病跡学や文学でしか扱えぬ narrative なものとなり，操作概念化することは不可能かもしれないとしている（柴田，2015, p. 9, p. 18）．池澤の場合，死生学を証明可能な事実から成り立っている科学とするか，実存的な哲学とするかの違いについて言及した際には，Becker の研究の意図について自らの見解を示すことで，むしろそこに死生学の存在意義を見出そうとしているようにもみえる．

　その一方でサナトロジーの定義や死の文化をめぐっては，池澤はそれを確立しようとした機関や個人の事情や指向性がその内容に影響を与えていると言及し，最終的な自らの立場を保留にしている．このことからは，私的領域に深くかかわり操作概念化しにくい領域が，不可視化された特定の価値基準を中心に不透明にまとめられ得ることが懸念される．公的立場にある関係機関・個人の事情や指向性を踏まえた上での公正な議論とともに，法人や社団・中間団体を含む研究教育機関等の中立性や透明性，利益相反の開示などが，今後一層求められるべき所為である．ここで問われるのは，それが誰の何のための学問であるのかということなのである．

　理念というのは，時に相矛盾した概念の複合体である．理念としての老年学と死生学の関係性を，文理の違いや分野の違いだけではなく，臨床・応用における実践との乖離や，研究の学際化などの観点から再帰的に見た場合，そこには人間の老いや死生の問題を含む様々な近現代の問題系が浮かび上がってくる．文系・理系という分類そのものが既にあまり意味を為さなくなっているという考え方，また 1970 年代から現在に至る期間の学際的研究領域の幅広い展開には，情報量

の爆発的増加ともいえるような特徴的な理由が背景にあるという指摘もある（隠岐，2018）．

　今後は死生学領域において，柴田が指摘したような統合を試みる動きが，科学的価値規範と実存的価値規範が混在した形で加速すると考えられるが，その妥当性には未解決の問題が依然として残っている．老年学も死生学も，時期的には前後しつつも類似した歴史的背景から創出された分野であること，また文理にまたがる領域から複合的な影響を受けたことで，時に足場の形成に苦慮し，また時にはそれを戦略的な契機と捉え，むしろ社会的認知を求めていく手段として活用してきたという共通点がある．

　善き生であれ良き死であれ，その分析において操作概念化しえないものが，操作概念化しうるものの中に「見えない指標」として組み込まれる限り，そこに自らの規範性を不可視的に組み込もうとする動きは続くと考えられる．大衆化や市場化の影響を受けることで規範の不可視化が促進されたが，科学的合理性や社会的正義・再分配という観点からは（道義的なものも含む）利益相反が生じ，歪んでいびつなものとならざるを得ない．この状況を改善するために必要なのは，見えない規範を可視化・顕現化させることであり，それによりあらたに政治的闘議の場（アリーナ）が生成されていくことになる．こうして事実と科学の問題には，権力の介入と改ざんの可能性が両義的に付きまとうこととなるのだが，文理融合における共約可能な規範としての「事実」の複数性や不可能性，およびその不可侵性の議論や論考については，また別稿を参照されたい（古澤，2022）．

　近年，これまでの老年学・死生学分野を再考し，新たな試みを促す動向もある．そもそも日本老年学会は関連する7学会で構成される社団法人であり，周辺分野との連合や資格化などが今後一層進むことが予想される．また東京大学では，2006年に設置された「ジェロントロジー寄付研究部門」を経て，総長直轄の東京大学高齢社会総合研究機構が2009年に設置された．2014年度からは科研費に「ネオ・ジェロントロジー」という新しい特設分野が設置された．そこでは多様な高齢者像の視点に立った新しい研究が様々な分野で生じており，死生学・倫理分野への連携や研究課題の募集なども呼びかけられている．

　しかし本稿で示したように，こうした文理融合型領域の肥大化傾向自体の功罪

も問われる時期に来ているのではないか．死生学と老年学とはそもそも誰の何のための学問であるべきなのか．今後，時に健全な相互批判を交えつつ，本稿で示したような社会史・思想史的な流れの中で互いに再考されていく必要があるだろう．

引用文献

Kastenbaum R, (1987). Gerontology. In G. F. Maddox (Ed. in chief), *The Encyclopedia of Aging* (pp. 288-290) New York; Springer.

柴田　博（2015）．学際的な学問としての死生学　医療と社会，*25* (1), 9-20.

池澤　優（2018）．日本の死生学と台湾・中国の生死学：宗教との関係を中心に　死生学・応用倫理研究　東京大学大学院人文社会系研究科，41-70.

池澤　優（2020）．死生学再考：フランクルとベッカーを軸にして　死生学・応用倫理研究　東京大学大学院人文社会系研究科死生学・応用倫理センター.

参考文献

隠岐　さや香（2018）．文系と理系はなぜ分かれたのか　星海社新書

サトウ　タツヤ・高砂　美樹（2003）．流れを読む心理学史―世界と日本の心理学　有斐閣

島薗　進・竹内　整一編（2008）．死生学 [1]　東京大学出版会

清水　哲郎・会田　薫子編（2017）．医療・介護のための死生学入門　東京大学出版会

古澤　有峰（2022）．スピリチュアルケアの創出と共同体幻想　東京大学出版会

本村　昌文（2017）．近代日本における「老年学」―寺澤嚴男の「老年学」構想をめぐって―岡山大学大学院社会文化科学研究科紀要，*43*

（　アクティブ・ラーニング　）

＊メチニコフが老年学と死生学という用語を創出したとされる年から，カステンバウムが老年学の分類について説明した文章が辞書に掲載された年までの間は，およそ何年離れているでしょうか．また，こうした時代の変遷が文理融合型領域に与えた影響とその功罪について，「大衆化」「市場化」「利益相反」の観点から考えてみましょう．

（古澤　有峰）

2節　教育老年学

1. 教育老年学とは何か

　老年学はエイジングや高齢者の問題を扱う学問であるが，それと教育学が合流した学問が教育老年学（educational gerontology）である．より限定的にいえば，社会老年学と成人教育論が合わさった学問分野である．1970年代初頭にアメリカで生誕した学問領域であり，その後アメリカやイギリスでこのタイトルの著書が刊行されていく（Sherron & Lumsden, 1978; Peterson, 1983; Glendenning, 1985; 堀，1999）．老年教育学あるいは高齢者教育学（gerogogy; education of older adults）とも近い研究分野であるが，高齢者教育学は主に高齢者に対する教育のあり方を論じるのに対し，教育老年学は，学校教育における，青少年向けのエイジング教育や高齢者をケアする専門職者への教育をも含むという点で，高齢者教育学よりも広い範囲を扱う学問分野である（堀，2015）．

　この学問分野の生誕に貢献したPeterson, D.A. は，教育老年学を次のように定義した．「教育老年学は，年をとりつつある人びとのための，あるいは，かれらについての，教育作用の研究・実践を意味する」（Peterson, 1976, p.62）．つまり教育老年学の中核には，高齢者への教育支援があるということである．

　Petersonはそのうえで，教育老年学には次の3つの研究領域があると指摘した．

①高齢者のための教育（education for older people）：高齢者に対する学習支援や教育のあり方を探る．

②一般市民に対する，エイジングや高齢者問題などの教育（education about aging）：エイジングや老い，高齢者問題に関する，一般市民や青少年に対する教育作用をさす．このなかに学校教育におけるエイジング教育（aging education）や異世代交流事業も含まれると考えられる．

③高齢者にかかわる専門職／准専門職者への教育（education of professionals

and paraprofessionals）：看護師，医師，介護職者，ケアワーカー，高齢者大学担当者など，高齢者への支援を行う者への教育や訓練がこの部分に入ることになる.

　筆者はこの Peterson の論をふまえ，表1のようなかたちで，教育老年学の研究領域を作成した．これによると，教育老年学の研究領域は，その基礎的研究と実践的研究に分かれる（堀，1999 参照）．教育老年学の基礎的研究としては，「エイジングと生涯発達のプロセスの研究」「エイジングと学習・教育の関連の研究」「高齢期における学習・教育の研究」が含まれ，実践的研究では，「高齢者に対する学習支援」「一般市民に対するエイジング教育」「学校教育におけるエイジング教育」「高齢者にかかわる専門職の教育」の4つの柱が含まれる.

　ところで Peterson は，教育老年学の柱として，「高齢者のための（for）教育」と「高齢者（あるいはエイジング）に関する（about）教育」の2つを強調したが，もうひとつ，「高齢者による（by）教育」という点も追記しておいたほうがいいだろう．というのも高齢者は，教育を受ける対象者や教育内容そのものであるとともに，教育の主体（agency）でもあるからだ．例えば後述の大阪府高齢者大学校では，高齢者自身が高齢者大学を運営し，自分たちでカリキュラムを作成している.

表1　教育老年学の研究領域

Ⅰ　基礎科学
1．エイジングと生涯発達のプロセスの研究
2．エイジングと学習・教育の関連の研究
3．高齢期における学習の成立条件・学習支援の研究
Ⅱ　実践論
1．高齢者に対する学習支援
2．一般市民に対するエイジング教育
3．学校教育におけるエイジング教育
4．高齢者にかかわる専門職の教育

出典：著者作成

2. 教育老年学の理念

　次に教育老年学の理念について考えたい．教育老年学がとらえる高齢者観やエイジング観は，高齢者福祉や高齢者医療の領域のものとどう違うのであろうか？もちろん法律の条文などの形での，明確な理念の違いは存在しない．しかしミシガン大学で教育老年学の大学院授業を最初に開講した，McClusky の次の発言はこの点を簡潔に表現しているかと思う．

　「われわれが教育に目を向けるならば，さらに楽観的な領域（optimistic domain）があることがわかるだろう．じっさい，教育はそれ自身本質的に前向きの活動（affirmative enterprise）なのである．例えば高齢者教育は，それが参加者の生活をより良くするであろうという考えにもとづいて行われている．それはまた，高齢者が教育的刺激に対して建設的に反応できるという考えをもあわせもっている．このように，高齢者の学習能力に対する信念と，エイジングに関する他の領域よりも，学習や教育のほうがより良いものを生み出すであろうという確信とが，楽観主義の雰囲気をもたらすのである．これらは，参加者にとってはきわめて魅力的なことである」（堀，2012，p. 22）．

　ここには次の 3 つの論点が内包されているといえる．

①前向きの姿勢：教育（education）とは本来，人間の可能性を開くいとなみであり，人生に対する前向きの姿勢を涵養する活動なのである（堀，2018）．教えることは teaching であって，教えることと教育とは本来的意味においては異なるものである．高齢者大学などの学習の場に出向く高齢者と病院で健診を受けに行く高齢者とでは，顔つきがちがうのではなかろうか．

②楽観主義：医療や福祉，看護の領域では，どうしても高齢者の社会的弱者としての側面が注目されがちだが，そこにこだわりすぎると，人生に対して悲観的になることにつながりかねない．むしろ多少の疾病をかかえていたとしても，教育や学習によって，新たな可能性が切り拓かれることの重要性を強調することも大事ではなかろうか．参考までに，アメリカ発のエルダーホステル（現ロード・スカラー）という，高齢者の旅と大学での学びを結びつける学習運動では，講座内容のテーマに老いや高齢者問題を入れないようにしているとのことである．

③ポジティヴィティ：日本では現在，アンチ・エイジングという語が流布しているが，最近では化粧品業界でも，この語に代わってポジティヴ・エイジング（positive aging）なる語を用いるようになりつつある．その背後にある考え方は，エイジングを抑えて美しくなるのではなく，エイジングに内在するポジティヴな部分を引き出して美しくなるという考え方である．老いに内在するポジティヴな側面と向き合うという姿勢がそこにある．若さを尊んできたアメリカ社会においても，ポジティヴ・エイジング会議などが開催されるようになってきている（堀，2017a）．

　次に高齢者教育の発展段階という点から，その理念的側面をみてみよう．Peterson, McClusky と並んで，教育老年学の生誕に貢献した人物が老年学者 Moody である．彼は，高齢者教育の発展段階説を示した．それによると，高齢者に対する教育は，次の4つの段階を経てきているということである（Moody, 1976）．

①拒絶（rejection）　Moody によると，20世紀初頭まで，社会は高齢者教育という考え方をもたなかったということである．教育とは未来への投資であり，それゆえ教育は若者に対するものだったのである．

②社会サービス（social service）　1950年代になると，高齢者に対する福祉的サービスや余暇活動の一環として，高齢者への教育的サービスが提供されるようになってくる．しかし多くの場合高齢者は，こうしたサービスの受動的な受領者として位置づけられていた．

③参加（participation）　いわゆるノーマライゼーションの考え方などとともに，1970年代くらいから，高齢者を学習や社会活動の主体としてとらえ，かれらを社会のメインストリームにつなげる動きが出てくる．社会活動に積極的に参加し，新たな意味感覚を再発見していく存在として高齢者が理解されるようになってくる．

④自己実現（self-actualization）　Moody は，高齢者教育の最高次の段階を，社会が高齢者の精神的成長を保障する「自己実現」の段階だと想定した．しかしこの段階は，現在でもまだユートピア的な側面を有している．

3. 教育老年学の変容

　このように教育老年学の揺籃期には，こうした理念的議論が展開されていた．上記の3名の学者はいずれも教育学や心理学，哲学の領域の研究者であった．しかしその後，教育老年学の領域では，世界的なメディカライゼーションの波を被るなか，Peterson の示した3番目の柱（高齢者を支援する専門職の研究）の研究が膨らんでいく（堀，2017b）．そこでは，高齢者はいかなる特性を有する学習者であるかという基本的スタンスからはなれ，高齢者を支援するスタッフ養成のあり方へと重心が移行していく．そのため例えば，高齢者に対するある介入作用の効果を量的・質的に分析するというタイプの研究が多くなっていく．その結果，成人教育学領域では，「教育老年学から高齢者学習へ（from educational gerontology to older adult learning）」という動向も出てくるようになる（Findsen & Formosa, 2011）．そこでの論点は，高齢者と教育の関係を総体的にとらえるのではなく，高齢者への教育・学習支援に特化して論を組み立て直すという点である．

　では教育学の側から高齢者教育に向かう動向はどうかといえば，こちらのほうも社会の超高齢化とは裏腹に，教育を学校教育に特化させる動向が顕在化してきている．2018年10月に文部科学省の再編により，生涯学習政策局や社会教育課は廃止され，総合教育政策局へと再編された．その結果生涯学習や社会教育の領域では，学校教育を中心とする他のセクターとの連携や協働が強調されるようになっていく．高齢者教育においても，高齢者に対する教育というよりはむしろ，高齢者の社会参加活動や社会貢献が強調されるようになってきている．

　老年学が福祉・医療領域に基軸をおき，教育学が学校教育に基軸をおくなかで，教育老年学はその存在理由をどこに求めていくべきなのだろうか？　ここでは，次の3つの可能性を提起したい．ひとつは，高齢者への学習支援や高齢者教育を焦点化するという方向である．2つめは，主に心理学領域で議論されてきた生涯発達（lifespan development）の考え方を，エイジング論を軸に組み替えるという方向である．そして3つめは，これまでの老年学で看過されがちであった，人文系老年学の復権である．

4. 高齢者学習支援論の体系化

　教育老年学生誕時の基軸は，高齢者教育あるいは高齢者への学習支援にあった．それゆえこの点を軸に教育老年学を再構築することが重要であると考えられる．ここで高齢者の学習・教育の場を整理するならば，次の4つの分類軸からとらえていくことができるかと思う．

①高齢者のインフォーマル学習・教育：これは，高齢者の日常生活のなかに埋もれている学習や教育をさす．例えば，日々の読書，教育メディアの視聴，ネット情報からの学び，友人との会話や自然とのふれあいからの学びなどである．ここで重要となるのが，われわれが一般的には，「学習」や「教育」だとは認識していない活動であっても，高齢者の生活に則してみるならば，そこに豊かな学びのリアリティがあるということである．例えば，ビデオゲームや麻雀は，若者にとっては娯楽そのものかもしれないが，高齢者の脳の活性化という点を考慮するならば，それらは，高齢者にとってきわめて有効な学習になりうるということである．

②地域における高齢者の学習の場：この典型例がいわゆる高齢者大学・老人大学や公民館でのシニア向け講座などであろう．今日では高齢者層を主たる対象とした学習の場は多く存在するが，日本では1950年代から，老人大学や高齢者大学という独自の学習の場が発展してきた（久保田，2018；Hori, 2016；堀，2020）．高齢者大学（老人大学）も，もともとは公民館などの地域に密着した場での学習が中心であったが，今日では，いなみ野学園（加古川市），大阪府高齢者大学校（大阪市），鯱城学園（名古屋市）などの，広域的で大規模な学校型の高齢者大学も注目されている．

③正規の大学などでのシニア層向けの学習機会：よりフォーマルなかたちで，シニア特別入試選抜制度を設ける大学や欧米の第三期の大学など，フォーマルな高等教育機関が提供する学習の場をさす．立教セカンドステージ大学，明治大学大学院商学研究科などの，正規の大学や大学院がシニア層に向けて学びの機会を開いているところもある（堀，2012；木下，2018）．イギリスのレスター（Leicester）では，後期高齢期を射程に入れケア・サポートと生涯学習を結びつ

ける「第四期の大学（Learning for the Fourth Age）」も誕生している（同校ホームページ参照）．ただ他方で関西国際大学（尼崎市など）のように，シニア選抜入試制度を社会人特別型入試へと発展的に解消したところも出てきている．④一般市民を対象とした学習の場が結果として高齢者の学びの場になっている事例：例えば放送大学は，18歳以上であればだれでも入学できるが，現在シニア層の占める比率は増加している．例えば2020年1学期では，学部生のうち50代以上が48%，60代以上28%で，これが大学院修士課程だと，50代以上62%，60代以上33%となっている（放送大学ホームページ参照）．公民館の市民大学や大学の社会人入学の場などもそうであるが，一般市民向けの講座などが，結果として高齢者の学びの場になっているところも多い．「高齢者」という冠が付かないところや高齢者の匂いがしない学習の場をあえて選んで行く中高年の方も多くおられる．

5. 生涯発達からエイジングへ

　心理学の領域では生涯発達心理学が，中高年期のあり方を探る重要な研究領域になってきている．この代表的な学者としてBaltesが有名であるが，彼が晩年ベルリンで主にライフサイクル第四期（75歳以上）の人たちへの調査を行ったとき，それまでの発達論では説明できにくい事実を目撃して逡巡したとされている（Baltes & Mayer, 1999）．つまりライフサイクル第四期を焦点化しようとした場合，従来の「発達」という概念よりも，教育老年学が軸においてきた「エイジング」概念からみたほうがより現実的ではないかということである．この場合，「発達」は主に人間の誕生から成人期に向かう前進的・展開的概念であるのに対し，エイジングは，人間は最終的に老いや死に向かうという人間観にもとづく，収斂的概念だといえる．そのうえでエイジングのポジティヴな側面を探るという方向の研究のほうが生産的ではないかということである．

6. 人文系老年学の可能性

　教育老年学は，それが教育学の一分野だと考えるならば，いわゆる人文系の学問（humanities）という側面を有しているといえる．今日，文学，哲学，歴史学，

芸術学などの，こうした人文系の学問はそれほど注目されなくなってきているように思われる．しかし高齢者大学などの高齢者の学習の場に行くならば，そこでの主たる学習内容（座学系）は，こうした人文系の学問であり，逆に若者向けの大学で重視している，資格科目，統計学，心理学実験などはあまり人気がないようである．今日の（教育）老年学領域の研究では，科学性やエビデンス，経験的データなどを兼備することが求められることが多い．ではそうした側面が比較的弱いとされる，人文系の老年学にはいかなる学問的可能性が秘められているのだろうか．先にふれた Moody は，この点について，次のような点を提示している（Moody, 1988）．

①歴史的継続性（historical continuity）：主に歴史研究からの貢献であるが，高齢者観や退職制度はいかに変遷してきたのかなど，人文系の学問は，時間的流れのなかで，高齢者に関連する事実への洞察を提供してくれる．

②想像的コミュニケーション（imaginative communication）：主に文学や芸術領域からの貢献だといえるが，例えば高齢者が主人公の文学作品や芸術作品にふれることで，想像力をとおした豊かな関係性を育むこともできるだろう．

③批判的判断（critical appraisal）：主に社会哲学領域からの貢献かと思われるが，人文系の学問は，高齢者をめぐる状況への批判的判断力を涵養することにつながるだろう．

　歴史的理解・想像力・批判的精神．高齢者学習においても，これらを涵養するとされる人文系の学びは有効なものになるだろうし，現実に高齢者自身はそうした方面の学習を好むことが多い．これら人文系学問の学習において共通して指摘できる点は，「いまあるもの」だけでなく，「あるべきもの」を構想し，あるものとあるべきものの乖離から社会のあり方をとらえていくという点である．「空想から科学へ」ではなく，「科学からユートピアへ」（Marcuse, H.）という視点を，老年学は失ってはいけないように思う（徳永，1974）．

7. 教育老年学と高齢者学習支援の実践

　人口の超高齢化とは裏腹に，高齢者への学習機会は必ずしも拡張しているわけではない．高齢者の旅と学びをつなぐ日本エルダーホステル協会は 2010 年にて

休会となり，大阪市や大阪府の行政が管轄する高齢者大学は財政事情などの理由から廃止となった．シニア向けの大学開放事業も，見直しをするところも出てきている．

こうした動向を逆手にとっていくためには，当の高齢者自身の手で，学習機会と学習内容を紡いでいくことが重要となってくるだろう．最後に，この一事例として大阪府高齢者大学校の事例を取り上げたい．

大阪府では，橋下知事（当時）の財政再建計画のなかで，いくつかの教育・文化施設が廃止・統合の目に遭ったが，大阪府高齢者大学もそのひとつであった（堀，2012）．しかしそれならば，当の高齢者自身が自分たちで高齢者大学を運営していこうではないかということになり，高齢者自身がボランティアで運営するNPO 法人大阪府高齢者大学校が，2009 年度より開学した．その後この高齢者大学は活動内容の幅を大きく拡げ，2020 年現在，67 講座と 2,800 名の受講者を擁する「大学」となった（NPO 法人大阪府高齢者大学校，2017；大阪府高齢者大学校ホームページ参照）．そこには従来の行政や伝統的大学が主導する高齢者学習の場とは異なる，次のような特徴がある．

①理事長以下スタッフは，全員ボランティアで高齢者大学を運営している．

②受講者の地域制限・年齢制限を撤廃している．

③受講者に人気のある講座は講座数を増やし，そうでない講座は廃止した．

④運営のために，受講料は 5 万円ほど徴収している．

⑤高齢者大学の従来のイメージを一新するために，通称をコーダイとした（2019 年度より）．

⑥地域貢献や社会参加関係の授業を必修科目化している．

⑦より地域に根ざした学習機会を提供するために，大阪区民カレッジ（大阪市内の区レベルにて）と大阪府民カレッジ（大阪市以外の市にて）を創設した．

ここで重要となるのは，高齢者自身が NPO 法人をボランティアとして運営し，学習カリキュラムを組織化しているという点である．つまりかつてムーディが指摘した，高齢者が教育サービスの受領者であった段階から高齢者自身が教育・学習の担い手になる段階に発展したということである．今後の教育老年学は，高齢期と高齢者の学習者特性を活かしつつ，生涯学習の新たな段階をめざしていくべ

きであろう.

引用文献

Baltes, P. B., & Mayer, K. U. (Eds.) (1999). *The Berlin aging study: Aging from 70 to 100.* Cambridge: Cambridge University Press.

Findsen, B., & Formosa, M. (2011). *Lifelong learning in later life.* Rotterdam: Sense Pub.

Glendenning, F. (Ed.) (1985). *Educational gerontology: International perspectives.* London: Croom Helm.

堀　薫夫（1999）．教育老年学の構想　学文社

堀　薫夫（編）（2006）．教育老年学の展開　学文社

堀　薫夫（編）（2012）．教育老年学と高齢者学習　学文社

堀　薫夫（2015）．高齢者教育学の存立基盤に関する一考察．大阪教育大学紀要Ⅳ　教育科学, *65* (1)，209-216.

Hori, S. (2016). Japan, In B. Findsen & M. Formosa (Eds.) *International perspectives on older adult education* (pp. 211-220). New York: Springer.

堀　薫夫（2017a）．高齢者社会教育推進全国協議会（編）社会教育・生涯学習ハンドブック（第9版）（pp.621-641）エイデル研究所

堀　薫夫（2017b）．教育老年学の展開と課題．老年社会科学, *38* (4), 459-464.

堀　薫夫（2018）．生涯発達と生涯学習（第2版）ミネルヴァ書房

堀　薫夫（2020）．高齢者大学という「場」　牧野　篤（編）シリーズ　超高齢社会のデザイン 10 人生 100 年時代の多世代共生：「学び」によるコミュニティの設計と実装（pp. 73-84）東京大学出版会

木下　康仁（2018）．シニア 学びの群像：定年後ライフスタイルの創出　弘文堂

久保田　治助（2018）．日本における高齢者教育の構造と変遷　風間書房

Moody, H. R. (1976). Philosophical presuppositions of education for old age, *Educational Gerontology, 1*(1), 1-16.

Moody, H. R.(1988). Toward a Critical Gerontology. In J. E. Birren & V. L. Bengtson (Eds.) *Emergent theories of aging* (pp. 19-40). New York: Springer.

NPO 法人大阪府高齢者大学校編（2017）．高齢者が動けば社会が変わる：NPO 法人大阪府高齢者大学校の挑戦　ミネルヴァ書房

Peterson, D. B. (1976). Educational gerontology: The state of the art, *Educational Gerontology,*

1(1), 61-73.

Peterson, D. A. (1983). *Facilitating education for older learners*. Hoboken:. Jossey-Bass.

Sherron, R. H. & Lumsden, D. B. (Eds.) (1978). *Introduction to educational gerontology*. Washington, DC: Hemisphere.

徳永　恂（1974）．ユートピアの論理　河出書房新社

参考文献

堀　薫夫（1999）．教育老年学の構想　学文社

堀　薫夫（編）（2006）．教育老年学の展開　学文社

堀　薫夫（編）（2012）．教育老年学と高齢者学習　学文社

─⟨ アクテイブ・ラーニング ⟩

＊高齢者の特性を活かして学習支援をするときのポイントを考えてみよう．とくにその学習内容と方法，指導のポイントについて考えてみよう．

＊高齢者に対する福祉的アプローチと教育的アプローチのちがいを考えてみよう．

＊そもそも「高齢の方への教育とはどういうものか」を考えたうえで，従来の学校教育と高齢者に対する教育とは，どこがちがっているのかを考えてみよう．

（堀　薫夫）

索　引

【欧文】

ACP
　(advance care planning)
　⋯⋯⋯⋯⋯⋯ 110, 111
ADL
　(activities of daily living)
　⋯⋯⋯⋯ 63, 67, 104-107
AgeLine ⋯⋯⋯⋯⋯⋯⋯18
aging ⋯⋯⋯⋯⋯⋯⋯54
death awareness movement
　⋯⋯⋯⋯⋯⋯⋯⋯⋯ 294
Barthel Index ⋯⋯⋯⋯67
BMI (Body Mass Index) 73
BPSD (behavioral and
　psychological symptoms of
　dementia) ⋯⋯⋯⋯⋯87
contextual, cohort-based,
　maturity, specifi challenge
　(CCMSC) model ⋯⋯ 172
CDR
　(clinical dementia rating)
　⋯⋯⋯⋯⋯⋯⋯⋯⋯ 173
CGA7 (comprehensive
　geriatric assessment 7)
　⋯⋯⋯⋯⋯⋯⋯ 66, 67
CHC (Cattell-Horn-Carroll)
　theory⋯⋯⋯⋯⋯⋯ 148
CINAHL ⋯⋯⋯⋯⋯18
CiNii ⋯⋯⋯⋯⋯⋯18
circadian rhythm ⋯⋯⋯69
Cognistat Five ⋯⋯⋯ 173
COVID-19
　(coronavirus disease-19)

⋯⋯⋯⋯⋯⋯ 79, 80
death awareness movement
　⋯⋯⋯⋯⋯⋯⋯⋯ 294
death education ⋯⋯ 294
delirium ⋯⋯⋯⋯⋯92
dementia ⋯⋯⋯⋯⋯85
depression ⋯⋯⋯⋯⋯89
DSM-5 (Diagnostic and
　Statistical Manual of
　Mental Disorders-5)
　⋯⋯⋯⋯⋯⋯ 85, 90
EBM
　(evidence based medicine)
　⋯⋯⋯⋯⋯⋯⋯⋯⋯70
ECMO (Extracorporeal
　Membrane Oxygenation)
　⋯⋯⋯⋯⋯⋯⋯⋯⋯81
FAST (Functional
　Assessment Staging Test)
　⋯⋯⋯⋯⋯⋯⋯ 174
frailty ⋯⋯⋯⋯⋯⋯74
functional age ⋯⋯⋯ 280
GDS-15 (geriatric depression
　Scale-15) ⋯⋯⋯ 67, 91
gerontology ⋯⋯⋯⋯ 290
gerotranscendence ⋯⋯ 117
Google scholar ⋯⋯⋯18
GTA (grounded theory
　approach) ⋯⋯⋯44, 47, 48
HDS-R (revised version of
　Dementia Scale) ⋯67, 173
ICD-10 (International
　Classifi cation of
　Diseases-10) ⋯⋯⋯⋯85

IMRAD (Introduction,
　Methods, Results, and
　Discussion) ⋯⋯⋯⋯13
MCI (mild cognitive
　impairment)
　⋯⋯⋯⋯ 86, 87, 173-175
medical interview ⋯⋯65
MERS (Middle East
　respiratory syndrome)
　coronavirus ⋯⋯⋯⋯80
M-GTA (modified grounded
　theory approach)
　⋯⋯⋯⋯⋯⋯42, 44, 47
MMSE (mini mental state
　examination) ⋯⋯⋯⋯67
MoCA-J (the Japanese
　version of the Montreal
　Cognitive Assessment)
　⋯⋯⋯⋯⋯⋯⋯ 173
Nun Study ⋯⋯⋯⋯ 150
PDCA cycle (plan-do-check-
　act cycle) ⋯⋯⋯⋯ 123
PEM (protein energy
　malnutrition)⋯⋯⋯⋯74
physical examination ⋯⋯66
Precede-Proceed model
　⋯⋯⋯⋯⋯⋯ 115, 116
PSA
　(prostate specific antigen)
　⋯⋯⋯⋯⋯⋯ 77, 78
PsycINFO ⋯⋯⋯⋯⋯18
PubMed ⋯⋯⋯⋯⋯18
QOL (quality of life)
　⋯⋯⋯⋯ 63, 97, 104-106,

109, 113-117, 163

RCT（randomized controlled
　trial）・・・・・・・・・・・・ 119, 125

Rectangularization ・・・・・・・57

RSST（repetitive saliva
　swallowing test）・・・・・・・81

RO（reality orientation）174

SARS-CoV-2（severe acute
　respiratory syndrome
　coronavirus 2）・・・・・・・・80

schizophrenia ・・・・・・・・・・・・93

senescence・・・・・・・・・・・・・・・・54

SOC model（model of
　selective optimization with
　compensation）・・・・・・・・ 160

spirituality ・・・・・・・・・・・・・・ 116

successful aging ・・・・・・・ 116

thanatology ・・・・・・・・・ 290

TOT（tip of the tongue）
　・・・・・・・・・・・・・・・・・・・・・・・・ 169

Vitality index ・・・・・・・・・・・・67

WAIS-Ⅳ（Wechsler Adult
　Intelligence Scale 4th
　edition）・・・・・・・・・・・・・・・ 149

【あ】

アカウンタビリティ・・・・・ 271

アクションリサーチ・・・・・ 117

握力・・・・・・・・・・・・・・・・・・・ 58, 61

アポトーシス・・・・・・・・・・・・・・54

アルツハイマー型認知症
　・・・・・・・・・・・・・・・ 85-87, 174

アルツハイマー病⇒アルツハ
　イマー型認知症を参照

アルマ・アタ宣言・・・・・・・ 114

【い】

医療面接・・・・・・・・・・・・・・・・・・65

医学中央雑誌・・・・・・・・・・・・・・17

生きがい・・・・・・・・・・・・・・・ 162

医原病・・・・・・・・・・・・・・・・・・・・76

インフルエンザ・・・・・79, 80, 83

【う】

ウイルス性慢性肝炎・・・・・・・・81

ウェルニッケ失語・・・・・・・ 168

うつ

　疫学・・・・・・・・・・・・・・・・・・・90

　概念・・・・・・・・・・・・・・・・・・・89

　症状・・・・・・・・・・・・・・・・・・・91

　対応・・・・・・・・・・・・・・・・・・・92

うつ病・・・・・・ 90, 91, 171, 173

運動障害性構音障害・・・・・・ 167

【え】

エイジズム

　影響・・・・・・・・・・・・・・・・ 230

　差別・・・・・・・・・・・・・・・・ 227

　ステレオタイプ・・・・・・ 227

　測定・・・・・・・・・・・・・・・・ 227

　定義・・・・・・・・・・・・・・・・ 227

　広がり・・・・・・・・・・・・・・ 228

　偏見・・・・・・・・・・・・・・・・ 227

　要因・・・・・・・・・・・・・・・・ 230

エラー蓄積説・・・・・・・・・・・・・55

演繹的アプローチ・・・・・・・・・48

エンドオブライフケア
　・・・・・・・・・・・・・・・・・ 108-110

エンパワーメント・・・・・96, 282

【お】

横断的研究⇒横断的調査を参
　照

横断的調査・・・・・・・・・・・・・・・・25

大阪府高齢者大学校・・・・・ 308

オタワ憲章・・・・・・・・・ 113, 114

オンライン・データベース
　・・・・・・・・・・・・・・・・・・ 17, 18

【か】

介護の社会化・・・・・・・・・・・ 249

介護予防・・・・・・・・・・・ 119-121

介護保険

　介護支援専門員 283, 285

　仕組み・・・・・・・・・ 269, 270

　施設サービス・・・ 285, 286

　特定疾病・・・・・・・・・・・・・78

　歴史・・・・・・・・・・ 265, 266

介護問題

　介護負担・・・・・・・ 250,251

　介護者のストレス
　・・・・・・・・・・・・・ 252-254

　家族介護・・・・・・・・・・・ 249

概日リズム・・・・・・・・・・・・・・・69

解釈パラダイム／パース
　ペクティブ・・・・・・・・ 39-41

疥癬・・・・・・・・・・・・・・・・・・・・・83

回想法・・・・・・・・・・・・・・44, 174

改訂水飲みテスト・・・・・・・・・81

カウンセリング・・・・・・・・・・・92

かかりつけ医・・・・・・・・・・・・・97

格差

　経済格差・・・・・・・ 217-219

　健康格差・・・・・・・ 220-223

学際性・・・・・・・・・・・・・・・・・・・ 5

拡張行動モデル・・・・・・・・・ 256

仮説

　経験仮説・・・・・・・・・・・・・23

　作業仮説・・・・・・・・・・・・・23

　理論仮説・・・・・・・・・・・・・23

家族

　家族形態の変化・・・・・ 200

　結婚満足度・・・・・ 201, 202

　子どもとの関係・・・・・ 203

　夫婦関係・・・・・・・・・・・ 201

　未婚・・・・・・・・・・・・・・・ 201

　離死別の影響・・・・・・・ 201

活動理論

　　　…… 181, 183, 184, 209, 210
合併症……………………………72
加齢
　　感覚・知覚の変化… 132
　　記憶の変化………… 143
　　人格・適応………… 159
　　身体の変化…………61
　　知能の変化………… 149
　　定義…………………54
加齢効果………………………25
加齢性難聴…… 133, 134, 168
関係上のストレイン…… 196
喚語困難……………… 167
感染症……………… 79-83
緩和ケア……………… 110

【き】

記憶障害…………… 86, 88
記述のコード化（質的研究の
　マッピングの１次元）
　　会話分析……………44
　　KJ法 ……………44
記述の意味づけ（質的研究の
　マッピングの１次元）
　　エスノメソドロジー…44
　　解釈的現象学………44
　　ディスコース分析……44
　　ナラティブ分析………44
　　ライフヒストリー……44
機能障害……………… 103
帰納的アプローチ………48
基本チェックリスト…… 118
QOL座標理論
　　生活機能軸……… 117
　　生活幸せ軸……… 117
教育老年学
　　研究領域……… 300,301
　　定義……………… 300
　　変容……………… 304
　　ポジティヴィティ… 303

前向き姿勢………… 302
楽観主義…………… 302
理念………… 302,303
恐怖管理理論………… 230
居宅介護支援
　（ケアマネジメント）
　……………… 284,285
近代化理論
　近代化………… 185
　都市化………… 185

【く】

矩形化……………………57
グラウンデット・セオリー・
　アプローチ……………44

【け】

KJ法 ……………………44
ケアマネジメント⇒居宅介護
支援を参照
経口補水液………………75
経済格差
　　原因……………… 219
　　所得……………… 217
　　所得格差………… 218
　　貧困……………… 218
継続性理論……… 182, 210
傾聴ボランティア……… 171
軽度認知障害…… 122, 125
結核……………79, 82, 83
血管性認知症…………85
幻覚……………………88
健康格差
　　原因……………… 221
　　実態……………… 220
言語野……………… 167
現象学的老年学……… 183
見当識障害………… 86-88
原発性進行性失語…… 168

【こ】

構音障害……………………66
交換理論……………… 182
後期高齢者
　　医療制度………… 269
　　質問票………… 124
　　予防対策……95, 120, 121
高血圧症……………………73
甲状腺機能低下症…… 78, 86
構造的な遅延………… 186
公的年金制度………… 267
行動変容……………… 116
行動モデル…………… 255
高年齢者雇用安定法…… 268
高齢者医療確保法… 121, 268
高齢社会対策基本法
　……………… 264, 266
高齢者学習…………… 304
高齢者学習支援 305, 307, 308
高齢者教育…………… 304
高齢者教育学………… 300
高齢者教育の発展段階… 303
高齢者住まい法……… 271
高齢者総合機能評価
　　スクリーニング…………66
高齢者大学………… 305, 308
高齢者のための国連原則
　……………… 264
高齢者の定義……… 4, 217
高齢者保健福祉推進十ヵ年
　戦略（ゴールドプラン）
　……………… 264
誤嚥性肺炎………… 62, 81
コーピング…… 243, 252, 254
国際疾病分類…………85
国際生活機能分類……… 106
コグニサイズ………… 125
国保データベース（KDB）
　　システム……………… 123

語想起······················· 169
骨折···················· 76, 77
骨粗鬆症··········· 63, 76
骨盤底筋体操···········77
骨密度···················63
言葉の鎖·················· 166
子どもからの支援
　　勢力仮説·········· 204
　　世代間交換仮説······ 204
　　男系型直系家族規範仮説
　　　·················· 204
　　利他的仮説·········· 204
コホート効果·········· 25, 34
コンボイモデル····· 198, 199

【さ】

サービス付き高齢者向け住宅
　（サ高住）·············· 271
在宅医療
　　科学的根拠····· 100, 101
　　在宅医療・介護の連携
　　　··················99
　　自立支援········ 95, 96
　　地域完結型医療········97
　　パラダイムシフト···96
在宅療養支援診療所··· 97, 98
細胞性免疫··············63
錯語···················· 167
サクセスフル・エイジング
　··· 2, 116, 159, 160, 239
サルコペニア
　·········· 75, 76, 95, 122-125
産業化·················· 185

【し】

シアトル縦断研究········· 149
時代効果·············· 25, 34
生活機能年齢·········· 280
身体診察·················66
ジェロトランセンデンス

·················· 117
時間認識·················· 199
時間排尿···········77
脂質異常症·········73
死生学·········· 290-299
失禁⇒尿失禁を参照
実験的研究
　　意義·········· 34, 35
　　欠点···········36
　　研究デザイン···35
　　実験群···········23
　　単一グループ・プリテス
　　ト・ポストテスト法
　　　···········35
　　統制群···········23
　　プリテスト・ポストテス
　　ト統制群法···········35
　　マッチング法···········36
　　無作為割り付け法······36
　　ランダム化比較試験
　　　·········· 118, 124
実行機能障害··············87
失語症·········· 167-169
実証研究
　　因果関係··················23
　　研究上の問い···········11
　　研究デザイン···········11
　　質的研究········ 10, 39-50
　　データ収集 12, 30, 45, 46
　　テーマ設定···········11
　　プロセス···········10
　　量的研究·········· 22-36
失声症·················· 167
質的研究
　　インタビューガイド···46
　　インタビュー記録······45
　　概念モデル···········47
　　記述の意味づけ········44
　　記述のコード化········44
　　研究デザイン···········44

研究テーマ··············40
現象学的老年学······ 183
コーディング····· 47, 48
シークエンス
　（経時的展開）········43
思考と感覚···········50
実践的理論············47
種類··················44
ストーリー···········48
スーパーバイズ······45
多元的指向性······39
テキストデータ······47
分析焦点者··········47
分析的帰納··········49
分析テーマ·····42, 46, 47
分析ワークシート·····47
文脈（コンテクスト）
　·················43
理論構築········43, 44, 47
質的研究のコーディング方法
　シークエンス分析······47
　テーマ的コード化······47
　内容分析··········47
　包括分析··········47
質的研究の妥当性
　定義·················49
　データの確実性······49
　データの信憑性······49
　データの信頼性······49
質的研究法マッピング·····44
　記述の意味づけ······44
　記述のコード化······44
　四現象マトリクス······44
　モデル構成············44
自伝的記憶··········· 146
ジニ係数··········· 218
死の準備教育··········· 294
死の認知運動··········· 294
社会関係
　概念··················· 194

314

機能的側面…………195
構造的側面…………195
資源的側面…………196
非親族との関係……204
社会関係資本
………194, 196, 197, 242
社会構築主義……………183
社会参加
概念………………234
フォーマルとインフォー
マル……………235, 236
社会情動的選択理論
感情規制………199, 200
高齢者の感情の特徴 153
高齢者の社会参加を理解
する……………199
高齢者の社会参加への活
用………………242
知識の獲得……199, 200
社会的アイデンティティ理論
………………………230
社会的支援
………194, 195, 252, 254
社会的統合 194, 195, 234, 235
社会的ネットワーク
階層の補完モデル…205
課題特定モデル……205
選択動機…………199
定義………194, 195, 234
社会老年学………………180
重症急性呼吸器症候群……80
修正版グラウンデット・セオ
リー・アプローチ………47
継続的比較…………47
実践的グラウンデット・
セオリー・アプローチ
………………………44
理論的コーディング…47
集団間接触理論…………230
縦断的調査………25, 56, 58

縦断的研究⇒縦断的調査を参
照
周辺症状……………86, 87
終末期…………108, 109
住民参加………………114
手指消毒………………83
手段の日常生活動作……65
生涯学習振興法…………270
生涯発達………129, 306
褥瘡……………………77
食品摂取の多様性得点……75
人格……………………159
新型コロナウイルス感染症
……………79, 80, 83
神経変性性認知症…………85
人口高齢化
高齢化社会………189
高齢社会…………189
超高齢社会………189
理論………………189
人口転換理論…………189
新造語…………………167
人文系老年学…………306
心理的 well-being…162,163
心理老年学………128, 129

【す】

睡眠障害…………78, 88, 90
スクリプト⇒質的研究のイン
タビュー記録を参照
スケールの信頼性
再検査法……………27
折半法………………27
定義…………………27
内的整合性…………27
平行検査法…………27
スケールの妥当性………26
基準関連妥当性………26
構成概念妥当性………26
定義…………………26

内容的妥当性…………26
漸成発達理論……………129
スタンダード・
プリコーション……82, 83
ストレスプロセスモデル
………………252-254
スピリチュアリティー…116

【せ】

生活機能…………105, 106
生活習慣病………………73
生活ニーズ………278-280
生活の質……97, 109, 114, 115
生活不活発病……………96
政治経済学……………186
精神疾患…………84-93
生体リズム………………69
生年コホート…………185
生命徴候………………66
世界高齢者問題会議……264
世界保健機関（World Health
Organization：WHO）
………………………113
接触感染………………80
前頭側頭型認知症……86, 88
せん妄……………92, 93
前立腺癌………………77
前立腺肥大………………62
前立腺肥大症……………77

【そ】

喪失……………………90
喪失体験……84, 152, 159
相対的貧国率…………218
早朝高血圧………………73
咀嚼……………………62

【た】

ターミナルケア…………108
体温……………………66

体外式膜型人工肺⋯⋯⋯⋯81
対象者の選定⋯⋯⋯⋯⋯⋯12
帯状疱疹⋯⋯⋯⋯⋯⋯⋯⋯79
退職
    影響⋯⋯⋯⋯⋯⋯⋯⋯ 210
    再就職⋯⋯⋯⋯⋯⋯ 214
    退職行動⋯⋯⋯ 212-215
    定義⋯⋯⋯⋯⋯⋯⋯ 209
体力⋯⋯⋯⋯⋯⋯⋯⋯⋯⋯61
多職種連携⋯⋯⋯⋯⋯⋯98
脱水⋯⋯⋯⋯⋯⋯⋯⋯⋯⋯75
多発梗塞性認知症⋯⋯ 85, 86
タンパク質・エネルギー
    低栄養状態⋯⋯⋯⋯74

【ち】

チアノーゼ⋯⋯⋯⋯⋯⋯⋯66
地域支援事業⋯⋯⋯⋯ 119
地域包括ケア⋯⋯ 95, 96, 105
チームアプローチ⋯⋯ 109
蓄積の不利仮説⋯⋯⋯⋯ 220
チップオブタン⋯⋯⋯ 169
知能
    結晶性知能⋯⋯⋯ 148
    多因子説⋯⋯⋯⋯ 148
    定義⋯⋯⋯⋯⋯⋯ 148
    流動性知能⋯⋯⋯ 148
中東呼吸器症候群⋯⋯80

【て】

手洗い励行⋯⋯⋯⋯⋯⋯83
低栄養⋯⋯⋯⋯⋯⋯ 74, 95
テロメア⋯⋯⋯⋯⋯⋯⋯54
転倒⋯⋯⋯⋯⋯ 76, 119, 124

【と】

統合失調症⋯⋯⋯⋯⋯⋯93
糖尿病⋯⋯⋯⋯⋯⋯⋯⋯74
特定健康診査⋯⋯⋯⋯ 122
特定高齢者⋯⋯⋯⋯⋯ 119

特別養護老人ホーム
  ⇒介護老人福祉施設を参照
床ずれ⋯⋯⋯⋯⋯⋯⋯⋯77
閉じこもり⋯⋯⋯ 116, 122
トライアンギュレーション
  ⋯⋯⋯⋯⋯⋯⋯ 46, 49
ドライスキン⋯⋯⋯⋯⋯78

【な】

内的妥当性⋯⋯⋯⋯⋯ 23, 34

【に】

日本老年学会⋯⋯⋯⋯ 298
尿失禁⋯⋯⋯⋯⋯⋯⋯⋯77
認知機能⋯⋯92, 101, 116, 119
認知行動療法⋯⋯⋯⋯ 171
認知症
    アセスメント⋯⋯ 173
    疫学⋯⋯⋯⋯⋯⋯⋯86
    概念⋯⋯⋯⋯⋯⋯⋯85
    症状⋯⋯⋯⋯⋯ 85-87
    診断⋯⋯⋯⋯⋯⋯⋯89
    代表的な認知症⋯⋯87
    治療・対応⋯⋯⋯⋯89
    認知症施策推進大綱
      ⋯⋯⋯⋯⋯⋯⋯ 175
    認知症に伴う行動と
      心理症状⋯⋯⋯⋯87
    非薬物療法⋯⋯⋯ 174
    薬物療法⋯⋯⋯⋯ 174
    予防⋯⋯⋯⋯ 89, 175
    ライフレヴュー⋯⋯ 174
認知予備能⋯⋯⋯⋯ 150, 175

【ね】

ネオ・ジェロントロジー
  ⇒⋯⋯⋯⋯⋯⋯⋯⋯ 298
年齢層化理論⋯⋯⋯⋯ 185

【の】

脳血管障害⋯⋯⋯⋯⋯⋯81
脳血管性認知症⋯⋯⋯⋯88

【は】

パーキンソン病⋯⋯⋯⋯86
パーソンセンタードケア 173
バーンアウト⋯⋯⋯⋯ 251
肺炎⋯⋯⋯⋯⋯⋯⋯⋯⋯81
バイタルサイン⋯⋯⋯⋯66
廃用症候群⋯⋯⋯⋯⋯⋯76
ハイリスクアプローチ⋯ 119
白衣高血圧⋯⋯⋯⋯⋯⋯73
パタカラ体操⋯⋯⋯⋯⋯75
パラダイム／
    パースペクティブ⋯⋯40
ハンカチーフ徴候⋯⋯⋯68
パンデミック⋯⋯⋯⋯⋯80
反復唾液嚥下テスト⋯⋯81

【ひ】

ビタミンD⋯⋯⋯⋯⋯ 125
ピック病⋯⋯⋯⋯⋯ 86, 89
皮膚感覚⋯⋯⋯⋯⋯⋯ 135
飛沫核感染⋯⋯⋯⋯⋯⋯82
飛沫感染⋯⋯⋯⋯⋯ 80, 82
肥満症⋯⋯⋯⋯⋯⋯⋯⋯73
標本抽出
    系統抽出法⋯⋯⋯⋯29
    原則⋯⋯⋯⋯⋯⋯⋯28
    層化無作為抽出法⋯⋯29
    多段無作為抽出法⋯⋯29
    単純無作為抽出法⋯⋯28
    無作為抽出法⋯⋯⋯28
日和見感染⋯⋯⋯⋯⋯⋯79
ビンスワンガー病⋯⋯ 86, 88

【ふ】

フィールドノート⋯⋯ 45, 46

フィールドワーク…… 39, 48
福祉機器………………… 104
不平等………………… 217
プライマリ・ヘルス・ケア
　………………………… 114
フレイル
　対策…………… 122-124
　定義…………………74
　フレイルの構造…… 113
ブローカ失語………… 168
プログラム説………… 54
プロダクティブ・エイジング
　概念枠組……… 240, 241
　定義………………… 239
　理論………………… 242
文献検索
　芋づる式……………20
文献の収集…………… 19
文献レビュー…………… 16

【へ】

平均寿命……………… 56-58
ヘイフリックの限界………54
ヘルスプロモーション
　影響評価…………… 116
　決定要因…………… 113
　行動変容…………… 116
　成果評価…………… 116
　定義………………… 113
　プロセス評価…… 116

【ほ】

歩行速度………………58
ポピュレーションアプローチ
　………………………… 120
ポリファーマシー…………76

【ま】

まだら認知症………………88

【み】

耳鳴り………………… 134

【も】

妄想…………………88
モデル構成（質的研究法の
　マッピング）
　回想法………………44
　ライフストーリー……44
もの忘れ外来………… 175

【や】

役割理論……… 210, 211, 242

【ゆ】

ユニットケア………… 285

【よ】

要介護………………… 119
要支援………………… 119
予防給付……………… 250

【ら】

ライフコース……… 183, 242
ライフコースの健康影響
　経路効果モデル…… 222
　潜在効果モデル…… 222
　即時効果モデル…… 222
　蓄積効果モデル…… 222
　変化効果モデル…… 222

【り】

リアリティ・オリエン
テーション………… 174
リクルートメント現象
　（補充現象）………… 134
離脱理論… 181, 184, 185, 209
リハビリテーション
　高齢者への配慮…… 104

地域ケアシステム
　…………… 105-107
　定義………………… 102
　分野・領域………… 103
量的研究
　横断的調査…………25
　概念の測定…………26
　仮説の構築…………23
　縦断的調査…………25
　データ収集…………30
　定義………………… 22
　標本抽出…………28
量的調査のデータ収集
　インターネット調査法
　…………………………33
　個別面接調査法………30
　集合調査法…………32
　託送調査票…………33
　電話調査法…………32
　郵送調査法…………31
　留置調査法…………30
臨床検査結果の評価
　個人間変動…………68
　個人内変動…………68
理論構築（質的研究法のマッ
チングの１次元）
　エスノグラフィー………44

【れ】

レスパイトケア…………98
レビー小体病………… 86, 88
レビューシート…………20
レミニセンスバンプ…… 146

【ろ】

老化
　社会的老化………… 2
　心理的老化………… 2
　正常な老化………… 5
　生物的老化………2, 54

　　生理的老化········ 56, 61

　　病的老化················56

老視····················61, 132

老人医療費無料化制度··· 263

老人性掻痒症················78

老人性難聴⇒加齢性難聴を参照

老人福祉法······ 249, 262, 263

老人保健法·················· 264

老性自覚···················· 139

老年社会学

　　マクロ理論······ 181, 184

　　ミクロ理論··········· 181

　　理論·················· 180

老年症候群············74, 116

老年的超越理論··········· 184

ロコモティブシンドローム

　　·····················75, 122

論理実証主義·············· 183

【わ】

ワクチン·············80, 81, 83

◎桜美林大学叢書の刊行にあたって

「隣人に寄り添える心を持つ国際人を育てたい」と希求した創立者・清水安三が一九二一年に本学を開校して、一〇〇周年の佳節を迎えようとしている。

この間、本学は時代の要請に応えて一万人の生徒、学生を擁する規模の発展を成し遂げた。一方で、哲学不在といわれる現代にあって次なる一〇〇年を展望するとき、創立者が好んで口にした「学而事人」（学びて人に仕える）の精神は今なお光を放ち、次代に繋いでいくことも急務だと考える。

一粒の種が万花を咲かせるように、一冊の書は万人の心を打つ。願わくば、高度な知性と見識を有する教育者・研究者の発信源として、現代教養の宝庫として、さらには若き学生達が困難に遇ってなお希望を失わないための指針として、新たな地平を拓きたい。

この目的を果たすため、満を持して桜美林大学叢書を刊行する次第である。

二〇二〇年七月　学校法人桜美林学園理事長　佐藤　東洋士

杉澤秀博
（すぎさわ・ひてひろ）

東京大学大学院修了（保健学博士）。東京都老人総合研究所を経て、2002年に現職。専門は老年社会学。「Socioeconomic status and self-rated health of Japanese people, based on age, cohort, and period」（Sugisawa et al. Popul Health Metr 2016）など。

長田久雄
（おさだ・ひさお）

博士（医学）山形大学。東京都立保健科学大学教授を経て、2002年より桜美林大学大学院教授、専門は老年心理学。共編著書『超高齢社会を生きる──老いに寄り添う心理学』（2016：誠信書房）など。

渡辺修一郎
（わたなべ・しゅういちろう）

愛媛大学大学院修了（医学博士）。東京都老人総合研究所を経て2002年に桜美林大学に異動。2008年より現職。専門は老年医学。共編著書『すぐわかるジェロントロジー』（2019：社会保険出版社）など。

中谷陽明
（なかたに・ようめい）

日本社会事業大学（博士（社会福祉学））修了。東京都老人総合研究所、日本女子大学、松山大学を経て、2019年より現職。専門は社会福祉。共編著書『ソーシャルワークの理論と方法』（2021：中央法規出版）など。

老年学を学ぶ

2021年12月10日　初版第1刷発行

編著者	杉澤秀博　長田久雄　渡辺修一郎　中谷陽明
発行所	桜美林大学出版会
	〒151-0051　東京都渋谷区千駄ヶ谷1-1-12
発売元	論創社
	〒101-0051　東京都千代田区神田神保町2-23　北井ビル
	tel. 03（3264）5254 fax. 03（3264）5232　http://ronso.co.jp
	振替口座　001601155266
装釘	宗利淳一
組版	フレックスアート
印刷・製本	中央精版印刷

ISBN978-4-8460-2078-1

落丁・乱丁本はお取り替えいたします。

桜美林大学出版会の本

評伝　藤枝静男　或る私小説家の流儀◉勝呂奏

医師として生計を立てる〈日曜小説家〉を自認し、作品の評判を度外視して〈内心の欲求〉に誠実な作品を書き続けた作家の生涯。　　　　A５判・上製　本体：3800 円

本気で観光ボランティアガイド◉渡辺康洋

ガイドの情報以上に大切な「どのように伝えるか」で旅行客の満足度は変わる。一般のガイド本と一線を画す具体的な実践書。　　　　四六判・並製　本体：1600 円

日本の英語教育を問い直す８つの異論◉森住衛

長年にわたり中学・高校用の英語教科書を手がけてきた著者による集大成。外国語教育に関する広範な連載・時評・評論等を収録。　　　　A５判・上製　本体：3800 円

スウェーデン宣教師が写した失われたモンゴル◉都馬バイカル

宣教師 J・エリクソンが撮影した膨大な写真群から見える、20 世紀初頭のモンゴルの実像。大多数が世界初公開の写真。　　　　A５判・並製　本体：2500 円

アメリカ高等教育における学習成果アセスメントの展開◉山岸直司

世界のモデルと見なされる米国高等教育、その政策文書・声明・議事録・報告・統計・調査等を網羅的に分析した研究論文の書籍化。　　　　A５判・上製　本体：3800 円

希望を失わず◉清水安三

桜美林学園創立 100 周年記念出版！中国と日本を舞台に国際人育成に駆けた教育者の手記。北京の朝陽門外と東京・町田で本当に起きた奇蹟の数々──。
　　　　四六判・並製　本体：1500 円

2020 年以降の高等教育政策を考える◉大槻達也　小林雅之　小松親次郎　編著

変貌する大学のゆくえを問う！文部科学省による中央教育審議会の答申を受けて書き下ろされた斯界のエキスパート 14 人による論集。　A５判・上製　本体：3600 円

好評発売中（税別）